POLÍTICAS PÚBLICAS PARA A GESTÃO DEMOCRÁTICA DA EDUCAÇÃO BÁSICA:
Um Estudo do Programa Nacional de Formação de Conselheiros Municipais de Educação

NEUSA CHAVES BATISTA

©2013 Neusa Chaves Batista
Direitos desta edição adquiridos pela Paco Editorial. Nenhuma parte desta obra pode ser apropriada e estocada em sistema de banco de dados ou processo similar, em qualquer forma ou meio, seja eletrônico, de fotocópia, gravação, etc., sem a permissão da editora e/ou autor.

B3208 Batista, Neusa Chaves.
Políticas Públicas para a Gestão Democrática da Educação Básica: Um Estudo do Programa Nacional de Formação de Conselheiros Municipais de Educação/Neusa Chaves Batista. Jundiaí, Paco Editorial: 2013.

256 p. Inclui bibliografia. Inclui tabelas.

ISBN: 978-85-8148-290-3

1. Educação Municipal 2. Políticas educacionais 3. Gestão Democrática 4. Formação de Conselheiros 5. Conselhos Municipais de Educação
I. Batista, Neusa Chaves

CDD: 370

Índices para catálogo sistemático:

Educação - Pedagogia	370
Educação Primária. Jardim da Infância - Ensino do Primeiro Grau - Ensino Elementar - Ensino Pré-escolar	372

IMPRESSO NO BRASIL
PRINTED IN BRAZIL
Foi feito Depósito Legal

Av Carlos Salles Block, 658
Ed. Altos do Anhangabaú 2 Andar, Sala 21
Anhangabaú - Jundiaí-SP - 13208-100
11 4521-6315 | 2449-0740
contato@editorialpaco.com.br

Dedico este livro in memoriam a meus pais, Martim Batista e Cometilda de Chaves Batista. Em especial para a minha mãe, uma mulher sem igual e cujos ensinamentos carrego em cada gesto, em cada gosto, em cada escolha que faço na intrigante arte de viver.

AGRADECIMENTOS...

A pesquisa que originou este livro contou com o apoio e a contribuição de instituições e pessoas, às quais manifesto meus agradecimentos.

À Fundação Coordenação de Aperfeiçoamento de Pessoal de Nível Superior (Capes), pelo auxílio financeiro concedido à pesquisa que deu origem a este livro.

Ao Núcleo de Estudos de Políticas e Gestão da Educação do PPGEDU/UFRGS, cuja importância em minha formação se expressa na publicação deste estudo.

À professora Maria Beatriz Luce, pela dedicação, competência e confiança ao apoiar e orientar a realização deste estudo. À professora Nalú Farenzena que, por suas ações, me fez acreditar que este trabalho era possível.

Ao meu filho Cristopher pela compreensão diante das minhas ausências para concluir este estudo. Aos meus nove irmãos (Valter, Valdemar, Jandira, Maria de Fátima, Lúcia, Adão, Vera, Fátima e Valéria), bem como aos meus amigos/as e colegas, cujo convívio, carinho e amizade se traduziram em estímulo para a conclusão e publicação deste livro.

SUMÁRIO

APRESENTAÇÃO..13
INTRODUÇÃO..17
1. Delineamento do Estudo..20
2. Elementos teórico-metodológicos...22
3. Compilação e análise dos dados..24

Capítulo 1
ESTADO, SOCIEDADE CIVIL E DEMOCRACIA: DA IMPORTÂNCIA DA FORMAÇÃO DO GESTOR DEMOCRÁTICO..27
1. A esfera pública na modernidade: da relação entre o Estado e a sociedade civil........28
   1.1 Os espaços de produção de poder..31
   1.2 O espaço da cidadania e a gestão pública na contemporaneidade: a participação, a descentralização e a sociedade civil..36
   1.3 As articulações entre a participação e a cidadania: a gestão pública participativa......40
2. Democratizando a democracia: caminhos para a socialização do poder na esfera pública..47
3. A formação do gestor público como sujeito democrático................................50
4. Apontamentos finais do capítulo..54

Capítulo 2
UMA MATRIZ TEÓRICO-METODOLÓGICA PARA A AÇÃO PÚBLICA: A POLÍTICA DE FORMAÇÃO DE CONSELHEIROS E A GESTÃO DEMOCRÁTICA DOS SISTEMAS MUNICIPAIS DE ENSINO.................................57
1. As políticas educacionais como matrizes cognitivas e normativas..................59
   1.1 As representações sociais..60
   1.2 Paradigmas e identidade social..63
2. As dimensões da ação pública: mapeando decisões em educação..................65
3. A rede de gestão democrática: uma estratégia política de gestão para a mudança social na educação..69
4. A análise de "contextos" na política educacional..73
5. Apontamentos finais do capítulo..75

Capítulo 3
A CONSTRUÇÃO DA ESFERA PÚBLICA NO BRASIL E A GESTÃO DEMOCRÁTICA DA EDUCAÇÃO..77
1. A gênese da esfera pública no Brasil..78
2. A reforma do Estado brasileiro: o gerencialismo e a gestão democrática da educação..83

3. A gestão do sistema educacional e os conselhos de educação..............................92
   3.1 Os sistemas municipais de ensino e os conselhos municipais de educação: a descentralização da gestão no ordenamento legal..............................92
   3.2 A gestão democrática do sistema municipal de ensino e os conselhos municipais de educação: estudos sobre o tema..............................97
4. Apontamentos finais do capítulo..............................101

Capítulo 4
O CONTEXTO DA INFLUÊNCIA E DA PRODUÇÃO DO TEXTO DA POLÍTICA NACIONAL DE FORMAÇÃO DE CONSELHEIROS MUNICIPAIS DE EDUCAÇÃO: OS ATORES E A PRODUÇÃO DE UM CAMPO DE FORÇAS..............................103

1. As influências dos atores e a conformação de uma arena de disputas para a formação de conselheiros municipais de educação..............................104
   1.1 O contexto nacional..............................105
   1.1.1 Os organismos internacionais..............................106
   1.1.2 As associações da sociedade civil e os gestores oficiais da política..............111
   1.2 O contexto local..............................122
   1.2.1 A federação das associações de municípios do Rio Grande do Sul e o seu papel na democratização da educação municipal..............................122
   1.2.2 A influência dos atores locais na formação de conselheiros..............................125
   1.2.2.1 O conselho dos secretários municipais de educação (Conseme/Undime-RS)..............................125
   1.2.2.2 O fórum estadual dos conselhos municipais de educação (Fecme/Uncme-RS)..............................128
   1.2.2.3 O conselho municipal de educação de Porto Alegre/RS..............................130
2. O contexto do texto da política de formação de conselheiros municipais de educação..............................133
   2.1 O texto do plano de educação do governo Lula..............................134
   2.2 Os textos da política de formação de conselheiros municipais de educação.......136
3. Apontamentos finais do capítulo..............................143

Capítulo 5
O CONTEXTO DA PRÁTICA: MAPEANDO A TRAJETÓRIA DA IMPLEMENTAÇÃO DA POLÍTICA DE FORMAÇÃO DE CONSELHEIROS MUNICIPAIS DE EDUCAÇÃO..............................145

1. As estratégias de implementação da política nacional de formação de conselheiros municipais de educação..............................146
   1.1 A organização intrainstitucional no âmbito do Ministério da Educação......146
   1.2 A operacionalização das ações..............................150
   1.2.1 Os objetivos e as principais ações..............................151

1.2.2 A parceria com a Uncme e a Undime e o desenho das ações de capacitação.....154
2. A interface da política de formação de formação de conselheiros municipais de educação com o Plano de Desenvolvimento da Educação (PDE)........................159
3. A implementação da política nacional de formação de conselheiros no RS.....168
   3.1 O Fórum estadual dos CME e a construção de um paradigma para a gestão democrática dos sistemas municipais de ensino..168
   3.2 A formação de conselheiros municipais de educação no RS e o programa Pró-Conselho...171
4. Os limites e as possibilidades da política nacional de formação de conselheiros constituir-se em ação pública indutora do fortalecimento da gestão democrática dos sistemas municipais de ensino no RS...182
   4.1 O papel do CME na gestão dos sistemas municipais de ensino...................183
   4.2 O Pró-Conselho e a gestão democrática dos sistemas de ensino nos municípios do RS: o ponto de vista dos atores..187
5. Comentários finais do capítulo..191

CONSIDERAÇÕES FINAIS..193
REFERÊNCIAS..201
DOCUMENTOS CITADOS...211
APÊNDICE (S)...215
ANEXO (S)...251

LISTA DE FIGURAS

Quadro 1 - Mapa estrutural das sociedades capitalistas..33
Quadro 2 - Dispositivo para mapear as decisões em educação....................................67
Quadro 3 - Contextos do processo de construção de políticas públicas..................73
Quadro 4 - Temáticas desenvolvidas nos Fóruns da Undime 1986-2009................118
Quadro 5 - Objetivos da Uncme Nacional..120
Quadro 6 - A construção do paradigma da gestão democrática dos sistemas municipais de ensino Fecme/Uncme-RS...171
Quadro 7 - Os atores e o Pró-conselho..190

Tabela 1 - Recursos financeiros para a formação continuada de conselheiros municipais de educação nos estados brasileiros – 2007..156
Tabela 2 - Existência de SME, CME e PME criados em Lei no RS.......................177
Tabela 3 - Polos de formação continuada de conselheiros no
Rio Grande do Sul - 2007..179

Figura 1 – O ciclo de construção de políticas educacionais..74

APRESENTAÇÃO

No ano de 2003 conheci Neusa Chaves Batista, no desenrolar de um projeto de pesquisa sobre custos e condições de oferta para um ensino de qualidade em escolas públicas do Rio Grande do Sul. Ela veio a integrar a equipe do projeto e desde o início das suas atividades ficou manifesto seu interesse muito especial em relação à organização e à gestão das escolas que eram objeto de nosso estudo, cunhado pelo olhar sociológico e pela perspectiva de perscrutar limites e possibilidades da democratização da gestão nas instituições. Esse enraizamento advinha, entre outros motivos, da realização de sua dissertação de mestrado na área da Sociologia, na qual a gestão democrática escolar fora investigada.

Logo adiante ela ingressou no curso de doutorado em Educação da Universidade Federal do Rio Grande do Sul (UFRGS), na linha de pesquisa Políticas e Gestão de Processos Educacionais, com a orientação da profa. Maria Beatriz Luce, coordenadora do Núcleo de Estudos de Política e Gestão da Educação da UFRGS. Meu pertencimento à linha de pesquisa e ao núcleo mencionados, bem como minhas estimadas parcerias de trabalho com a profa. Maria Beatriz, foram oportunos para seguir desfrutando da convivência com Neusa Chaves Batista, vendo a manutenção de seu interesse acadêmico pela gestão democrática da educação manter-se intacto. Vendo também suas indagações e buscas científicas tomarem a vereda da gestão de redes/sistemas de ensino, oferecendo-nos, ao final do percurso do doutorado, a qualificada tese que deu origem ao livro que ora apresento.

Os conselhos municipais de educação e, mais detidamente, o Programa Nacional de Formação de Conselheiros Municipais de Educação (Pró-Conselho) constituem o objeto de atenção do livro, objeto cercado por uma pluralidade de elementos contextuais e teóricos que vão sendo entretecidos para discutir a política *Pró-Conselho* no que concerne ao seu potencial de intervenção no fortalecimento da gestão democrática dos sistemas municipais de ensino.

É de significativa relevância o estudo dos conselhos no âmbito municipal. Nas últimas décadas, no Brasil, os municípios foram assumindo cada vez mais responsabilidades na provisão de serviços educacionais – na educação infantil, as matrículas em escolas municipais representam hoje quase a totalidade da rede pública e essa proporção é de 63% no ensino fundamental. Ao reconhecimento dos municípios como entes da federação brasileira, a partir da Constituição de 1988, alinhou-se a possibilidade de criação de sistemas municipais de ensino, uma institucionalidade que andou *pari passu* à definição de competências municipais na educação e a processos de crescimento das redes municipais de ensino ou de municipalização, em função de políticas de âmbito nacional e de outras circunscritas aos estados. Esse deslocamento requereu e requer o fortalecimento político-administrativo das instâncias locais da educação, para o que a constituição e a qualificação dos conselhos municipais de educação coloca-se como item importante das agendas de políticas e permanece como desafio.

É preciso sublinhar que, dado o quadro teórico e contextual tecido neste livro, encontramos uma análise compreensiva que transcende a perspectiva setorial da educação. Conceitos e temas como a democracia, a esfera pública, as relações entre Estado e sociedade civil, referenciais de atuação do Estado e de gestão pública – esses últimos em perspectiva histórica e na contemporaneidade – são extensamente trabalhados, pelo qual o texto oferece aportes a estudos de diferentes áreas e disciplinas que lançam seu olhar sobre a ação do Estado e sobre a gestão dos serviços públicos. Para os estudiosos da educação, sublinho, entre tantas contribuições de muita valia, o exame da materialidade de uma política voltada à qualificação dos conselhos municipais de educação, exposta tendo em conta o legado de políticas prévias de formação de dirigentes, rupturas que se apresentam nos movimentos de formulação e implementação do Pró-Conselho e reformulações do desenho e da prática à medida que novos atores e novas políticas entram em cena nas arenas multinível de deliberação e de ação. Além da escala nacional da política, encontramos uma aproximação aos territórios do Rio Grande do Sul e de Porto Alegre, contextos cujas trajetórias peculiares na constituição das redes/sistemas municipais de ensino e dos conselhos municipais de educação são analisados pela autora como *locus* da efetivação da política.

A autora nos brinda também com a mobilização de abordagens, conceitos e ferramentas da análise de políticas públicas. Os estudos de políticas públicas têm proliferado no Brasil nos últimos anos, e aos poucos vai sendo conformado um campo científico, talvez ainda carente de um acúmulo que lhe trace de modo mais nítido contornos comuns. Ainda predominam os estudos setoriais e este livro está colocado neste patamar, mas a pesquisa e a análise empreendidas valem-se de referências da análise de políticas públicas que foram dosadas e entrelaçadas criativamente pela autora de modo a guiar sua investigação e a relacionar as diferentes dimensões que influenciam e atuam na política pública. Assim, elementos da abordagem cognitiva e do ciclo de políticas iluminam o constructo de pesquisa e de exposição.

Por último, registro a importância do enfoque da gestão democrática da educação. Essa temática tem sido recorrente nas pesquisas em educação e a democratização da gestão educacional tem se mantido constante na pauta de reivindicações e lutas de setores progressistas que militam na educação. Como assinala a autora ao longo do livro, a democratização da gestão no setor público, como também na gestão pública em geral, se defronta com mais antigos ou mais recentes obstáculos, principalmente o arraigado patrimonialismo e a nova gestão pública. Daí a necessidade de reafirmar, em novos contextos, o valor da democracia e da democratização da gestão pública. Neusa Chaves Batista seguiu esse rumo na sua obra, esteada em convicções teóricas e político-ideológicas, como também incentivada e apoiada na circulação de ideias e no acúmulo de vivências propiciados pelo diálogo e convivência com o grupo de colegas e com sua orientadora de doutorado.

Os leitores desta obra têm em mãos matéria para (re)pensar a gestão da educação e a pesquisa em políticas públicas. Sua difusão expõe a um amplo público discussões essenciais sobre dilemas e vetores da democratização do Estado e da educação.

Profa. Nalú Farenzena
Faculdade de Educação da Universidade Federal do Rio Grande do Sul
Porto Alegre, 16 de março de 2013

INTRODUÇÃO

No Brasil da década de 1980, a sociedade civil dá início a um movimento cujo principal objetivo era romper com o modelo autoritário de Estado e de gestão pública por meio da recomposição da democracia como princípio norteador das relações sociais. À medida que este processo se ampliou, foi se consubstanciando uma nova forma de gerir as políticas públicas que vai, aos poucos, diminuindo as distâncias entre os cidadãos e o Estado.

O caráter público das políticas emergentes desse contexto social e político tem tido como alicerce os direitos universais de cidadania que legitimam as demandas sociais negociadas em espaços públicos democráticos. Nestes espaços situam-se os conselhos gestores de políticas públicas setoriais, os quais desde sua origem preconizam uma relação dialógica horizontal cujas regras requerem a produção de decisão a partir de discussão estabelecida entre os partícipes, desenvolvendo uma nova face para a esfera pública.

No campo da educação, ante a este contexto, consolidam-se os conselhos municipais de educação, os quais, inseridos no modelo de conselhos de políticas sociais, carregam as especificidades inerentes ao seu campo de atuação. Os conselhos de educação não são novidades, existem de longa data e estiveram sempre muito imbricados com a organização da educação brasileira bem como com o seu processo de democratização.

Historicamente situados, os conselhos de educação foram concebidos independentemente da sua concretização ou não, como instrumentos de democratização do sistema educacional. Na atualidade, exercem a função de "Estado Maior" da educação para atuar estratégicamente na gestão dos sistemas de ensino, conferindo às políticas educacionais e sua implementação a continuidade da ação do Estado e a representatividade da vontade nacional, acima e além da rotatividade dos dirigentes e suas vontades singulares (Bordignon, 2000). Assim, a história dos conselhos de educação situa-se no campo da gestão pública e encontra seu fio condutor nos processos de democratização e descentralização, cujo eixo central é o poder.

A descentralização da gestão da educação no Brasil, como sabemos, tem sido assunto recorrente ao longo de décadas e presente nas lutas frequentes dos movimentos educacionais e/ou municipalistas, em seus esforços para superar a herança colonial de centralização do poder e das decisões na administração educacional. Conforme sugerem Luce e Farenzena (2006), os estudos sobre descentralização no Brasil devem ter em conta as bases federativas republicanas, cuja institucionalização implicou na extensão de largas atribuições aos entes subnacionais. Dentre estas se inclui a oferta e a organização da educação, em que pesem as oscilações entre a maior ou menor concentração de recursos fiscais e poder decisório no governo central em distintos momentos históricos.

Nesse sentido, a atuação dos movimentos sociais nos anos 1980 foi pródiga ao reivindicar a descentralização da gestão pública e o fortalecimento do poder municipal como forma de dar início ao processo de democratização das instituições do Estado brasileiro.

O marco fundamental desse esforço pode ser visto na Constituição de 1988, a qual estabelece, em seu artigo 18, o município como um ente federado autônomo e o princípio de "gestão democrática do ensino público", no artigo 206, inciso VI. Desse modo, com as leis federais de números 9.426/96 (Fundef), 9.394/96 (LDBEN), 10.172/2001 (PNE) e 11.494/2007 que institui o Fundeb em substituição ao Fundef, firmou-se um ordenamento que direciona a organização da educação brasileira para a descentralização do poder, a autonomia e a gestão democrática dos sistemas e instituições de ensino, tendo como base regime de colaboração entre os entes federados.

A partir desse referencial, os municípios passam a compor seus próprios sistemas de ensino e a criar nestes os conselhos municipais de educação. Com o novo momento de gestão educacional, em que a própria legislação nacional exige uma organização democrática, os conselhos passam a constituir-se em importantes instrumentos institucionais no sentido de assegurar a participação no planejamento e gestão do ensino. Nessa perspectiva, a participação da sociedade civil em conselhos de educação está diretamente associada com a luta pela qualidade social do ensino nas unidades escolares públicas. São instrumentos potenciais de vivência democrática no campo educacional que podem capacitar a comunidade (conselheiros/as) para participar também em outros espaços de gestão de políticas públicas.

No entanto, não se pode esquecer que a função estratégica dos conselhos de educação, enquanto "superestrutura" definidora de políticas e normatizadora de ações, constitui-se em fator potencial de conflitos com os setores executivos tanto na estrutura do Ministério da Educação quanto na estrutura das secretarias de educação de estados e municípios; conflitos e contradições movidos pelo embate de visões idiossincráticas que comportam, por um lado, a missão de gerir um bem público e por outro, a trajetória singular dos diferentes órgãos e instâncias que estruturam e organizam a educação brasileira. Nos espaços dos conselhos de educação a ética do exercício do poder é concebida como *munus* público.

Já no início da década de 1990, Luce (1994) apontava que a organização dos sistemas municipais de ensino era uma tarefa das mais importantes e complexas com que se defrontavam o poder público local e os cidadãos de uma localidade. A construção pedagógica de um novo substantivo e de um novo método de fazer política, de fazer administração pública e de fazer educação exigia exame acautelado e meticuloso das condições políticas, administrativas e pedagógicas com que se poderia contar para democratizar o ensino e suas instituições.

É preciso ainda destacar o fato de que nas discussões sobre municipalização do ensino no Brasil (Witmann; Gracindo, 1999) pouco se tem levado em consideração que a possibilidade de participação social neste processo depende do grau de organização dos indivíduos, grupos e/ou associações no âmbito local. A democratização da sociedade através do fortalecimento do poder municipal pela via institucional--legal, somente pode desencadear-se à medida que existir real possibilidade de organização da sociedade local para participar no exercício e no controle de tal poder.

É nesse sentido que os conselhos municipais de educação passam a ter fundamental importância para concretizar o novo modelo de gestão nos sistemas de ensino. Neste espaço institucional, a sociedade civil organizada juntamente com o poder executivo local participa diretamente na gestão das políticas públicas educacionais. Logo, pode-se dizer que os conselhos expressam, na atualidade, o ponto de vista da sociedade na ação do Estado, isto é, na gestão das políticas públicas educacionais. Para realizar essa tarefa, os conselheiros/as desenvolvem competências, práticas e saberes sobre a gestão pública considerando o contexto específico em que atuam.

Tendo como pano de fundo o contexto esboçado, analiso neste livro a política pública educacional colocada em prática com o objetivo de concretizar melhores condições para a gestão democrática dos sistemas municipais de ensino. Este estudo aborda a política nacional de formação de conselheiros municipais de educação tendo como ponto de partida o Programa Nacional de Capacitação de Conselheiros Municipais de Educação/Pró-conselho.

Trata-se de Programa implementado pelo governo federal por meio do Ministério da Educação (MEC). Esta política articula três eixos fundamentais: a formação de conselheiros/as municipais de educação; a criação e fortalecimento dos conselhos municipais de educação; e a autonomia dos sistemas de ensino no âmbito dos municípios. Por meio desta ação pública o MEC pretende possibilitar aos conselheiros/as uma atuação autônoma e qualificada no espaço do conselho e, consequentemente, na gestão do sistema de ensino local (Pró-Conselho, 2004).

Com essa perspectiva e a partir de uma combinação específica de leis, atribuições de crédito, bem como atividades voltadas para a realização de um conjunto de objetivos, construiu-se o Programa de ação governamental, coordenado pela Secretaria de Educação Básica (SEB/MEC): o Programa Nacional de Capacitação de Conselheiros Municipais de Educação/Pró-Conselho. A execução do Programa teve início em setembro de 2003, sob a responsabilidade do Departamento de Articulação e Desenvolvimento dos Sistemas de Ensino (Dase) e da Coordenação-Geral de Articulação e Fortalecimento Institucional dos Sistemas de Ensino (Cafise). O principal objetivo da política nacional de formação de conselheiros é o de contribuir para o fortalecimento da gestão democrática dos sistemas municipais de ensino, conforme indica o artigo 206, inciso VI da Constituição Brasileira.

Cumpre assinalar, no entanto, que a emergência da política nacional de formação de conselheiros municipais de educação na agenda governamental é fruto de uma problematização social iniciada em meados dos anos 1980, quando as questões de intervenção estatal e dos destinos da democracia passaram a ser tematizados em outra direção. A gestão democrática da educação enquanto tema de uma agenda sistêmica, que reunia todos os problemas sociais da época, passa para a agenda governamental por meio de um processo de lutas protagonizado pelos movimentos sociais em prol da produção de legislação que configurasse um "novo senso comum" tendo a democracia como princípio norteador da gestão educacional.

Este dado já demonstra que o governo fixa as prioridades, metas e objetivos, assim como a metodologia da ação pública. No entanto, isto ocorre no plano formal da política uma vez que o processo de tomada de decisões é mais amplo e complexo; nele inclui-se a influência e participação de uma pluralidade de atores, que podem, inclusive, no curso da implementação de uma política pública, modificar as estratégias de ação desenhadas por um determinado governo ou, ainda, sob outro governo manter as mesmas estratégias construídas durante o processo de formulação e implementação.

Nessa perspectiva, uma política pública que propõe a formação de conselheiros incentivando a participação no processo de tomada de decisões para a gestão do sistema municipal de ensino não é constituída apenas pelo aparelho político-administrativo do Estado. O perfil da política pública em tela está relacionado com a formação do gestor democrático; e, portanto, tem esta uma formação que incorpora dimensões políticas e técnicas e que sofre influências de diversos espaços e atores com diferentes representações de mundo.

1. Delineamento do Estudo

Estudos (Batista, 2002; Aragão, 2003; Ribeiro, 2004; Lord, 2005; Bueno, 2009) realizados na área de políticas e gestão educacional no Brasil têm demonstrado que a variável formação de conselheiros(as) é um elemento fundamental para que se concretize a gestão democrática da educação. Todavia, é recorrente nesses estudos a percepção de que os conselheiros, em muitos casos na opinião deles próprios, não possuem formação política e técnica para exercer tal função. Os mesmos trabalhos apontam a resistência de certos segmentos que atuam no espaço dos conselhos de educação (especialmente os conselhos constituídos sob o ordenamento legal emergido após a Carta de 1988) e que utilizam o citado argumento justamente para "barrar" a participação de segmentos da comunidade na gestão da educação.

Outro elemento importante a salientar é sobre o papel fundamental do Estado na formação de identidades sociais, pelo menos na construção da cidadania nacional. Nesse sentido, é preciso lembrar o fato de que a organização do Estado brasileiro (Adorno, 1988; Faoro, 1995; Fedozzi, 1999) se deu sob uma tradição que cultua uma gestão pública do tipo patrimonialista de cunho autoritária e clientelista formando identidades sociais permeadas por estes valores. Levando-se em conta esse aspecto, a formação para uma identidade democrática (como é a proposta de formação de conselheiros) vinculada a uma ação do Estado tem sido historicamente rechaçada.

Outro problema que aparece com frequência em pesquisas (Azevedo, 2001; Peroni, 2003; Sander, 2006; Oliveira, 2007) sobre políticas e gestão educacional no Brasil diz respeito à constatação de que existe na atualidade um movimento na sociedade capitalista que introduz na agenda dos Estados nacionais em âmbito global um modelo de gestão pública norteado por pressupostos oriundos de organismos internacionais e baseados em paradigmas do sistema econômico. Trata-se de estratégias governamentais orientadas por métodos e técnicas do setor privado para a gestão do setor público cuja ação recai sobre uma administração voltada para o critério de eficiência gerencial, no sentido de racionalizar processos de gestão com o objetivo de minimizar custos para os governos. Essas práticas, quando adotadas em ações governamentais, são apontadas como um grande retrocesso às conquistas, em especial a gestão democrática do ensino público, dos movimentos sociais e educacionais emergentes na década de 1980 e consagradas no ordenamento legal.

Chamo atenção para outro problema pouco salientado em estudos sobre políticas educacionais em relação à influência do setor privado no setor público. Sob a concepção do "gerencialismo" (Muller; Surel, 2002), os grupos organizados que influenciam nas políticas públicas são considerados simplesmente uma soma de indivíduos na qual cada um busca realizar o seu autointeresse através da pressão que exerce para a imposição de pontos de vista particulares na ação pública. O pressuposto do gerencialismo, especialmente orientado pelo modelo político de tomada de decisão conhecido como *public choice*, considera os gestores públicos (incluindo-se nesta categoria atores políticos e atores sociais/grupos organizados que participam e influenciam na gestão de políticas públicas) como qualquer empresário do setor privado que toma suas decisões baseado na maximização dos interesses pessoais.

Ou seja, com este pressuposto, o gestor público é um gerente que centraliza as decisões, formatadas conforme o seu interesse pessoal e delega tarefas para atingir a maximização dos interesses com os quais se identifica. Esse modelo de gestão pode ser considerado essencialmente incompatível com o conteúdo ético-político da gestão democrática da educação e com o papel do próprio Estado enquanto instituição que tem também como atribuição formar — especialmente por meio da educação escolar como também pela via da institucionalidade organizacional e burocrática incluindo-se aí as práticas administrativas na gestão pública — o cidadão democrático.

Feitas tais considerações, entendo como fundamental para o exercício da gestão democrática uma ação governamental que proponha uma política de formação de conselheiros municipais de educação com vistas ao compartilhamento de decisões. Todavia, é preciso salientar que essa política traz elementos que vão à contramão tanto da tradição político-administrativa das instituições públicas brasileiras, marcadas pelo centralismo tecnocrático e o clientelismo, quanto da atual conjuntura mundial de gestão de políticas públicas orientadas, em muitos aspectos, pelo modelo global do novo gerencialismo público. Diante de tais condicionalidades se pode questionar em que medida uma política governamental produz estratégias de gestão pública que configurem a minimização dos efeitos destes fenômenos sociais na ação pública.

Movida pelo interesse em aprofundar o entendimento sobre a política nacional de formação de conselheiros, enquanto ação pública que se quer indutora da gestão democrática dos sistemas municipais de ensino, que construí a afirmação central deste livro. Ou seja, a perspectiva de que as diferentes lógicas de gestão da "coisa pública" inerentes ao contexto da sociedade brasileira geram entraves para a prática do ordenamento legal de gestão democrática do ensino público. As divergências entre paradigmas que orientam a visão de mundo dos gestores públicos são saudáveis e necessárias em uma sociedade democrática. No entanto, sem a convergência para um "sentido comum" sobre as regras formais e informais traduzindo a gestão democrática como prática legítima de organização da esfera pública, há pouca possibilidade de efetividade em uma ação governamental visando o fortalecimento da gestão democrática dos sistemas municipais de ensino.

Com base na argumentação destacada, a seguinte questão permeia a investigação que deu origem a este livro: em que medida a política nacional de formação de conselheiros municipais de educação se constitui em ação pública que induz ao fortalecimento da gestão democrática dos sistemas municipais de ensino?

A hipótese de trabalho centrou-se na seguinte assertiva: os diferentes atores que participam no processo de construção da política nacional de formação de conselheiros municipais de educação enredam-se em disputas por lógicas de poder e de sentidos para a gestão da educação dos municípios de tal forma, que terminam por impossibilitar um "sentido comum" que estabeleça os conselhos municipais de educação como espaços e instrumentos de gestão democrática dos sistemas municipais de ensino.

2. Elementos teórico-metodológicos

A política pública analisada no contexto deste livro apresenta duas variáveis visíveis: a formação de conselheiros e a gestão democrática. Não se pretendeu verificar a associação entre essas variáveis; ou seja, partiu-se do princípio de que a associação entre a variável formação de conselheiros e gestão democrática é um pressuposto dado pela própria política em ação e já suficientemente comprovado por estudos empíricos.

O foco da pesquisa centra-se na gestão da política nacional de formação de conselheiros e na influência das lógicas de poder e de sentidos dos diferentes atores que participam no processo de construção dessa ação pública, considerando essas lógicas, por si só, elementos que exercem influência na formação. Logo, não houve a intenção de analisar as situações de aprendizagem, quer dizer, os efeitos da formação sobre a atuação dos conselheiros em seus espaços específicos de ação, qual seja, os conselhos nos municípios.

Desse modo, o campo empírico foi se moldando a partir de alguns pressupostos teórico-analíticos e de práticas já observadas na realidade concreta do objeto deste estudo. Sob a perspectiva de que a política pública é um "constructo social e local", entende-se que toda política pública assume, de fato, a forma de um espaço de relações interorganizacionais que ultrapassa a visão estritamente jurídica que se poderia ter a respeito: uma política pública constitui uma "ordem local", isto é, "um constructo político relativamente autônomo que opera, em seu nível, a regulação dos conflitos entre os interessados, e assegura entre eles a articulação e a harmonização de seus interesses e seus fins individuais, bem como dos interesses e fins coletivos" (Muller; Surel, 2002, p. 20).

Assim, vista como constructo social e local, a política pública é influenciada por paradigmas e processos institucionais de ordem global e local. Considerando, é claro, que cada Estado nacional é constituído pela sua singularidade sociopolítica, econômica e cultural e, no caso do Brasil, da diversidade regional e de cada estado e município. Logo, o local e o global enquanto totalidade estão articulados, um não existe sem o outro; isto ocorre porque as relações sociais são articuladas. Com essa concepção, entendo que os fatos observados neste estudo escapam ao regime de isolamento prisional a que a ciência os sujeita. Entendo que os objetos têm fronteiras cada vez menos definidas; são constituídos por anéis que se entrecruzam em teias complexas com os dos restantes objetos (Santos, 2004).

Foi nesse sentido que trabalhei com a concepção de "rede de gestão democrática" como uma estratégia de governo, no caso deste livro, do governo da educação. Essa concepção (Muller; Surel, 2002) parte do princípio de que a ação pública não é fruto somente de uma elite político-administrativa, relativamente homogênea e centralizada; mas constituída por formas de coordenação multiníveis e multiatores cujo resultado, sempre incerto, depende da capacidade dos atores públicos e privados[1] em definir um espaço de sentido comum, em mobilizar competências de origens diversas e em implementar formas de responsabilização e de legitimação das decisões no processo de construção de uma política pública.

Nessa perspectiva, todos os atores que participam diretamente da rede de governança democrática são considerados (dados os limites das responsabilidades de

---

1. Para fins metodológicos, doravante quando utilizo o termo "atores públicos" refiro-me aqueles que exercem funções públicas mobilizando recursos associados a estas funções. Dentre estas se podem diferenciar duas categorias: a) os atores políticos cuja posição resulta de mandatos eletivos; b) os burocratas os quais ocupam cargos que requerem conhecimento especializado e se situam em um sistema de carreira pública. Já quando utilizo o termo "atores privados" refiro-me a uma perspectiva que engloba os trabalhadores e suas formas de associações; os empresários; agentes internacionais; mídia (Rua, 1997, p. 2-3).

cada um) gestores da política de formação de conselheiros municipais de educação. Isto porque permeia este trabalho a ideia de Santos (2005) de que "não há democracia sem condições reais de democracia"; ou seja, se a política em tela se pretende indutora da gestão democrática da educação dos municípios, o conhecimento que a constitui bem como sua operacionalização requerem estratégias de gestão balizadas em concepções, práticas e ações democráticas.

Com esse referencial, o presente estudo rejeita a perspectiva de análise fragmentada da política pública na qual as fases de formulação e implementação são separadas ignorando-se as diferentes lógicas de poder (as disputas por modelos de gestão pública) e de sentido (as diferentes representações de política pública) inerentes à ação pública.

Assim, adotou-se a como referência metodológica para o estudo processual da política de formação de conselheiros, a proposta de Bowe, Ball e Gold (1992), na qual a política pública é vista como um ciclo contínuo constituído por contextos específicos e inter-relacionados. Rompendo com estudos que analisam a política por meio de etapas estanques e lineares, os autores propõem analisar a política educacional sob três contextos principais: da influência; da produção do texto; e da prática, acrescentando-se posteriormente, o contexto dos resultados e/ou efeitos e de estratégia política (Ball, 1994).

A adoção da metodologia de estudo dos contextos permiti o exame das interações entre fatores micro e macro inerentes à ação pública. Considerando a inter-relação entre os contextos, os mesmos dão sentido à noção de política pública como um constructo social e local. Nessa perspectiva, no contexto da prática delimitou-se o estudo ao estado do Rio Grande do Sul. Considerado a partir de suas especificidades, esse estado, no conjunto dos estados brasileiros, possui reconhecida tradição no que se refere à organização dos municípios e de colegiados na área da educação, bem como de atuação ativa de atores locais na gestão de políticas educacionais.

A constituição do mapa das redes de influências na conformação da política em questão foi estabelecida tendo em vista dois níveis para a participação dos atores: os atores que atuam diretamente na gestão da política participando nas estratégias e ações governamentais e os atores que participam indiretamente na gestão da política, ou seja, que não participam diretamente na ação governamental, mas a influenciam por meio da produção de sentidos para a gestão democrática dos sistemas municipais de ensino.

3. Compilação e análise dos dados

Os dados compilados para este livro foram constituídos a partir de: entrevistas semiestruturadas aplicadas à presidente do Fecme/Uncme-RS, à presidente do Conseme/Undime-RS, aos capacitadores/formadores (5); à coordenadora dos capacitadores/formadores no RS; pelo material instrucional de formação de conselheiros do MEC, documentos de encontros de Associações da área de educação, documentos da política (Pró-conselho) bem como de outros programas relacionados a esta, Plano de Educação do governo Lula, ofícios do MEC, informativos publicados pelo MEC, informações fornecidas pela coordenação do Pró-conselho/MEC.

A análise dos dados foi realizada por meio da "análise de conteúdo" (Bardin, 1977; Pereira, 1998; Vargas, 1998). Com base neste referencial utilizaram-se duas técnicas: a análise temática e a análise das relações. Na primeira técnica, o tema é considerado uma unidade de significação que se liberta naturalmente de um texto analisado segundo certos critérios relativos à teoria que serve de guia à leitura. O texto da política pode ser recortado em ideias constituintes, em enunciados (títulos e subtítulos) e em proposições portadoras de significados isoláveis. Assim, fazer a análise temática deste estudo consistiu em descobrir os "núcleos de sentido" que compunham a comunicação entre os textos e cuja presença ou frequência de aparição de certos temas podiam significar alguma coisa tendo em vista o problema de pesquisa e os objetivos elencados para a investigação.

Já a segunda técnica empreendeu a análise da relação entre os "núcleos de sentido" retirados do texto da política e a problemática da pesquisa. Nesta segunda técnica buscou-se identificar as engrenagens universais, a organização subjacente, o sistema de relações, as regras de encadeamento, de exclusão e de equivalência nas mensagens dos textos. Por esta via buscou-se compreender as estruturas universais não explícitas da política a partir da desocultação da sua rede de significados. Na perspectiva da análise das relações (Pereira, 1998), o conteúdo do texto da política (seus significados) passou, necessariamente, pelo contexto e circunstâncias em que este foi produzido.

Capítulo 1

ESTADO, SOCIEDADE CIVIL E DEMOCRACIA: DA IMPORTÂNCIA DA FORMAÇÃO DO GESTOR DEMOCRÁTICO

> Mais importante que o Estado é a sociedade, mais importante que qualquer governo é a ação da cidadania. Entre o presidente e o cidadão, fico com o cidadão. Meu antiestatismo não tem a mesma origem do pensamento liberal. Sou crítico do Estado porque quero democratizá-lo radicalmente, submetê-lo ao controle da sociedade, da cidadania. Não quero o Estado no planalto, mas na planície. Não quero o presidente, mas o cidadão. Não quero o salvador, mas o funcionário público eleito para gerenciar o bem comum.
> (Herbert de Souza)

Cumpre esclarecer que este capítulo tem por objetivo refletir sobre a relação entre o Estado e a sociedade civil numa perspectiva histórica de construção da esfera pública sob o marco da democracia como um constructo social. O sentido atribuído à democracia perpassa a democracia formal, trata-se de considerá-la, enquanto prática social, o substrato ético-político das relações sociais, portanto, da formação de sujeitos democráticos. A democracia moderna nasce como prolongamento do liberalismo entendida principalmente como instituição jurídica e parlamentar, no entanto, no contexto histórico das lutas sociais adquire um significado mais radical e etimológico, de participação e exercício popular do poder na esfera pública.

A democracia como forma de governo do Estado moderno na teoria política e sociológica não tem sido algo fácil de definir, isto porque não existe consenso sobre o próprio conceito de democracia. Mas parece prudente observar que constantemente os livros-textos de filosofia política definem a democracia como uma categoria universal vista de forma transtemporal como uma modalidade particular de regime político dentre outros, negligenciando sua dimensão experiencial (Dallmayr, 2001). Quer dizer, o fato de a democracia ser inerente às lutas e a agonias concretas e contextualizadas. Logo, democracia não é apenas uma opção de um regime dentre outros igualmente disponíveis em todos os momentos e lugares, mas constitui-se em uma resposta a desafios e a aspirações históricas.

Desse modo, neste estudo caracterizo a participação – enquanto um dos instrumentos mais importantes de realização da democracia como construção histórica e social – de maneira indissociável do conceito de poder, implicando a capacidade de intervenção direta dos atores nos processos de decisão sobre a gestão pública e não apenas a consagração do sufrágio universal.

Sob estas assertivas pretendo discutir interpretações remetendo a um quadro teórico que possibilite o exame mais acurado da política de formação de conselheiros municipais de educação. Esta política tem como objetivo central colocar em prática o princípio constitucional de gestão democrática do ensino público por meio da formação de conselheiros/as municipais de educação. Nesse sentido, constitui-se em uma ação pública que traz à tona o Estado no seu papel de educador, visto que, essencialmente, formar é educar. Portanto, tornou-se imprescindível entender de que forma os atores implicados na construção desta política interpretam a democracia como princípio educador.

A perspectiva da qual parto é a de que a educação de valores democráticos é uma forma de socialização normativa cuja base centra-se na ideia de que, para além da pluralidade de valores, desejável numa sociedade democrática, é possível o consenso em torno de um certo número de valores. Isso pressupõe que os diferentes grupos de cidadãos, associações e comunidades locais possam intervir diretamente na definição de alguns valores e que, portanto, devem privilegiar formas de democracia mais assentes em práticas de participação social (Lima, 1990; Nogueira, 2004; Santos, 2005).

Com efeito, aceito a possibilidade de que uma ação pública possa constituir-se em um instrumento que tem potencialidades para romper com paradigmas determinados por estruturas sociais – como é o caso do autoritarismo e do clientelismo presentes na gestão pública brasileira e oriundos do Estado patrimonialista bem como da influência de políticas globais que tem afetado os valores democráticos na atualidade. Porquanto, já Rousseau definia a participação por seu caráter processual e educativo e como "uma ordem social que afeta a estrutura da personalidade humana".

1. A esfera pública na modernidade: da relação entre o Estado e a sociedade civil

Falar da relação entre público e privado é, certamente, terreno árido nas Ciências Sociais. É neste sentido que se deve compreender a complexidade que envolve a relação entre Estado e sociedade civil; é preciso atentar para o fato de que historicamente esta relação tem girado em torno da distinção (ou não) entre ambos, quer dizer, da identificação das fronteiras entre Estado e sociedade civil.

Arendt (2008), ao realizar a sua crítica à filosofia ocidental, afirma que a passagem da sociedade do "sombrio" interior do lar – ascensão de sua administração caseira, de suas atividades, seus problemas e recursos organizacionais – para a luz da esfera pública, não apenas diluiu a antiga divisão entre o privado e o político, mas também alterou o significado dos dois termos e a sua importância para a vida dos indivíduos e dos cidadãos, ao ponto de torná-los quase irreconhecíveis. A autora delimita assim, de forma definitiva, os significados e configurações estruturais da esfera pública para os gregos antigos, salientando a extensão em que seu entendimento original se perdeu em sociedades contemporâneas.

É a partir desse conflito teórico e prático que se tem alimentado os conceitos constituídos na atualidade. Assim, são dois os momentos históricos que podem ser considerados paradigmáticos para a construção de uma noção de esfera pública. Um primeiro momento identificado desde as relações elaboradas na cidade-estado grega, o outro nas transformações ocorridas na Europa do século XVII até a primeira metade do século XIX.

Logo, é preciso considerar que mesmo as noções de público que circulam hoje formatadas sob o processo da chamada esfera pública burguesa, o Estado moderno, tiveram sua gênese no período da Renascença, quando o modelo de esfera pública helênica foi transmitido pela autoconcepção dos gregos compartilhando com tudo que é considerado "clássico" uma força normativa peculiar (Habermas, 1984). Na atualidade, a hegemonia do modelo burguês de esfera pública está no centro das discussões relacionadas aos problemas de cidadania, da democracia e da participação política. É nesse contexto que hoje se discute a relação entre o Estado e a sociedade civil.

Pode-se dizer, então, que foram as condições históricas, as quais consagraram a hegemonia do modelo de esfera pública burguesa, que levaram ao crescimento do Estado como forma legítima de organização e regulação da sociedade moderna bem como à construção de uma "sociedade civil organizada". No curso do pensamento sociopolítico-filosófico dos últimos séculos houve uma significativa mudança na compreensão da relação entre o público e o privado.

Na doutrina política tradicional jusnaturalista, a sociedade civil contrapunha-se à "sociedade natural" sendo sinônimo de sociedade política, portanto, de "Estado". Mas esta noção se amplia e, em épocas em que guerras eram travadas para a fundação de Estados nacionais, a sociedade civil (Estado) deixa de se contrapor apenas ao Estado de natureza: ocorre uma identificação entre Estado de natureza e Estado selvagem. Nesse sentido, a sociedade civil passa também a se identificar à sociedade civilizada, ou seja, contrapõe-se a sociedade dos "povos primitivos"[2].

O Estado torna-se uma organização distinta da sociedade civil no século XVIII, todavia, A distinção já aparecia no século XVII, principalmente na Inglaterra, com a ascensão da burguesia ao poder (Gruppi, 1980). Tal distinção demarcou a separação entre o Estado e a sociedade civil.

Com a separação entre o Estado e a sociedade civil, a burguesia nascente começa a produzir sentidos que reforçam essa relação. Elabora o argumento de que o principal papel do Estado é a tutela da propriedade privada, sendo que os direitos de propriedade deveriam ser exercidos na sociedade civil. Assim, o Estado e a sociedade civil obedeceriam a normas e leis diferentes. Resulta deste processo a noção liberal-burguesa de que a sociedade civil era espaço privilegiado dos cidadãos-

---

2. Não podemos esquecer que esta foi a justificativa para o extermínio de muitos "povos primitivos" pelos chamados "povos civilizados" da Europa. Emerge desta concepção a tentativa de legitimar o imperialismo europeu e depois norte-americano.

-proprietários bem como a ideia de que o Estado deveria deter-se apenas às relações econômicas. Nessa perspectiva, a propriedade privada (protegida pelo Estado) e a liberdade econômica (exercida na sociedade civil) passam a ser o pressuposto basilar do liberalismo econômico.

Produz-se, então, uma separação formal, e não real, entre o Estado e a sociedade civil. Ocorre um tipo de manifestação sobre a participação na esfera do poder estatal permeada pela ideia de que "não se pode pensar que fossem capazes de uma opinião independente os servos das fazendas, ou os aprendizes das oficinas artesanais, porque usavam somente as mãos e não a cabeça" (Gohn, 2005, p. 21). Por conseguinte, eles não poderiam ter direito de voto, nem de serem eleitos. Os direitos políticos ativos – portanto, o controle do Estado – caberiam somente aos proprietários[3] (Gruppi, 1980; Gohn, 2005).

Logo, entre os séculos XVIII e XIX, pode-se dizer que as discussões sobre a relação entre o Estado e a sociedade civil se davam basicamente em torno da polêmica a respeito da definição e da arena onde se constituiria o cidadão do Estado moderno. De um lado, a argumentação dos jusnaturalistas[4], para os quais o Estado nasce de um contrato, ou seja, o indivíduo é preexistente e funda a sociedade através de um acordo, de um contrato; de outro, a argumentação de Hegel[5] (apud Bottomore, 1988), afirmando que o Estado é o fundamento da sociedade civil e da família e não o contrário[6].

No entendimento do autor não há sociedade civil sem um Estado que a construa, que a componha e que integre suas partes; não existe povo se não existir o Estado, pois é o Estado que funda o povo e não o contrário. A sociedade civil, enquanto esfera dos indivíduos que deixaram a unidade da família para ingressar na competição econômica, é uma arena de necessidades particulares, interesses egoístas e divisionismo, dotada de um potencial de autodestruição. Só o Estado poderia garantir o interesse universal, uma vez que inexiste racionalidade inata à sociedade civil que leve ao bem comum.

---

3. Gruppi (1980) afirma que é nítida a distinção que Benjamin Constant (1767-1830) faz entre sociedade civil e sociedade estatal. Para Constant os direitos da liberdade são gozados principalmente na vida particular, pois são direitos da iniciativa econômica. Daí adviria toda a polêmica com Rousseau: a igualdade de Rousseau destrói toda a liberdade, por conseguinte suas concepções devem ser rejeitadas como uma grande ameaça à liberdade. Constant defende assim a identificação entre propriedade e liberdade, isto é, a liberdade como diferença e não como igualdade.
4. Especialmente e apesar de apontarem pontos de vistas diferentes, pode-se citar: Thomas Hobbes (1588-1679); John Locke (1631-1704); Jean-Jacques Rousseau (1712-1778); Emmanuel Kant (1724-1804).
5. Georg Wilhelm Friedrich Hegel (1770-1831).
6. Segundo Bobbio (1999), a inovação de Hegel em relação ao jusnaturalismo está no fato de que ele abandona as análises predominantemente jurídicas, que tendiam a reduzir as relações econômicas às suas formas jurídicas, ou seja, às teorias da propriedade e do contrato.

Ao final do século XIX, afirma-se a materialização de um Estado moderno, de orientação contratualista, que fundirá duas diferentes concepções progressistas forjadas à época: 1) a concepção do liberalismo econômico, que defendia a correlação entre propriedade e liberdade; 2) a concepção liberal democrática (baseada principalmente em Rousseau e forjada com a Revolução Francesa), segundo a qual a liberdade baseia-se na igualdade, mas essencialmente na igualdade jurídica. Na concepção democrática de Rousseau, a soberania é do povo, que a exprime no Estado, mas o fundamento da soberania fica sempre no povo. Na concepção do liberalismo econômico, o Estado deve somente garantir a esfera das liberdades, a inviolabilidade da pessoa, da iniciativa privada em campo econômico.

Emerge, portanto, principalmente das concepções contratualistas, a base do individualismo que fundamenta a sociedade capitalista. Nessa concepção de sociedade, o ponto de partida e de chegada é sempre a liberdade e o benefício do indivíduo. É justamente dessa premissa que emerge toda a contradição da contratualidade inerente à esfera pública na modernidade, pois, ao mesmo tempo em que traz como finalidade a maximização do bem-estar social, na sua gênese está marcada pelo pressuposto do individualismo

1.1 Os espaços de produção de poder

Como foi possível perceber, a relação entre o Estado e a sociedade civil foi elaborada em função das condições econômicas, sociais e políticas dos países capitalistas ocidentais centrais num período bem definido da história da sociedade moderna. Segundo Santos (2006, p. 127), a distinção cunhada a partir da concepção liberal que domina até hoje o discurso político, sobretudo, o conservador, pode ser vista a partir de duas assertivas:

> (...) era fácil delimitar o Estado, pois, ao contrário do que sucedia com a sociedade civil, era uma construção artificial e dispunha de uma estrutura formal; o Estado fora, de fato, feito pela sociedade civil segundo as necessidades e interesses desta, dela dependendo para sua reprodução e consolidação. As necessidades e os interesses eram fundamentalmente econômicos e foram eles que deram materialidade à idéia de sociedade civil forte e autônoma.

No entanto, apesar da hegemonia da concepção liberal, neste início do século XXI permanece o problema concreto de identificação da fronteira entre o Estado e a sociedade civil bem como da demonstração das interações inerentes a esta relação na ação pública. Nesse sentido, a distinção não pode simplesmente ser identificada pelo discurso de que o Estado se tornou ineficaz para atender as demandas sociais transferindo esta responsabilidade para uma sociedade civil supostamente autônoma e forte. É preciso compreender que essa relação é dialética e histórica. Refletir sobre tal relação significa esclarecer as contradições e conflitos inerentes à distinção entre o Estado e a sociedade civil a partir das especificidades que constituíram historicamente os Estados nacionais. Isto é, diferenciar a constituição dos modos de articulação entre o Estado (esfera pública) e a sociedade civil (esfera privada) em países capitalistas centrais de países capitalistas semiperiféricos e periféricos.

Assim, o problema da demarcação das fronteiras entre o público e o privado, ou antes, da relação entre o Estado e a sociedade civil é complexo e tem sido alvo de diferentes concepções e/ou lógicas[7]. A raiz da contradição que subjaz neste problema tem se expressado nas diferentes sociedades capitalistas por meio de relações de poder explicitas especialmente na esfera pública. A concepção hegemônica funda-se numa relação de poder determinada pelos modos de articulação entre Estado e sociedade civil tendo como base as relações econômicas; logo, é por meio do reconhecimento das formas de poder social e de seus meios de expressão nas relações sociais que se pode chegar a uma alternativa para discutir a distinção entre o Estado e a sociedade civil para além da lógica do liberalismo.

É nesse sentido que Santos (2006) propõe uma outra alternativa conceitual. Na perspectiva do autor existe hoje uma "reemergência da sociedade civil" no discurso dominante. Mas afirma que o que está verdadeiramente em causa é um reajustamento estrutural das funções do Estado por via do qual o intervencionismo social, interclassista, típico do Estado-providência, é parcialmente substituído por um intervencionismo bicéfalo, mais autoritário face ao operariado e certos setores das classes médias (por exemplo, a pequena burguesia assalariada) e mais diligente no atendimento das exigências macroeconômicas da acumulação de capital (sobretudo do grande capital).

---

7. Muller e Surel (2002, p. 32-38) situam esta discussão a partir de duas concepções tradicionais de Estado: a abordagem estatal (ou a sociedade produzida pelo Estado) e a abordagem pluralista (ou o Estado produzido pela sociedade). A primeira origina-se na Europa do século XIX a partir da difusão progressiva do Estado-nação e a extensão progressiva dos aparelhos político-administrativos dispondo de poderes e de competências cada vez mais amplos. O pedestal da abordagem estatal centra-se em teorias que valorizam o papel central do Estado nas relações sociais, ou seja, o Estado é o resultado de uma relação dialética com a sociedade. Fundam seus pilares iniciais na filosofia alemã e no marxismo-leninismo adquirindo depois uma orientação mais sociológica a partir dos trabalhos de Emile Durkheim e Max Weber. Já a abordagem pluralista está fortemente ligada aos trabalhos americanos, centrados na análise dos processos de decisão. Nesta concepção o Estado é o resultado de processos sociais irredutíveis. Longe de modelar a sociedade, o Estado é, pois, produto da interação entre os grupos livremente formados, constituindo-se em uma forma de "véu" totalmente permeável aos interesses e à competição dos grupos que caracterizam as lógicas sociais. Neste esquema os indivíduos são postulados a buscar a maximização de seus interesses pela mobilização de fontes que podem conduzir (mas não necessariamente) a ação coletiva. Os principais pilares desta abordagem centram-se na sociologia do interesse e da escolha racional e do *Public Choice*.

No entanto, reconhece como inegável o fato de que a "reemergência da sociedade civil" tem um núcleo genuíno que se traduz na reafirmação dos valores do autogoverno, da expansão da subjetividade, do comunitarismo e da organização autônoma dos interesses e dos modos de vida. Mas essa faceta tende a ser omitida no discurso dominante ou apenas subscrita na medida em que se contrapõe às exigências do novo autoritarismo (Santos, 2005).

Dessa forma, partindo da ideia de que a distinção entre o Estado e a sociedade civil é fortemente demarcada por uma relação de poder[8], o autor afirma que as sociedades capitalistas são formações ou configurações políticas constituídas por quatro modos básicos de produção de poder que se articulam de maneiras específicas. Esses modos básicos de produção de poder geram quatro formas básicas de poder que, embora inter-relacionadas, são estruturalmente autônomas. O quadro 1 demonstra o que o Santos chama de "mapa estrutural das sociedades capitalistas".

Quadro 1 - Mapa estrutural das sociedades capitalistas

Espaços estruturais	Componentes elementares				
	Unidade de prática social	Forma institucional	Mecanismo de poder	Forma de direito	Modo de racionalidade
Espaço doméstico	Sexos e gerações	Família, casamento e parentesco	Patriarcado	Direito doméstico	Maximização da afetividade
Espaço de produção	Classe	Empresa	Exploração	Direito da produção	Maximização do lucro
Espaço de cidadania	Indivíduo	Estado	Dominação	Direito territorial	Maximização da lealdade
Espaço mundial	Nação	Contrato, acordos e Org. Internacionais	Troca desigual	Direito sistêmico	Maximização da eficácia

Fonte: Santos, 2006

No esquema, o **espaço doméstico** é constituído pelas relações sociais (os direitos e os deveres mútuos) entre os membros da família nomeadamente entre o homem e a mulher e entre ambos (ou qualquer um deles) e os filhos. Neste espaço, a unidade de prática social são os sexos e as gerações, a forma institucional é o casamento, família e o parentesco, o mecanismo de poder é o patriarcado, a forma de juridicidade é o direi-

---

8. Santos propõe uma alternativa ao conceito de poder oriundo do liberalismo bem como da teoria foucaultiana de poder.

to doméstico (as normas partilhadas ou impostas que regulam as relações cotidianas no seio da família) e o modo de racionalidade é a maximização do afeto.

O **espaço da produção** constitui-se pelas relações do processo de trabalho, tanto as relações de produção ao nível da empresa (entre produtores diretos e os que se apropriam da mais-valia por estes produzida), como as relações na produção entre trabalhadores e entre estes e todos que controlam o processo de trabalho. Neste contexto, a unidade da prática social é a classe, a forma institucional é a fábrica ou empresa, o mecanismo de poder é a exploração, a forma de juridicidade e o direito da produção (o código da fábrica, o regulamento da empresa, o código deontológico) e o modo de racionalidade é a maximização do lucro.

O **espaço da cidadania** é constituído pelas relações sociais da esfera pública entre cidadãos e o Estado. Neste espaço, a unidade da prática social é o indivíduo, a forma institucional é o Estado, o mecanismo de poder é a dominação, a forma de juridicidade é o direito territorial (o direito oficial estatal, o único existente para a dogmática jurídica) e o modo de racionalidade é a maximização da lealdade.

Finalmente, o **espaço da mundialidade** constitui as relações econômicas internacionais e as relações entre Estados nacionais na medida em que eles integram o sistema mundial. Neste espaço, a unidade da prática social é a nação, a forma institucional são as agências, os acordos e os contratos internacionais, o mecanismo de poder é a troca desigual, a forma de juridicidade é o direito sistêmico (as normas muitas vezes não escritas e não expressas que regulam as relações desiguais entre Estados e entre empresas no plano internacional) e o modo de racionalidade é a maximização da eficácia.

A alternativa conceitual apresentada por Santos (2006) traz à tona uma questão das mais importantes sobre a distinção entre o Estado e a sociedade civil, quer dizer, que o ponto de partida desta distinção baseia-se numa relação de poder e mais, que o Estado não é a única instituição da sociedade capitalista que produz regulação social.

Mas o autor reconhece que, historicamente, apesar das críticas, tem sido legitimada e homogeneizada uma concepção de poder regulatório baseada no poder político-jurídico tendo como lugar de exercício o Estado. Assim, todas as outras formas de poder, na família, nas empresas, nas instituições não estatais, têm sido diluídas no conceito de relações privadas e na concorrência entre interesses particulares. É nesse sentido que sentencia: "só haverá emancipação social na medida em que houver resistência a todas as formas de poder" (Santos, 2006, p.127.)

A virtude analítica e teórica dessa concepção reside no fato de que, ao criar várias interfaces entre os condicionantes estruturais e as ações sociais autônomas, flexibiliza a rigidez estrutural pluralizando as estruturas sociais sem cair num interacionismo amorfo. Tal concepção retoma a noção de indivíduo (como cidadão) sem, no entanto, cair no individualismo liberal. E, como afirma o próprio autor, repõe o espaço doméstico que a teoria clássica tinha jogado, jacobinamente, para o lixo das relações privadas. Além disso, permite colocar a sociedade nacional num espaço mundial, mas de tal forma que este é concebido como uma estrutura interna da própria sociedade nacional, quer dizer, como matriz organizadora dos efeitos pertinentes que as condições mundiais exercem sobre cada um dos espaços estruturais.

Acima de tudo, essa alternativa conceitual para pensar a relação entre o Estado e a sociedade civil permite demonstrar que a natureza política do poder não é um atributo exclusivo de uma determinada forma de poder, nomeadamente, a dominação pela via do Estado[9]. Santos (2000) assenta a ideia de que todas as relações de poder são políticas, mas ao contrário do que anunciava Foucault, não renuncia a estruturar e a hierarquizar as formas de poder e de relações de poder, reconhecendo que a dominação, correspondente ao espaço da cidadania, tem sido considerada a única forma de poder político na modernidade ocidental. O autor propõe que todas as outras formas de poder sejam também consideradas políticas.

Nessa perspectiva, retomo aqui as considerações do próprio autor (2006, p.128) ao discutir a relação entre o Estado e a sociedade civil, que recomenda a não abolição da distinção metodológica entre as duas instâncias, visto que seria deveras perigoso considerando, as atuais investidas do mercado sobre o Estado.

Na esteira dessas perspectivas compreendo a importância da noção de sociedade civil proposta por Gramsci (2000); a sociedade civil não apenas como uma instância de necessidades individuais, mas de organizações nas quais os indivíduos podem potenciar a autorregulação racional e a liberdade de escolhas ao exercer os seus direitos e responsabilidades de cidadão na esfera pública. Assim, a ação humana convertida em prática social deixa de ter um sentido individualista e privado, porque os indivíduos não são seres isolados e acabados em si mesmos, mas são sujeitos portadores de responsabilidades sociais e polo de relações aberto ao todo (Semeraro, 1999).

Nesse ponto de vista, a sociedade civil é uma organização complexa, um conjunto de organismos comumente chamados de "privados"; é onde a "hegemonia" e o "consentimento espontâneo" são organizados (Gramsci, 2000). Não se constitui simplesmente num espaço de iniciativas econômicas, mas também de manifestação de forças ideológicas e culturais[10]. Pois é nesta esfera que se elabora a hegemonia de uma forma de pensar e de gerir a "coisa pública", quer dizer, sobre os modos de pensar, sobre as orientações ideológicas e daí sobre os modos de conhecer e dirigir

---

9. Levando em consideração a citada ponderação, é preciso salientar a importante contribuição de Antonio Gramsci, mesmo em contexto hitórico-espacial diferente do atual, para pensar a relação entre o Estado e a sociedade civil. Para refletir sobre as relações sociais no espaço da cidadania, tal concepção ainda oferece importante referência teórico-analítica.

10. A hegemonia em Gramsci é algo que opera sobre a estrutura econômica e sobre a organização política da sociedade, mas também sobre o modo de pensar, sobre as orientações ideológicas e sobre os modos de conhecer (Gruppi, 1978, p. 5).

a sociedade contemporânea. Com essa perspectiva, a sociedade civil é considerada a "raiz ética do Estado". Semeraro (1999, p. 81) aborda a questão da seguinte forma:

> Gramsci referindo-se a Hegel, fala da sociedade civil como "conteúdo ético do Estado", literalmente exata, digo, se se reconhece que a sociedade civil hegeliana que Gramsci tem em mente não é o sistema das necessidades (de onde Marx partiu), ou seja, as relações econômicas, mas sim as **instituições** que as regulamentam, das quais Hegel diz que, tal como a família, constituem a "raiz ética do Estado, que se aprofunda na sociedade civil", ou em outro ponto, "a base estável do Estado, as pedras fundamentais da liberdade pública". Em suma: a sociedade civil que Gramsci tem em mente, quando se refere a Hegel, não é a do momento inicial no qual explodem as contradições que o Estado terá de dominar, mas a do mundo final em que, por meio da organização e da regulamentação dos diversos interesses (as corporações), são fixadas as bases para a passagem ao Estado.

Nessa interpretação, as instituições[11], isto é, os sistemas normativos elaborados a partir de valores, crenças e representações do real (as forças ideológicas e culturais) conformam a "visão de mundo" dos indivíduos, os quais, organizados, confrontam diversos projetos de sociedade até prevalecer um que estabeleça a direção geral na economia, na política e na cultura.

À luz de tais considerações pode-se inferir, grosso modo, que Gramsci admite outros espaços de produção de poder visto que as instituições – enquanto sistemas normativos formais e informais que influenciam nos comportamentos e nas relações entre os indivíduos e grupos – emanam de todos os espaços estruturantes das relações sociais; mas, ele concentra seus esforços para salientar tal poder na esfera pública, isto é, no espaço da cidadania onde o princípio político do poder tem expressado suas contradições mais explicitamente.

1.2 O espaço da cidadania e a gestão pública na contemporaneidade: a participação, a descentralização e a sociedade civil

O foco no espaço da cidadania para daí construir relações com os outros espaços de produção de poder, faz sentido porque é nesta esfera que as mudanças ocorridas com a (re)organização da sociedade capitalista iniciada a partir da crise do processo de acumulação de capital na década de 1970, mais explicitamente tem expressado os seus efeitos, afetando especialmente os direitos sociais

---

11. Ver em Ragazzine (2005, p. 104) a discussão de Gramsci sobre "normas sociais e escolhas individuais". Segundo Ragazzine, consideradas as articulações das ideologias nas suas ligações com as organizações sociais e a correspondência entre ideologia implícita e comportamentos, Gramsci coloca em evidência as normas sociais de comportamento e os âmbitos (parcialmente sobrepostos) nos quais valem: não, ou não somente, as normas formais do direito, mas também àquelas dos comportamentos juridicamente indiferentes.

entravando os avanços da cidadania nacional. Por outro lado, suscitando a organização de segmentos da sociedade civil que luta pela manutenção e ampliação dos direitos.

No âmbito do espaço mundial, o argumento da maximização da eficácia dos objetivos do Estado atinge todo o mundo capitalista. Em meio a crise dos anos 1970 começava a ocorrer o esfacelamento do Estado capitalista em três dimensões – econômica, social e administrativa – , todas interligadas. A primeira era a keynesiana, caracterizada pela ativa intervenção estatal na economia, procurando garantir o pleno emprego e atuar em setores considerados estratégicos para o desenvolvimento nacional; a segunda correspondia à responsabilidade do Estado com o bem-estar social tendo como modelo o *Welfare State*. Adotado em maior ou menor grau nos países desenvolvidos, o Estado de bem-estar tinha como objetivo primordial a produção de políticas públicas para a área social. A terceira dimensão dizia respeito ao funcionamento interno do Estado, o chamado modelo burocrático weberiano, ao qual cabia o papel de manter a impessoalidade, a neutralidade e a racionalidade do aparato governamental (Abrucio, 2006).

Acompanhando esse processo, inicia-se a redefinição do papel do Estado moderno e entram em embate novos significados para o governo democrático das sociedades capitalistas. Nas agendas dos Estados nacionais categorias como descentralização, participação e sociedade civil passam a ter lugar comum quando se trata de formulação de políticas públicas.

A agenda reformadora (Nogueira, 2004), iniciada na década de 1980 em âmbito mundial, ainda que ao preço de uma hipervalorização da administração empresarial e de uma entrega do Estado ao mercado, ajudou a criar focos de incentivo para a atualização do modelo burocrático de Estado, aumento do controle social e a incorporação de mecanismos de participação e de descentralização à gestão das políticas sociais. Nesse sentido, ao mesmo tempo em que de um lado florece uma "cultura democrática participacionista" (Santos, 2005) oriunda de movimentos organizados da sociedade civil, de outro cresce no setor público uma "cultura empresarial" competitiva (Ball, 2005) que esvazia a noção de governo democrático construindo novos sentidos para os conceitos e práticas de participação, descentralização e controle social.

A reforma, no fundo, destinava-se a desconstruir o Estado com o propósito de encontrar outra maneira de posicioná-lo *vis-à-vis* o mercado e a sociedade, que se modificavam rapidamente por efeito da globalização. Neste sentido, no setor público, o "paradigma do gerencialismo" foi decisivo em suas mais importantes formulações ao levar ao paroxismo a tese de que o padrão burocrático do Estado moderno (especialmente do Estado de bem-estar social) era pouco permeável às mudanças promovidas pela globalização. Ancorada neste paradigma, em vez de emprestar eficiência e eficácia ao aparato estatal, a burocracia estaria contribuindo para paralisá-lo e enredá-lo em "múltiplos interesses" corporativos (Nogueira, 2004)[12].

Fazia-se necessário, na perspectiva mercadológica, perseguir um caminho "pós-burocrático", do qual a "administração gerencial" seria a expressão adequada: controlar mais os resultados do que os procedimentos, conceder maior autonomia aos órgãos públicos, descentralizar estruturas e atividades, flexibilizar procedimentos de modo a que se configurassem ambientes mais competitivos, ágeis e responsáveis perante os cidadãos consumidores [13].

Assim, em âmbito mundial, emergem novos conceitos – administração por objetivos (*downsizing*), serviços públicos voltados para o consumidor (*empowerment*), pagamento por desempenho, qualidade total, diversas formas de descentralização – para combater os antigos conceitos e práticas de gestão pública. Esses novos conceitos e práticas fazem parte de um conjunto de medidas cuja finalidade é modificar, no nível mais abrangente possível, os parâmetros da organização burocrática (Abrucio, 2006). O argumento de introdução de mecanismos de mercado na gestão pública é o de aumento da *performance* estatal no atendimento das demandas sociais e econômicas.

Pode-se dizer que um dos maiores problemas relacionados a este argumento, emergido como resposta à crise do modelo burocrático do Estado capitalista iniciada na década de 1970, diz respeito à subestimação ao conteúdo político da administração pública. Na realidade, a administração pública constitui um sistema organizacional em que, internamente, há diferentes tarefas e valores, as quais pertencem a um contexto complexo de relações com a esfera política (Abruscio, 2006).

O gerencialismo público, em sua raiz, tem como base a separação entre a política e a administração conferindo maior legitimidade à gestão técnica do Estado, visto que esta é "neutra". Na verdade, o gerencialismo como mecanismo de gestão reforça a economia política conservadora clássica, a qual sempre nutriu uma descon-

---

12. Segundo Nogueira (2004), não havia e nem há até hoje, qualquer motivo justificável para que a reforma do aparelho do Estado seja "orientada pelo mercado" em vez de se concentrar na recuperação e na atualização das capacidades burocráticas. A concepção de Nogueira, hoje (2008) pode ser atestada pela atual crise do mercado financeiro internacional, o qual recorre ao Estado solicitando empréstimos; do mesmo Estado orientado pelos ideólogos do neoliberalismo para que fosse ágil e mínimo. Neste sentido, também Peroni (2006) já chamava atenção a retórica deste discurso quando afirmava que o Estado era mínimo para as políticas sociais e máximo para o Mercado.

13. Conforme Borges (2000) o movimento de reestruturação dos governos da década de 1980 na direção de padrões operativos mais flexíveis e orientados para o mercado foi resposta dada por coalizões políticas conservadoras nos países da Organização de Cooperação e Desenvolvimento Econômico (OCDE) aos problemas herdados *welfarism*. Este movimento foi especialmente orientado pela perspectiva da *Public Choic*, de James M. Buchanan a qual em vez de se deter sobre a questão ético-político do serviço público assume a inevitabilidade do comportamento autointeressado para propor, dentro da lógica smithiana da "mão invisível", a construção de um sistema de incentivos e punições que vincule a busca de interesse individual ao máximo benefício coletivo.

fiança indisfarçada quanto à democracia como regime de governo. A política é vista como um empecilho na medida em que ela pode comprometer o caráter "racional" e "técnico" das relações da tecnocracia estatal (Borges, 2000). É preciso ressaltar que a tecnização das decisões sobre políticas públicas impossibilitam a participação direta ou indireta dos cidadãos no Estado.

De fato a política é inseparável do "político", ou seja, do antagonismo e da hostilidade. Não é somente um campo e um conjunto de ações voltadas para a deliberação mediante "consensos" racionais, mas um espaço de lutas e paixões, de interesses e razões antagônicas, no qual e com o qual se organiza a busca de pontos de equilíbrio mediante a mais límpida explicitação das diferenças (Mouffe, 1999 apud Nogueira, 2004).

É nesse contexto que os conceitos de participação, descentralização e sociedade civil precisam ser interpretados e relacionados. Conforme a afirmação de Nogueira (2004), sob o modelo do gerencialismo, a descentralização resume-se, na maior parte das vezes, especialmente em Estados nacionais federativos, a um processo de descentralização administrativa (desconcentração) e de responsabilidades e não uma descentralização política (de poder), pois o controle da ação pública permanece centralizado pela via da avaliação de desempenho bem como pela disparidade de recursos financeiros entre os entes federados ou subnacionais.

Já a participação está relacionada a dois aspectos do modelo contratual do gerencialismo: o primeiro relaciona-se à noção de cidadão-consumidor, no qual o cidadão "participa" ao escolher o melhor serviço público por meio da possibilidade que lhe é ofertada pelo Estado de controlar o andamento dos serviços prestados. Uma primeira crítica que se pode fazer a esta contratualidade é sobre a diferença existente entre o consumidor de bens de mercado e o "consumidor" de serviços públicos. O primeiro obedece ao modelo de decisão de compra no mercado, já o segundo impõe uma relação mais complexa, na qual o simples conceito de consumidor não serve, uma vez que esta relação está referida por um conceito mais amplo de cidadão implicando responsabilidades do Estado e direitos dos cidadãos, não é somente um ato de liberdade de escolha de serviços públicos (Borges, 2000; Abrucio, 2006; Oliveira, 2007).

Na concepção do cidadão-consumidor, a cidadania se restringe ao controle da política pública que é implementada para atender determinado segmento social (focalização do público-alvo) na qual, na maior parte das vezes, o consumidor é um cidadão passivo. Nesse sentido, não se concebe a cidadania relacionada aos princípios da transparência, da equidade e da justiça social. A observância de tais princípios requerem a participação ativa na escolha dos dirigentes, na elaboração das políticas e na avaliação dos serviços públicos (Abrucio, 2006).

Outro aspecto do contratualismo gerencial diz respeito à aliança do setor público com o setor privado (empresas, fundações e organizações não governamentais e sem fins lucrativos) para a oferta de serviços públicos como forma de participação da sociedade civil na gestão pública. Uma das principais críticas a esta forma de participação é a de que pode significar, por um lado, a transferência das responsabilidades do Estado com as políticas sociais para a sociedade. Além disso, algumas organizações sociais do terceiro setor (ONG) que hoje possuem atribuição de gestão de políticas sociais recebem recursos financeiros público, mas dificilmente prestam contas (Peroni, 2006), não há transparência no uso do recurso público. De outro lado, tem-se, ainda, a interferência de organismos internacionais de cunho financeiros (FMI, Banco Mundial, etc) na gestão de políticas públicas nacionais orientados pela lógica econômica do mercado, que vão de encontro com aquela que é precípua do Estado democrático de direito: gerir o bem comum. Em nenhum dos casos a participação na gestão pública está relacionada à cidadania, considerando os princípios da transparência no uso do recurso público, da equidade e da justiça social.

Esses modelos de participação atrelados à lógica do gerencialismo, que desvincula a política da administração pública, terminam por funcionar como uma espécie de fonte geradora de energia com a qual se neutralizam as "maldades do sistema político". Na essência, esta é uma visão dicotômica das relações entre o Estado e a sociedade civil que, em vez de serem vistas como estruturadas por uma dialética de unidade-distinção, ganham a imagem de uma disjunção, de uma separação, de uma ausência de comunicação. Sataniza-se o espaço político para dar livre curso a uma hipotética natureza virtuosa da sociedade civil (Nogueira, 2004).

Produz-se, dessa forma, o que Santos (1999) chama de consenso do Estado fraco. Enfraquecido em sua dimensão política, o Estado deixa de ser o espelho da sociedade para passar a ser o seu oposto, e a força do Estado passa a ser a causa de sua fraqueza e da desorganização da sociedade civil. O Estado, mesmo sendo formalmente democrático, é considerado inerentemente opressivo, ineficiente e predador, pelo que o seu enfraquecimento é precondição para o fortalecimento de uma "sociedade civil virtuosa".

1.3 As articulações entre a participação e a cidadania: a gestão pública participativa

Aqui, a participação é considerada de forma indissociável dos direitos e princípios de cidadania. Esta relação, porém, não se presta a simplificações, visto que este é um processo que está relacionado com as transformações da própria esfera pública. Trata-se, pois, de considerar o Estado como uma instituição que traz em sua gênese o papel histórico de construtor da cidadania; mas que também se constitui em uma instituição que regula e direciona podendo limitar os espaços de cidadania. O equilíbrio das funções do Estado só é alcançado quando a sociedade civil ocupa a sua "função estatal" exercendo controle sobre os serviços públicos e participando ativamente na construção das políticas de Estado.

Com este enfoque, a participação é tomada a partir da capacidade política de organização dos cidadãos para atuar junto à gestão pública produzindo e transformando direitos de cidadania em ações públicas. Logo, a sociedade civil é vista como *locos* de encontro de sujeitos falantes sobre regras universais, mas também é território de disputas e definição de poder onde são lançadas as premissas concretas e abrangentes de hegemonia de um projeto de sociedade. Dessa maneira, concebe-se que a sociedade civil não é imediatamente política, sua dimensão política precisa ser construída. O choque, a concorrência e as lutas entre diferentes grupos, projetos e interesses funcionam como os móveis decisivos de sua politização (Semeraro, 1999).

Nessa perspectiva concebe-se a cidadania como uma condição essencialmente política, ou seja, a "função estatal" da sociedade civil relaciona-se à ideia de "cidadania ativa" (Arendt, 2008; Benevides, 1991) na qual os cidadãos concebem o mundo como um ambiente de direitos e de responsabilidades recíprocas e se realizam nele como sujeitos de vontade e de ação coletivamente construídos. É neste mesmo sentido que Nogueira (2004, p. 62) ressalta:

> Não há direitos de cidadania em abstrato, a não ser como princípios éticos universais e expectativas de direitos. O usufruto efetivo de direitos depende tanto da inserção dos grupos e indivíduos em "circunscrições estatais", concretas, territoriais, quanto de providências e decisões políticas adotadas por governos concretos. Isso vale para todos os direitos, mas é particularmente decisivo para os direitos sociais. A luta por direitos é um fator de avanço civilizacional e democrático, mas sua potência somente se explicita quando se politiza, até mesmo porque só tem como ser travada em meio a conflitos sociais, jogos institucionais e postulações de autoridade e de poder.

Por este motivo, uma eventual "estratégia de direitos" não pode se completar fora da política: hipostasiada, produz apenas expectativas mal dimensionadas e frustrações. Por esse mesmo motivo, a cidadania ativa não pode ser considerada fora de uma "estratégia de participação cidadã" na gestão pública. Isto se quisermos, de fato, chegar a um Estado eficiente e a uma sociedade melhor; para tal é preciso valorizar o papel da política, fibra mais sensível e mais visível da conexão entre o Estado, a economia e a sociedade (Iglesias, 2000).

Na verdade, o novo *status* adquirido pela participação no campo da gestão pública não está referido apenas por pressões sociais em busca da manutenção e ampliação de direitos. Refletindo a complexidade do atual movimento do capitalismo os governos respondem, por um lado, às pressões do mercado implementando políticas de privatização, por outro lado, respondendo às pressões da cidadania nacional elaboram políticas públicas com a participação social.

Em ambos os casos são feitas escolhas que terminam por reduzir a força ou a capacidade de coordenação dos governos, ainda que nem sempre de modo imediatamente negativo já que as escolhas tiveram que combinar-se com algumas interessantes redefinições em termos de prática governamental, de concepção de governo e de padrão gerencial, uma delas é a efetiva participação dos cidadãos na gestão de políticas públicas (Iglesias, 2000). De certo modo, a liberação do mercado feita em clima de globalização capitalista impactou em um grande aumento das pressões da cidadania nacional para participar diretamente na gestão pública.

Assim, a participação, especialmente na gestão pública, possui forte conteúdo ideológico comportando diferentes práticas e significados. É neste sentido que mesmo com a vasta tipologia existente para o termo é preciso repô-lo constantemente, visto que, a participação como prática social está constantemente sendo (res)significada. Na raiz rousseauneana todos os que participam são parte ou desejam fazer parte de algo. Assim, mesmo que nem toda participação seja imediatamente política, não há participação que não esteja orientada por algum tipo de relação de poder – tanto com o poder de outros atores quanto com o de determinados centros organizacionais e decisórios.

Nessa mesma lógica quem participa almeja afirmar-se diante de alguém, sobrepujar alguém, resolver algum problema ou postular a posse de bens e direitos, modificando sua distribuição. Para tanto, vale-se de recursos (políticos, técnicos, financeiros, intelectuais) próprios ou disponíveis em alguns espaços comuns. Quem participa procura projetar-se como sujeito que porta valores, interesses, aspirações e direitos: constrói assim uma identidade, formula uma "teoria" para si e traça um plano de ação (Teixeira, 2002; Nogueira, 2004).

Considerando os pressupostos do contratualismo moderno, no qual a representação política como forma de participação na gestão pública tem sido hegemônica, pode-se argumentar sobre quatro modalidades de participação, as quais tem existido e se combinado conforme as diferentes circunstâncias histórico-sociais dos avanços e retrocessos nos direitos de cidadania.

Conforme Nogueira (2004), nas fases que precederam à afirmação dos direitos de cidadania, a modalidade dominante de participação foi a **assistencialista**. Trata-se de atividade universal, de natureza filantrópica ou solidária, encontrável em todas as épocas, como extensão da natureza gregária e associativa do ser humano e que se mostra particularmente relevante entre os segmentos mais pobres e marginalizados ou nos momentos históricos em que crescem a miséria e a falta de proteção. Essa forma de participação tende a predominar nos estágios de menor maturidade e organicidade dos grupos sociais, ou de menor consciência coletiva, nos termos gramscianos.

Já a segunda modalidade de participação, segundo Nogueira (2004), refere-se à **corporativa**, dedicada à defesa de interesses específicos de determinados grupos sociais ou de categorias profissionais. Trata-se de uma participação fechada em si, que se objetiva, sobretudo com um propósito particular, em maior ou menor medida excludente: ganham apenas o que pertencem ao grupo ou associação. Foi essa modalidade de participação que esteve na origem do sindicalismo moderno. Sua importância está diretamente relacionada com a sua força, ao relevo e a transparência que os interesses foram adquirindo na dinâmica social.

Tanto a participação assistencialista quanto a participação corporativa são consideradas formas universais de participação; elas interpenetram-se intensamente, porque estão articuladas de maneira estreita com problemas existenciais imediatos, práticos, concretos, quase sempre de fundo econômico.

Para Nogueira (2004), ambas as modalidades de participação citadas integram uma espécie de dimensão pré-política da agregação moderna, na qual os grupos (classes, comunidades) reconhecem a necessidade de unir-se para se defender ou para negociar em melhores condições os termos de "adesão" a sociedade moderna. No entanto, não é pelo fato dessas modalidades de participação estarem inseridas numa condição pré-política que o autor as considera menos importantes; considera que nelas vai ganhando força um associativismo que se põe além do horizonte corporativo (ou assistencialista) e que começa avançar sobre o horizonte político geral da convivência estatal. Na dimensão pré-política, as agregações buscam muito mais sua própria afirmação do que a proposição de um diálogo com os "outros": lutam para ser reconhecidas como parte distinta, diferenciada, às vezes uma "seita", contraposta ao todo e às demais partes, por isso mesmo dedicada a construir uma identidade e uma agenda próprias, particulares.

As duas últimas modalidades de participação remetem para o campo político. A primeira delas, a **participação eleitoral** não visa apenas à defesa de interesses particulares, mas interfere diretamente na governabilidade e tem efeitos que dizem respeito a toda a coletividade. Existe nesta modalidade de participação uma consciência mais clara do poder político e das possibilidades de posicioná-lo ou de reorganizá-lo. Aqui o cidadão está muito mais encorpado e maduro afirmando-se não apenas em relação a si próprio (direitos individuais, civis), mas também em relação aos outros (direitos políticos). Todavia, este modo de participação tem seus limites e não necessariamente leva a uma reorganização sustentada do Estado ou do poder político (Nogueira, 2004). A participação eleitoral é típica do contratualismo liberal, ainda que não seja dele exclusividade; está bastante condicionada por atos e escolhas individuais, particulares, operando de modo muitas vezes episódico, flutuante, despojado de estratégias ou de cálculo de longo prazo.

Hirschmann (1983) considera que o voto não expressa as convicções cívicas mais exacerbadas, acabando por levar à invenção de outras formas de manifestar aquelas convicções e exercer influência. Por mais que os rumos políticos de um país democrático resultem do voto, tal método de combinar preferências termina por limitar o envolvimento do cidadão. Afirma ser esta uma limitação inerente ao processo democrático; na medida em que constrange o "exercício da paixão política", pode acabar por gerar decepção e, via de consequência, despolitização. Além disso, em geral, a opinião pública é formada durante o processo democrático e "ter as opiniões formadas pelos outros é o mesmo que não ter opinião alguma" (Hirschmann, 1996, p. 94). A liberdade de opinar (escolher) está diretamente relacionada com a autonomia individual na construção do processo democrático.

Já Cerroni (1993) afirma que não há como superestimar a participação eleitoral em abstrato, ou seja, sem que estejam definidos os critérios do sufrágio, o caráter do eleitorado, quem pode eleger e ser eleito, bem como o sistema eleitoral e o modo como se vota. A inexistência desses elementos, a pura referência aos procedimentos eletivos corre o risco de tornar-se falsa. O princípio técnico da eletividade deve ser vinculado, portanto, a um preciso **contexto de valores.** Por trás dos vários critérios de determinação da capacidade eleitoral, encontram-se concepções gerais da política e da vida social.

A segunda modalidade de participação que remete ao campo político é a **política**. Esta, afirma Nogueira (2004), complementa e supera tanto a participação eleitoral, quanto a participação corporativa. A participação política não colide com elas, nem as rejeita como algo "menor". O ato de votar é sempre, em maior ou menor medida, uma forma de participação, assim como uma ação corporativa de defesa dos interesses. Além disso, em todo movimento coletivo "espontâneo", existem "elementos primitivos de direção consciente e de disciplina", conforme afirmava Gramsci. A participação propriamente política, porém, realiza-se tendo em vista a comunidade como um todo e a organização da vida social em seu conjunto, ou seja, o Estado.

A participação política é, assim, uma prática ético-política que tem relação tanto com a questão do poder e da dominação quanto com a questão do consenso e da hegemonia; tanto com a força quanto com o consentimento; tanto com o governo quanto com a convivência; em suma, tanto com o ato pelo qual se elege um governante quanto com o ato pelo qual um povo é povo, pois esse ato constitui o verdadeiro fundamento da sociedade. Assim, é com a participação política que a vontade geral – o pacto social – se objetiva, se recria e se fortalece, fazendo com que certas desigualdades físicas ou naturais entre os homens sejam substituídas por uma igualdade moral e legítima, segundo pensou Rousseau (Nogueira, 2004).

Por meio da participação política, indivíduos e grupos interferem para fazer com que diferenças e interesses se explicitem num terreno comum organizado por leis e instituições, bem como para fazer com que o poder se democratize e seja compartilhado. É essa participação que consolida, protege e dinamiza a cidadania e todos os variados direitos humanos. Justamente por isso seus protagonistas centrais são os cidadãos (cidadãs), que se distinguirão entre si não pela base das categorias que representam, mas à base das diversas visões globalizantes; visões que cada um possui por pertencer não a esta ou àquela categoria, mas a este ou àquele movimento político (Bobbio, 2000).

Ao longo do século XX, múltiplas combinações entre as quatro modalidades de participação explicitadas desafiaram o instituto da representação política, maior referência da democracia moderna. Aos poucos a democracia representativa liberal foi mostrando seus limites e sua dificuldade de conviver com sociedades sempre mais pluralistas, complexas, fragmentadas e solicitantes. Pressões derivadas dos novos arranjos societais, das novas formas de economia, das lutas sociais e dos meios de cultura, comunicação e informação acabaram por colocar em xeque a ideia de que as deliberações que dizem respeito à coletividade inteira devem ser tomadas não diretamente por aqueles que dela fazem parte, mas por pessoas eleitas para esta finalidade (Bobbio, 2000; Nogueira, 2004).

Esse contexto remete à valorização da participação, mas nem sempre à modalidade da participação política cuja configuração se dá, sobretudo como um meio de se fazer presente no conjunto da vida coletiva, de disputar seu governo e de postular a hegemonia, a direção intelectual e moral da sociedade, no sentido em que Gramsci postulou. A crescente exigência de uma democracia direta, no lugar da representativa (Nogueira, 2004), de certa forma, é o reflexo de um quadro em que um maior número de grupos, vontades, interesses e desejos disputam a cena pública e buscam interferir nas esferas em que são tomadas as decisões, abrindo caminhos e inventando novas formas políticas.

De fato, as novas configurações do capitalismo e da sociedade contemporânea induzem, cada vez mais, a que a participação se descole da política e perca o conteúdo ético-político em benefício de um vínculo mais estreito com os interesses particulares, com a resolução de problemas e com o atendimento de demandas específicas. Com isto ocorre uma espécie de tendência objetiva que força a que a participação deixe de ser pensada como recurso vital para a recriação social, a fundação de novos Estados ou a instituição de formas mais democráticas e civilizadas de convivência, e passe a ser pensada como um meio de inversão de prioridades governamentais e de transferência de custos gerenciais (Teixeira, 2002; Nogueira, 2004).

A participação, nos marcos da cidadania, está implicada com o modo como ela se vincula à política e ao político, do quanto se mostra associada consistentemente a um campo ético-político específico. Teixeira (2002) argumenta que nem toda ação coletiva orienta-se pelo político muito menos põe necessariamente em xeque o poder ou as relações de dominação e de hegemonia. A participação que se dedica a compartilhar decisões governamentais, a garantir direitos, a interferir na elaboração orçamentária ou a fornecer sustentabilidade para certas diretrizes pode estar concentrada muito mais na obtenção de vantagens e de resultados imediatistas, caso não haja uma modificação real na correlação de forças. Para o autor a participação cidadã é:

> Processo complexo e contraditório entre sociedade civil, Estado e mercado, em que os papéis se redefinem pelo fortalecimento dessa sociedade civil me-

diante a atuação organizada dos indivíduos, grupos e associações. Esse fortalecimento dá-se por um lado, com a assunção de deveres e responsabilidades políticas específicas e, por outro, com a criação e exercício de direitos. Implica também o controle social do Estado e do mercado, segundo parâmetros definidos e negociados nos espaços públicos pelos diversos atores sociais e políticos. (Teixeira, 2002, p. 30)

Há, portanto, na participação cidadã[14], ingredientes variados e múltiplos focos de ação, que vão do Estado ao mercado e à sociedade civil, do particular ao geral, da ética ao interesse.

No escopo deste estudo, como já referido antes, adota-se a participação cidadã como um recurso da sociedade civil para atuar junto à gestão pública. Logo, a perspectiva de Nogueira (2004) é coerente, quando sugere que no bojo da modalidade participação cidadã está se constituindo outro tipo de participação que se orienta por uma ideia de política como "troca" entre governantes e governados: quanto mais interações cooperativas existirem, melhor para o sucesso eleitoral e legitimação dos governantes e melhor para os grupos sociais envolvidos, que podem assim ver atendida parte de suas postulações.

A abertura de espaços de participação pode, efetivamente, facilitar a obtenção de respostas para as demandas comunitárias, ampliar a comunicação entre governantes e governados, fornecer melhores parâmetros para a tomada de decisões; nessa medida fortalecer a gestão pública e promover a expansão da cidadania ativa. Desse ponto de vista, "é inegável que a participação na gestão pública contém importantes elementos potenciais de democratização" (Nogueira, 2004, p. 159). De um modo ou de outro, ela se põe no terreno do processo decisório e, por isso, pressiona em favor de sua "deselitização", de seu alargamento e de sua inclusividade. Mas não há como ignorar que estes mesmos espaços podem ser aproveitados para que se "administre" a participação, impedindo-a, por exemplo, de se radicalizar ou de produzir efeitos incômodos. As pessoas podem participar sem se intrometer significativamente no estabelecimento das escolhas essenciais. Podem permanecer subalternas e deliberações técnicas ou cálculos políticos engendrados nos bastidores, em nome da necessidade que se teria de obter suportes técnicos científicos para decidir ou de concentrar certas decisões eminentemente políticas.

---

14. A participação cidadã manifesta-se de modo amplo e variado. Na verdade, traduz dois elementos distintos (e as vezes contraditórios) da dinâmica política. Por um lado, expressa a intenção de determinados atores interferir ("tomar parte") no processo político-social, de modo a fazer valer seus valores e interesses particulares. Por outro, expressa o elemento cidadania, no "sentido cívico, enfatizando as dimensões de universalidade, generalidade, igualdade de direitos, responsabilidades e deveres" (Ibidem, p. 32).

Assim, na medida em que a sociedade capitalista se (re)estrutura em suas várias facetas, a participação como recurso de gestão pública condiciona os governos em âmbito global e local. A gestão pública é obrigada a se autoreconfigurar, a desenhar outras formas de se organizar. É neste sentido que a gestão participativa pode ser vista como uma estratégia política para gerir a "coisa pública"; com esta estratégia, o gestor público busca modificar a relação entre governantes e governados superando distâncias, atritos e unilateralidades. Considerados esses aspectos, é preciso, então, compreender a participação cidadã na gestão pública a partir de sua interface com uma sociedade democrática.

2. Democratizando a democracia: caminhos para a socialização do poder na esfera pública

A discussão sobre a participação na gestão pública pode ser remetida ao contexto das transformações ocorridas com os conceitos e práticas da democracia liberal como modelo hegemônico de gestão social. Nessa perspectiva, as transições democráticas no decorrer do século XX já apresentam alguns efeitos nesta primeira década do século XXI; evidencia-se um novo cenário societal com importantes atores sociais – novos movimentos sociais, ONGs, associações de segmentos, etc – emergentes daqueles desdobramentos, os quais irão instaurar uma disputa pelo significado da democracia e pela constituição de uma "nova gramática social" para o termo e suas práticas (Santos, 2005).

Decorrente do processo histórico inerente à constituição da esfera pública prevalece ainda hoje no discurso político dominante a ideia de Estado liberal vinculando a noção de democracia à ampliação do sufrágio universal e à igualdade jurídica. Essa noção consolidou a democracia liberal como forma de governo do Estado de direito, estabelecendo as regras formais que constituem as relações entre cidadãos e Estado. Emerge daí a constante tensão entre liberalismo e democracia que constituiu a própria contratualidade moderna; isto porque que a fusão dos princípios do liberalismo e da democracia no Estado de direito não deixou de privilegiar historicamente a propriedade privada e a tutela do Estado à iniciativa econômica em detrimento das iniciativas sociais.

Desde sua gênese, o contrato social moderno visa criar um paradigma sociopolítico que produza de maneira normal, constante e consistente quatro bens públicos: legitimidade da governação, bem-estar econômico e social, segurança e identidade coletiva. Esses bens públicos só são realizáveis em conjunto: são, no fundo, bens diferentes, mas precisam convergir para realizar o bem comum e a vontade geral sob o governo democrático.

Conforme Santos (1999) esta proposta de gestão social é a própria expressão de uma tensão dialética entre regulação social e emancipação social[15], que se reproduz pela polarização constante entre a vontade individual e a vontade geral, entre o interesse particular e o bem comum. O autor entende que a ideia do contrato social e os seus princípios são o fundamento ideológico e político da contratualidade real que organiza a sociabilidade e a política nas sociedades modernas.

> A realização destes bens públicos desdobrou-se numa vasta constelação de lutas sociais, desde logo as lutas de classes que exprimiam a divergência fundamental dos interesses gerados pelas relações sociais de produção capitalista. Por via desta divergência e das antinomias, inerentes ao contrato social, entre autonomia individual e justiça social, entre liberdade e igualdade, as lutas pela realização do bem comum sempre foram lutas por definições alternativas do bem comum. Essas lutas foram se cristalizando em contratualizações parcelares, incidindo, na maioria das vezes, sobre os menores denominadores comuns acordados. (Santos, 1999, p. 33)

A incapacidade de o Estado equilibrar regulação social e emancipação social tem implicado na rejeição da democracia procedimentalista e representativa em detrimento de uma democracia participativa consubstanciada pela participação dos cidadãos diretamente na construção da ação pública. Este quadro (Baquero, 2007) se dá em virtude do surgimento e institucionalização de novas formas de dominação com base, não tanto na exploração do trabalho, mas sim na manipulação da demanda, na deteriorização das condições de vida e na concentração de recursos e da capacidade de decisão.

Assim, se as contradições inerentes ao contrato social moderno têm se traduzido por meio de uma materialidade de regulações, que terminam por assegurar por um lado contratualizações parcelares mínimas, por outro lado têm garantido o respeito e a continuidade do que foi acordado por meio de novas formas de ingerência e envolvimento político na elaboração e fiscalização das políticas implementadas pelos governos, especialmente às de cunho social.

Neste contexto Santos (1999) afirma que está ocorrendo uma transformação da soberania do Estado (municipalização) e do modo de regulação que se exerce em

---

15. (...) como qualquer outro contrato, o contrato social assenta em critérios de inclusão que, portanto, são também critérios de exclusão. São três os critérios principais: o primeiro é que o contrato social inclui apenas indivíduos e suas associações. A natureza é excluída do contrato, e é significativo a este respeito que o que está antes ou fora dele se designe por estado de natureza. A única natureza que conta é a humana, e mesmo esta conta apenas para ser domesticada pelas Leis do Estado e pelas regras de convivência da sociedade civil. Toda outra natureza ou é ameaça ou é recurso. O segundo critério é o da cidadania territorialmente fundada. Só os cidadãos integram o contrato social. Todos os outros – sejam eles mulheres, estrangeiros, imigrantes, minorias (e, às vezes, maiorias) étnicas – são dele excluídos. Vivem no estado de natureza mesmo quando vivem na casa dos cidadãos. O terceiro critério é o do comércio público dos interesses. Só os interesses exprimíveis na sociedade civil são objeto do contrato. Estão, portanto, fora dele a vida privada, os interesses pessoais de que é feita a intimidade e o espaço doméstico (Santos, 1999, p. 34).

rede num campo político muito mais vasto e conflitual, no qual os bens públicos até agora produzidos pelo Estado – legitimidade, bem-estar econômico e social, segurança e identidade cultural – são objeto de disputa e negociação permanentes, que o Estado coordena com variável nível de superordenação. Esta nova estruturação política, de organizações e de fluxos, que é de fato muito heterogênea, não tem centro, a coordenação do Estado funciona como "imaginação do centro".

Num espaço público em que o Estado convive com interesses e organizações não estatais, cuja atuação coordena, este pode ser o ponto de partida da repolitização do Estado; quer dizer, a repolitização do Estado concebida nos marcos da nova organização política que coordena. Neste novo marco o Estado é uma relação política parcelar e fraturada, aberta à competição entre agentes de subcontratação política, com concepções alternativas de bem comum e de bens públicos. O Estado, nesta perspectiva, "mais que uma materialidade institucional e burocrática, é um campo de luta política muito menos codificada e regulada que a luta política convencional" (Santos, 1999, p. 67).

Com a nova organização política emergente, Santos (1999; 2006) considera que compete ao Estado coordenar as diferentes organizações, interesses e fluxos que emergiram da desestatização da regulação social. Logo, a luta democrática passa a ser uma luta pela democratização das tarefas da coordenação. Se antes se lutou para democratizar o monopólio regulador, hoje se luta pela perda do monopólio. Essa luta tem várias facetas; as tarefas de coordenação são antes de tudo de coordenação de interesses divergentes e até contraditórios. Enquanto o Estado moderno assumiu como sua – e, portanto, como de interesse geral – uma versão desses interesses ou da sua composição, hoje o Estado assume como sua apenas a tarefa de coordenação de interesses e entre estes constam tanto interesses nacionais como interesses globais ou transnacionais.

Nestas condições, o Estado, ao contrário do que parece, compromete-se ainda mais diretamente com os critérios de redistribuição e, portanto, com os critérios de exclusão e inclusão. Por esse motivo, a tensão entre democracia e capitalismo, que é urgente reconstruir, só poderá acontecer se a democracia for concebida como democracia redistributiva. Nas novas condições da democracia no século XXI:

> (...) a democracia redistributiva tem de ser democracia participativa, e a participação democrática tem de incidir tanto na atuação estatal de coordenação como na atuação dos agentes privados, empresas, organizações não-governamentais cujos interesses e desempenho o Estado coordena. Em outras palavras, não faz sentido democratizar o Estado se, simultaneamente, não se democratizar a esfera não estatal. Só a convergência dos dois processos de democratização garante a (re) constituição do espaço público de deliberação democrática. (Santos, 1999, p. 68)

No atual estágio das tensões entre democracia e capitalismo onde o Estado cada vez mais assume a função de coordenação do que de produção direta de bem-estar social, o controle da vinculação da obtenção de recursos a destinações específicas pela via de mecanismos da democracia representativa torna-se virtualmente impossível; daí a necessidade de a complementar com mecanismos de democracia participativa. A relativa maior passividade do Estado, decorrente da sua perda do monopólio regulatório, tem de ser compensada pela intensificação da cidadania ativa (no sentido já referido), sob pena de essa maior passividade ser ocupada e colonizada por "fascismos societais".

Assim, se para Gramsci (2000) a sociedade civil é a raiz ética do Estado, para Santos (1999) não basta democratizar o Estado para que a democracia se constitua em prática social, é preciso que todos os espaços estruturantes das relações sociais sejam democratizados. Pode-se dizer que, nestes argumentos, os autores se encontram, pois se a sociedade civil é a raiz ética do Estado, é também ela que dá direção ao mesmo; portanto, se a sociedade não é democrática, também o Estado não o será.

3. A formação do gestor público como sujeito democrático

Em razão das (re)configurações do mundo capitalista, bem como da reestruturação do Estado e da gestão pública, a questão da formação de gestores passa a fazer parte da agenda governamental. O intenso processo de participação social emergente sob as circunstâncias até aqui retratadas traz para a pauta dos governos a necessidade de formação de gestores, seja para atuar diretamente na gestão de políticas públicas, seja para atuar em organizações não estatais com atribuição de gestão de políticas públicas. A formação de gestores públicos guarda uma relação intrínseca com o atual contexto de participação social no campo da gestão pública. Disto segue que a formação é uma categoria central da ação estatal na atualidade e, como tal, necessita ser problematizada.

Em primeiro lugar é preciso esclarecer a relação entre as categorias formação e capacitação. Conforme aponta Nogueira (2004), formar alguém não é apenas transmitir informações e habilidades ou socializar técnicas e modelos. Acima de tudo, é fixar uma perspectiva, ou seja, parâmetros intelectuais, éticos e políticos. Logo, formar é um processo de preparação para a vida, de articulação e de totalização de saberes, de diálogo com a história e a cultura. Desse ponto de vista, o formar inclui o capacitar, ou seja, instrumentalizar pessoas para uma melhor inserção numa dada área profissional ou no mercado de trabalho. No entanto, é preciso atentar ao fato de que a formação inclui a capacitação, mas não se confunde com ela e nem se submete a ela. O maior desafio dos processos educacionais e, particularmente, daqueles que têm objetivos aplicados – como é o caso da política de formação de conselheiros municipais de educação – está precisamente em encontrar um ponto de equilíbrio entre formação e capacitação.

O autor argumenta que o caminho do equilíbrio é capacitar sem deixar de formar, formar sem perder de vista o mundo prático, trabalhar com princípios, modelos e conhecimentos, sem deixar de se preocupar com sua tradução ou aplicação, ensinar a pensar sem esquecer de ensinar a fazer. A formação vive da dúvida, da reflexão abstrata, da problematização, da disposição crítica para separar distinguir e reunir. A capacitação estrutura-se no terreno das "certezas", do domínio instrumental de temas, processos e situações, da aplicação imediata. A capacitação opera com disciplinas e saberes separados, ao passo que a formação procura a articulação e a (re)ligação de modo a reunir conhecimentos esparsos, informações e pedaços do real para construir sentidos e ação transformadora. A formação persegue o todo que nasce de partes articuladas, a capacitação se contenta com as partes. A formação persegue o todo que nasce das partes articuladas, a capacitação se contenta com as partes. A formação tem princípios e seus fins deles derivam; pretende atitudes. Já a capacitação poderá apresentar-se apenas com objetivos e metas, informações, habilidades e comportamentos.

A partir dessas considerações retomo os argumentos até o momento explicitados, relacionando-os com o estudo proposto: analisar a política nacional de formação de conselheiros/as municipais de educação tendo como foco a sua gestão. O objetivo central da política é induzir a gestão democrática dos sistemas municipais de ensino. Nessas condições, faço os seguintes questionamentos: será possível gerir democraticamente os sistemas municipais de ensino sem a direção de sujeitos democráticos? Formar o gestor democrático não significaria formar subjetividades democráticas com base nos preceitos da democracia não só como um procedimento normativo legal, mas também como um valor pessoal e social? E falar em valores não significaria remeter ao sentido ético-político de uma democracia como princípio universal de gestão da vida pessoal e social de sujeitos reais, históricos e concretos?

Se pensarmos a gestão participativa a partir dos preceitos da cidadania ativa como resposta à crise do Estado e à sua necessidade de se reformar, é possível ampliar a noção de regime democrático como forma de governo para além das "regras do jogo" às quais Bobbio (2000) se refere[16]. Para tal, a relação entre os cidadãos e o Estado precisa ir além da relação vertical construída nos marcos da contratualidade moderna conduzindo os indivíduos a uma verdadeira autonomia social, visto que, para formar subjetividades democráticas, é preciso praticar a democracia submeten-

---

16. Bobbio (2000) define a democracia a partir de três princípios institucionais: 1) como um conjunto de regras (primárias ou fundamentais) que estabelecem quem está autorizado a tomar as decisões coletivas e com quais procedimentos; 2) um regime é tanto mais democrático, quanto maior for o número de pessoas que participam, direta ou indiretamente, da tomada de decisões; 3) as escolhas a serem feitas devem levar em consideração a realidade.

do as hierarquias ao diálogo (Arendt, 2008) e a negociação aberta e transparente. Logo, a formação do gestor democrático está estritamente relacionada com a perspectiva da participação cidadã.

Do ponto de vista da gestão participativa, o gestor democrático relaciona-se com o cidadão de modo não só "amigável", mas também "interativo" superando distâncias, atritos e unilateralidades. Sua função é "trazer" o cidadão para a órbita do governo da comunidade, envolvê-lo nos assuntos governamentais promovendo um novo encontro entre Estado e sociedade. Nessa perspectiva, afirma Nogueira (2004), o gestor não somente valoriza e incorpora ao campo governamental aquilo que se costuma chamar de "capital social", como também facilita a construção de modalidades novas e superiores de abertura do Estado à sociedade. O gestor democrático prevê a existência de um cidadão ativo qualificado não apenas para controlar de modo passivo a gestão, mas também para interferir nela, direcioná-la e submetê-la a sua vontade.

A gestão pública, assim configurada, combina a responsabilidade do gestor perante a sociedade (transparência na gestão do recurso público) com a responsabilidade do gestor por seus atos, facilitando a transferência de poder decisório para coletivos ou assembleias de cidadãos. Com isso ocorre a promoção de novo vínculo entre o representante e o representado, tanto no sentido de que alarga e reformula a representação quanto no sentido de que dá novo valor e novo espaço à democracia participativa. "Ao transferir poder decisório, o gestor público não só responsabiliza os participantes como também atribui a eles a fixação dos critérios e das regras procedimentais que determinarão o modo como as decisões serão tomadas" (Nogueira, 2004, p. 149).

Assim, o gestor público opera em termos descentralizados e fomenta parcerias, dentro e fora do Estado, isto é, entre as organizações públicas e entre estas e a cidadania nacional. Opera para além do formal e do burocrático; preocupa-se com resultados substantivos, não somente com ajustes e ganhos contábeis, concentra energias no social, isto é, no estabelecimento de patamares dignos e justos de distribuição de renda, de inclusão e de seguridade social. Propõe uma ação técnico-política que busca não apenas "corrigir" políticas equivocadas, mas também resgatar dívidas sociais historicamente acumuladas, dedicando-se a alcançar uma aproximação radical entre crescimento econômico, modernização e desenvolvimento social (Nogueira, 2004).

Nessa esteira, o gestor público está inserido no contexto da própria formação do sujeito democrático, no qual a concepção relacional de homem (mulher) não pode reduzir o indivíduo a um simples produto do social. Coloca-se, pois, o problema da **responsabilidade** e da **escolha**. Responsabilidade diante de si próprio, dos outros e do mundo. Se a "naturalidade" é concebida como "natureza dos brutos", se tudo é justificado pelo ambiente social, então todo senso de responsabilidade individual [...] acaba por deteriorar-se, afogando-se numa abstrata e jamais encontrável responsabilidade social. É nesse sentido que Ragazzini (2005)[17] coloca a pergunta de Gramsci: é preferível pensar sem ter consciência crítica, participar de uma visão de mundo imposta mecanicamente pelo ambiente externo, ou é preferível elaborar consciente e criticamente uma visão própria de mundo?

Esta interrogação se torna relevante para refletir sobre as possibilidades de construção de uma nova subjetividade crítica, que saiba dirigir a contemporaneidade, formar comportamentos e ideias, interpretar a responsabilidade em relação a si e em relação aos outros, mesmo contradizendo o sentir comum difundido e a ideologia dominante.

Semeraro (1999), também apoiado nas concepções gramscianas, afirma que a formação de sujeitos sociais que visam à construção de um projeto de sociedade aberto à participação cidadã está intimamente relacionada à consciência e a subjetividade individual. Segundo Semeraro:

> A consciência e a subjetividade representam uma dimensão fundamental na ação política, uma vez que, se é verdade que não é a consciência que determina o ser social, é também verdade que só por meio da consciência o homem pode apropriar-se das funções da sociedade e ter condição de realizá-las lutando contra as pressões externas que condicionam o seu comportamento e neutralizam suas aspirações. (1999, p .72)

Com base nessa concepção, os homens (e mulheres) são sujeitos reais da história[18] e não instrumentos passivos de determinações materiais ou espirituais. Nesse sentido, homens e mulheres são impensáveis fora da história das relações sociais e das transformações operadas pelo trabalho organizado socialmente bem como pela ampliação dos direitos no espaço de construção da cidadania. O ser humano é processo e resultado de suas ações, e construir uma personalidade significa adquirir consciência de tais relações, modificá-la, modificar tais relações e, de qualquer modo, ter consciência plena dela (Semeraro, 1999; Ragazzine, 2005).

---

17. Dário Ragazzine preocupa-se em demonstrar, a partir de um estudo minucioso (análise de conteúdo) dos escritos redigidos no cárcere por Gramsci, a fluência, nos textos, de uma preocupação constante em apreender a personalidade na unidade orgânica do individual e do social, do subjetivo e do coletivo. Afirma que a reflexão gramsciana é atravessada por duas linhas de atenção temática e teórica: uma que confronta os macroproblemas sociais e as suas conexões (da história à política, à sociologia, à economia, etc) e outra, que confronta os microproblemas individuais e as conexões com os macroproblemas sociais.
18. O historicismo gramsciano é uma expressão teórica que busca sistematizar a lógica inerente ao processo histórico real, ao contrário das teorias que compreendem o real como ilustração de sua lógica (Vieira, 2003).

Por esse motivo, a compreensão crítica de si mesmo ocorre[19] por meio de uma luta de hegemonias políticas, de direções contrastantes, primeiro no campo da ética, depois no da política, para se chegar a uma elaboração superior da própria concepção do real. No entanto, não é uma concepção do mundo que introduz novas morais, mas novos comportamentos – ligados a novas situações materiais – , que introduzem novas visões de mundo organizadas não tanto e nem somente nas ideias, quanto, principalmente, em aparatos hegemônicos. Essa hegemonia é constituída na sociedade civil, na qual os indivíduos desenvolvem sua subjetividade social e que são organizados interesses, disputada a hegemonia com as armas das ideologias e na qual se define quem, afinal, vai assumir a direção efetiva da sociedade, a sua orientação econômica e cultural (Ragazzine, 1999).

Assim sendo, o gestor público é considerado em sua singularidade, mas não coagulado em seu individualismo; é livre, mas não anárquico e pulverizado; é organizado em torno de um projeto de democracia social, não "socialmente entrosado" para auferir interesses corporativos; é formado e não apenas informado (capacitado), transformador e não apenas eficiente; anseia pela arte e não pelo modismo, é popular e não populista, é solidário e não assistencialista (Semeraro, 2003).

O gestor democrático que pretende dar direção à sociedade contemporânea combina o desejo de liberdade dos indivíduos organizados localmente e dos não filiados a uma cultura local com a organização racional da vida coletiva no âmbito da cidadania nacional por meio das técnicas e leis da administração pública e privada. Tem-se neste sentido, o respeito à diferença (cultural) e o reconhecimento de que a sociedade contemporânea é fruto de uma relação dialética entre o local e o global.

4. Apontamentos finais do capítulo

A título de considerações finais pode-se dizer que, se por um lado, o sujeito democrático contemporâneo expressa todo um processo de transformação da própria esfera pública, por outro, expressa também a emergência de novos comportamentos democráticos erigidos a partir de uma ética de vida fluída desde o esforço constante das diversas cidadanias em luta para melhorar suas condições socioeconômicas, políticas e culturais.

Desse modo, para avançar na (re)invenção democrática ou para o que Santos (1999) chama de "democracia sem fim", é imprescindível que se resgate a noção de identidade social gestada a partir do sujeito organizado na luta por direitos enquanto elemento

---

19. Na análise da singularidade e da individualidade há um uso paradigmático e analógico do marxismo gramsciano. A contraditoriedade da consciência individual, compreendido o indivíduo como bloco histórico de relações e de ideologias contraditória, exige de quem quer ser criador de si próprio, fazer um reconhecimento genético, distinguir entre bom senso e senso comum, encontrar os pontos de alavancagem com os quais transformar as discrasias em ocasiões e recursos de redefinição dinâmica. O pressuposto é que todos os homens são intelectuais e filósofos, mesmo quando não têm esta função social (Ragazzine, 1999, p. 46).

fundamental da formação de subjetividades democráticas. A incorporação textual imaginética do processo histórico das lutas sociais, das escolhas e das possibilidades, das imagens do sofrimento humano causado por elas à subjetividade humana, são contribuições importantes para a formação de identidades inconformistas. Tais identidades são indispensáveis para o acontecer de um projeto de sociedade e educativo emancipatório[20], voltado para a formação de subjetividades democráticas. Logo, formar é educar e educar é permitir que os saberes ganhem sentido através do reconhecimento dos significados político sociais das práticas que suscitam ou favorecem (Santos, 1996; 1999).

À vista disto, o sujeito democrático é histórico e coletivo, mas também fruto de uma história pessoal e local. Assim, a democracia participativa que pressupõe o exercício e luta da e pela cidadania se reconhece como sendo histórica, contingente, relativa e aberta. Sabendo-se inevitável, trata de construir-se e garantir-se como um espaço de diálogo com o outro e de respeito pela diferença articulada com a democracia representativa, mas não submetida a esta. A formação de sociabilidades democráticas em todos os espaços de relações sociais implica profundo processo de transformação dos valores produzidos sob os marcos regulatórios da sociedade moderna, articulando a isto um não menos profundo processo de construção de uma capacidade de questionamento crítico capaz de tornar os sujeitos protagonistas ativos na construção da sua própria subjetividade democrática.

Resta acrescentar que a globalização do modo de vida capitalista salienta o caráter fragmentário do social, produzindo um pensamento individualista que realça a relatividade dos valores coletivos circulantes na sociedade. Se refletirmos sobre a democracia em termos de representação de uma ordem, que é também representação de um valor, pode-se caracterizá-la como um princípio que disputa hegemonia no mercado dos bens materiais e simbólicos. Assim, a democracia é, também, um valor e como toda a gama de valores é uma construção pessoal e social e, como tal, sempre instável. Os que aderem a ela dotam-lhe de significados, atribuem-lhe sentidos; isto é, a cada momento ela é (re)criada (res)significada em todos os espaços estruturantes da vida pessoal e coletiva, implicando em cada indivíduo a vontade de fazê-la digna de reconhecimento social. Esta situação demanda dos sujeitos discernimento crítico para fazer escolhas e seleção de valores.

É por esse motivo que a gestão social da contemporaneidade necessita mais de intelectuais, no sentido gramsciano, do que bons burocratas. Os novos gestores (Nogueira, 2004) gerenciam organizações flexíveis inseridas em ambientes dinâmicos e complexos; para dar o devido valor aos recursos humanos, manusear e selecionar informações abundantes, operar em redes e de modo interorganizacional é preciso aliar especialização técnico-administrativa com protagonismo ético-político.

---

20. Para Santos (1996) o projeto educativo emancipatório é um projeto de aprendizagem de conhecimentos conflitantes com o objetivo de, através dele, produzir imagens radicais e desestabilizadoras dos conflitos sociais em que traduziram no passado, imagens capazes de potenciar a indignação e a rebeldia (p. 118).

Capítulo 2

UMA MATRIZ TEÓRICO-METODOLÓGICA PARA A AÇÃO PÚBLICA: A POLÍTICA DE FORMAÇÃO DE CONSELHEIROS E A GESTÃO DEMOCRÁTICA DOS SISTEMAS MUNICIPAIS DE ENSINO

> O real nunca é o que se poderia crer, mas é sempre o que se deveria ter pensado, o verdadeiro só pode ser o limite das ilusões perdidas. A ciência não capta nem captura o real, mas indica a direção e a organização intelectual, segundo as quais é possível ter a segurança de nos aproximarmos do real. (Gaston Bachelard)

A partir das argumentações encetadas no capítulo anterior pode-se inferir que o desafio da análise das políticas públicas está além da compreensão dos resultados de decisões de Estado; trata-se, pois, de interrogar-se, por esta via, sobre o próprio funcionamento da democracia em sociedades capitalistas consideradas em sua diversidade socioeconômico, político e cultural. Essa inferência denota o entendimento de que toda política pública é um constructo social e local bem como um constructo de pesquisa (Muller; Surel, 2002).

Nessa concepção, analisar a política educacional brasileira na atualidade significa entendê-la a partir de um movimento societal que não teve sua existência construída "naturalmente". Significa entender que a política é um processo histórico produzido num contexto de correlações de forças, ou seja, de produção de consenso numa arena conflitual de interesses. Significa entender que a política de formação de conselheiros, enquanto ação pública[21] com vistas a promover a gestão democrática dos sistemas municipais de ensino, é parte constitutiva de um movimento histórico que tem sua materialidade expressa nas relações singulares entre o Estado e a sociedade no Brasil.

Nesse cenário, elaborar um modelo heurístico para a análise da política de formação de conselheiros considerando as especificidades da sociedade brasileira, constituiu-se em um desafio, diante do, sempre existente, risco de incorrer em análises incapazes de captar os movimentos reais do macro e micro processos que influenciam na construção de uma política pública. No contexto brasileiro o campo de pesquisa em políticas educacionais é relativamente novo e em processo de consolidação em termos de referenciais analíticos consistentes (Azevedo; Aguiar, 2001). De resto, sofre as indefinições resultantes da crise de paradigmas que tem afetado as ciências sociais e humanas na contemporaneidade, forjando "novos olhares" sobre o seu campo de pesquisa.

---

21. Compreende-se, nesta obra, que toda ação pública em qualquer nível que seja, e qualquer que seja o domínio a que se refere entra no campo de análise das políticas públicas (Muller; Surel, 2002).

A discussão fomentada na atualidade no campo de estudos de políticas públicas (Deubel, 2002; Muller; Surel, 2002; Stoer; Magalhães, 2005; Mainardes, 2007) gira em torno da polêmica que diz respeito ao predomínio analítico fundamentado no modelo tipológico da abordagem sequencial, a qual separa a política a ser implantada em etapas (agenda-formulação-implementação-avaliação/resultados) estanques, resultando em análises centradas em apenas uma delas. Por este motivo, construir um modelo de análise para a política educacional que superasse os limites da abordagem sequencial e incluísse no processo de construção da tomada de decisão a dimensão dos diversos atores que participam nesta construção, tornou-se um desafio para os pesquisadores desta área.

Alega-se que a natureza complexa e controversa da política educacional indica a necessidade de se articularem processos macro e micro à análise da ação pública voltada para área educacional. Rejeitam-se os modelos de tomada de decisão que separam as fases de formulação e implementação porque estes ignoram as disputas e os embates sobre a política (*politics*) e reforçam a racionalidade do processo de gestão (*policy*).

Nesse sentido, parece pertinente propor que a micro e a macropolítica sejam compreendidas em um conjunto de ações articuladas e relacionadas entre si. Logo, na esfera das micropolíticas o foco deve incidir sobre a formação do discurso da política e sobre a interpretação ativa que os atores que atuam no contexto da prática fazem para relacionar os textos da política a pratica. Isto envolve identificar dentro e entre as arenas da prática, processos de resistência, acomodações, subterfúgios e conformismo e o delineamento de conflitos e disparidade entre discursos nessas arenas (Bowe; Ball; Gold, 1992). Já na esfera das macropolíticas o foco deve incidir sobre o papel do Estado e sua relação com as políticas educacionais considerando o nível global e local (Stoer; Magalhães, 2005, p. 27). Nesse último caso, os autores inferem que não existem decisões neutras em face da multiplicidade de valores que a informam; disto resulta que "a decisão final é sempre marcada por uma opção política e, por este motivo, as políticas públicas podem ser também consideradas projetos de mudança social".

Tendo em vista as argumentações inseridas, considero que a construção de políticas públicas educacionais e a decisão política constituem-se em um projeto e/ou projetos de mudança social (Stoer; Magalhães, 2005), que têm o objetivo de dar direção e sentido às decisões no campo da educação num contexto de transição sociopolítico, econômico e cultural. Adotar um modelo linear para analisar a tomada de decisão na ação pública significaria promover o discurso cristalizado do paradigma neoliberal[22],

---

22. E, mais especificamente, da corrente de pensamento da *public choice*, cujo foco central apresenta um viés normativamente cético quanto a capacidade dos governos de formularem políticas públicas devido a situações como autointeresse, informação incompleta, racionalidade limitada e captura das agências governamentais por interesses particularistas. Esta teoria, é, provavelmente, a que demonstra mais mal estar e desconfiança na capacidade dos mecanismos políticos de decisão, defendendo a superioridade das decisões tomadas pelo mercado vis-à-vis às tomadas pelos políticos (Souza, 2005, p. 15).

o qual dá sentido ao novo gerencialismo público e cuja estratégia política se dá por meio de uma linguagem que promove um interesse aparentemente público e universal, ocultando, assim, a real heterogeneidade da sociedade capitalista e a diversidade de seus interesses.

Nessa perspectiva, a política de formação de conselheiros municipais de educação é analisada considerando o sistema de representações do real dos atores envolvidos na ação pública. Com este olhar, relativizo a fronteira entre Estado e sociedade civil ao colocar ênfase na ação dos atores que participam na construção da política pública, acentuando que estes, apesar de dotados de interesses muitas vezes divergentes, são históricos, reais e concretos; portanto, como atores sociais, partilham de matrizes normativas e cognitivas comuns. Tal perspectiva oferece possibilidades para compreender dialeticamente como são construídos os espaços de encontro entre o Estado e a sociedade civil na elaboração de uma política pública para o setor da educação.

1. As políticas educacionais como matrizes cognitivas e normativas

Diferentemente das abordagens lineares das políticas públicas, a proposta da abordagem cognitiva (Muller; Surel, 2002) busca levar em consideração os mecanismos globais de formação de sistemas de sentido que determinam a percepção dos atores, articulando, assim, a abordagem pelos atores com uma abordagem pelas estruturas cognitivas. Do mesmo modo, antes de focar sobre os determinantes intrínsecos das decisões se considera as diferentes variáveis – reunidas sob o termo genérico de instituições – que enquadram e determinam as escolhas. Esforça-se para apreender na ação pública os sistemas de interpretação do real, no interior dos quais os diferentes atores públicos e privados inscrevem suas ações. Com efeito, é essencial nesta abordagem a importância dada às dinâmicas da construção social da realidade na determinação dos quadros e das práticas socialmente legitimadas num dado espaço-tempo.

Essa abordagem repousa sob a perspectiva de que uma política pública opera como um vasto processo de interpretação do mundo, ao longo do qual, pouco a pouco, uma visão do mundo vai impor-se, vai ser aceita, depois reconhecida como "verdadeira" pela maioria dos atores implicados com a política, porque ela permite aos atores compreender as transformações de seu contexto, oferecendo-lhes um conjunto de relações e interpretações causais que lhes permitem decodificar, decifrar os acontecimentos com os quais eles são confrontados.

Desse modo, a abordagem cognitiva e normativa da política de formação de conselheiros municipais de educação coloca em evidência os vínculos estreitos existentes entre as configurações de atores e as matrizes paradigmáticas concorrentes que gravitam ao redor da problemática da gestão democrática da educação. Tal abordagem facilita o entendimento da lógica dos diferentes atores que atuam na gestão da política pública conferindo sentido e direção à mesma.

Partindo do princípio de que ação pública analisada neste estudo insere-se no espaço estrutural de construção da cidadania (Santos, 2006), no qual a unidade de prática social é o indivíduo, é preciso pensar a ação dos atores na perspectiva da relação indivíduo e sociedade, considerando, é claro, o Estado como uma instituição da sociedade.

Nesse sentido reconheço que a lógica que orienta a ação dos atores é coerente com seus interesses, seus valores, suas visões de mundo, e essas lógicas frequentemente entram em confronto por meio da concorrência de representações do real sobre determinado fenômeno social, neste caso, sobre a gestão democrática da educação. Assim, é a partir da emergência das representações sociais sobre determinado fenômeno que se constituem e cristalizam-se paradigmas.

Uma das principais implicações da existência de uma matriz cognitiva e normativa, partilhada por certo número de atores é, sem dúvida, a de alimentar junto a eles uma "consciência coletiva", dito de outro modo, um sentimento subjetivo de pertença, produtor de uma identidade específica. Atrás de um paradigma ou um referencial se encontra sempre, com efeito, a gestão do vínculo entre os princípios gerais e os princípios específicos, cuja articulação conseguida é produtora de identidade (Muller; Surel, 2001).

1.1 As representações sociais

Compreender a política pública na perspectiva das representações sociais significa incluir na construção da ação pública a dimensão interacionista das relações entre os diferentes atores, considerando que a interação entre indivíduos e grupos é elemento importante para a produção de identidade. Nessa medida, interroga-se sobre a formação e funcionamento dos sistemas de referência que os indivíduos e grupos utilizam para classificar e interpretar os acontecimentos da realidade cotidiana; sobre suas relações com a linguagem, a ideologia e o imaginário social; e, principalmente, sobre seu papel na orientação de condutas e práticas sociais.

Logo, a noção de representação social aqui utilizada refere-se a uma modalidade particular de conhecimento do mundo, o saber do senso comum, constituída por um conjunto de informações, crenças, opiniões e atitudes partilhadas por um grupo a respeito de um dado objeto social (Alvez-Mazzotti, 1994; Porto, 2006; Moscovici, 2010); no caso deste estudo o objeto social é a gestão democrática da educação analisada a partir de uma política pública, mais especificamente, a política nacional de formação de conselheiros municipais de educação.

O conhecimento gerado pela via das representações sociais é constituído coletivamente no contexto das interações sociais cotidianas, tendo por função a orientação de condutas e comunicações sociais relativas ao objeto e contribui para a formação de "universos consensuais" no âmbito dos grupos, servindo às suas necessidades, valores e interesses. Esse conhecimento é gerado coletivamente porque embora o sujeito desempenhe um papel ativo em sua construção do real, ele toma por base crenças, modelos de pensamento, valores e elementos simbólicos que circulam, mediante conversação oral e escrita, no campo social em que ele está inserido. O fato de que esse conhecimento é partilhado concorre para forjar e consolidar a identidade grupal e o sentimento de pertencimento (Moscovici, 2010).

Assim, uma representação social se constitui a partir da atividade representativa de sujeitos que partilham uma mesma condição ou experiência social, exprimindo em suas representações o sentido que dão a sua experiência no mundo social, servindo-se dos sistemas de códigos e interpretações fornecidas pela sociedade e projetando valores e aspirações sociais (Alvez-Mazzotti, 1994). Diz-se que o referencial normativo de uma determinada política pública é a sua representação dominante (Azevedo, 2001).

Na perspectiva das representações sociais, os atores sociais não são considerados somente a partir de "opiniões sobre" ou "imagens de". As representações sociais são teorias coletivas sobre o real, sistemas que possuem uma lógica e uma linguagem particulares, uma estrutura de implicações baseada em valores e conceitos e, que determinam o campo das comunicações possíveis, dos valores ou das ideias compartilhadas pelos grupos e regem, subsequentemente, as condutas desejáveis ou admitidas (Alvez-Mazzotti, 1994).

Por este meio, estabelece-se o processo de construção de uma representação social a partir de duas passagens: a objetivação, como sendo a passagem de conceitos e ideias para esquemas ou imagens concretas, os quais, pela generalidade de seu emprego, se transformam em "supostos reflexos do real"; e a ancoragem, como a constituição de uma rede de significações em torno do objeto, relacionado-o a valores e práticas sociais. Este processo permite compreender como o funcionamento do sistema cognitivo interfere no social e como o social interfere na elaboração cognitiva (Moscovici, 2010).

Assim, os processos formadores das representações sociais são definidos como uma forma específica de conhecimento, o saber do "senso comum", cujos conteúdos manifestam a operação de processos generativos e funcionais socialmente marcados. De uma maneira mais ampla, ele designa uma forma de pensamento social.

> As representações sociais são modalidades de pensamento prático orientadas para a compreensão e o domínio do ambiente social, material e ideal. Enquanto tal, elas apresentam características específicas no plano da organização dos conteúdos, das operações mentais e da lógica. (Jodelet apud Alvez-Mazzotti, p. 65)

Mas é preciso ter presente que a personalidade humana não é um simples receptáculo que absorve aleatoriamente concepções de mundo engendradas nas representações sociais. A intervenção social se traduz pela via da "significação" e "utilidade" que é dada à representação. O "receber" pressupõe a ação dos indivíduos que avaliam a "utilidade" ou "inutilidade" das formas de pensar frente ao cotidiano. Logo, a luta pela hegemonia política, engendrada na ação pública, não é uma categoria restrita à luta por poder nas instituições e na organização social; seu campo de batalha estende-se também à subjetividade dos indivíduos. Pois, quando os indivíduos incorporam o "certo" prescrito pela concepção de mundo, a "verdade" é afirmada pela ação concreta. No sentido dado, o ser humano é um processo, mais precisamente, o processo de seus atos (Ruiz, 1998).

Essa perspectiva revela sua importância ao pensarmos em processos que desencadeiam mudanças sociais pela via das representações sociais. Nessa medida, as representações sociais, enquanto portadoras de conhecimento oriundo do senso comum, possuem potencial transformador. Mesmo como pensamento fragmentário ou contraditório, o senso comum corresponde às condições reais de vida da população. Ao refletir sobre o senso comum, Gramsci (1981, p. 12) afirma que em alguma medida todos nós o incorporamos.

> Pela própria concepção de mundo, pertencemos sempre a um determinado grupo, precisamente ao de todos os elementos sociais que partilham de um mesmo modo de pensar e agir. Somos conformistas de algum conformismo, somos sempre homens-massa ou homens coletivos.

Nessa concepção, a descrição do "homem-massa" põe a nu, de um lado, os elementos de incoerência e conservadorismo que povoam as representações sociais, mas de outro lado, salienta as suas possibilidades e sinais de mudança social. Ao mesmo tempo em que se aponta os elementos ilusórios do senso comum se busca valorizar e compreender a sua importância no trabalho pedagógico da construção da contra-hegemonia (Minayo, 2000).

Assim, as representações sociais revelam sua importância como portadoras, ao mesmo tempo, de projetos de sociedade orientados tanto para a mudança emancipadora quanto para o conservadorismo tradicional. Em primeiro lugar, admite-se que elas podem incorporar aspectos de conformismo tendo sua abrangência de acordo com os diferentes indivíduos e grupos sociais. Com isto, ao se mostrar que cada indivíduo e grupo social tem seu conformismo e ilusão, se retira a ideia de que o senso comum seja inerente à "ignorância das massas". Em segundo lugar, admite-se igualmente que o senso comum incorpora aspectos dinâmicos geradores de mudança que coexistem com o conservadorismo. Em terceiro lugar, admite-se que as diferentes concepções de mundo inerentes às representações sociais são fruto de uma história completa e concreta[23]. Logo, "as representações sociais contêm elementos ao mesmo tempo de tradição e de mudança" (Minayo, 2000, p. 102).

Conforme aponta Santos (2004), a consideração da importância do senso comum em estudos de caráter científico reabilita-o da condição de falso e superficial à qual a ciência moderna o tem submetido. Dessa maneira, mesmo entendendo que o senso comum é um conhecimento que pode comportar o conservadorismo e a mistificação, o autor entende que existe nele uma dimensão utópica e libertadora que pode ser ampliada pela via de um diálogo com o conhecimento científico. Na mesma linha de pensamento Moscovici (2010), em suas pesquisas, leva adiante um projeto de reabilitar o senso comum demonstrando como o saber popular não difere do conhecimento científico em importância.

Essa relação entre ciência e senso comum pode constituir "novos sensos comuns" e formatar novas identidades sociais.

1.2 Paradigmas e identidade social

Na perspectiva das relações sociais, um paradigma constitui-se em elemento identitário entre indivíduos, grupos e/ou classes sociais, ou seja, é a matriz cognitiva e normativa de uma identidade social. De modo emblemático, é por meio dos mecanismos de mobilização e/ou regeneração dos esquemas identitários constitutivos de uma matriz cognitiva e normativa dada, que se pode perceber a "crise" ou "emergência" de um paradigma na condução da política pública. A noção de paradigma, nesse sentido, apresenta a vantagem de incluir em uma investigação sociológica, em contexto local, um questionamento em nível macro, já que incorpora a influência exercida pelas normas sociais globais (Azevedo, 2001) sobre os comportamentos sociais e daí sobre as políticas públicas.

Nesse caso, os *paradigmas* são tomados como a expressão de "estruturas mais gerais e radicais do pensamento" de indivíduos, grupos e/ou classes sociais que, de um lado, determinam as suas concepções mais amplas de ser humano e de sociedade e, de outro, estabelecem as posições e ações desses grupos. Assim, paradigma, para além de um conceito de padrão ou modelo, é considerado um conjunto de ideias que permite formular ou aceitar determinados padrões ou modelos de ação social. Por este motivo representa uma visão de mundo, uma filosofia social, um sistema de ideias construído e adotado por determinado grupo social (Bordignon; Gracindo, 2004). Logo, paradigmas são as representações de mundo assumidas coletivamente, consciente ou inconscientemente, e representam o cenário da sociedade que se tem e que se quer.

---

23. A autora baseia-se na afirmação de Gramsci (1981, p. 32) de que a concepção de mundo de uma época não é a filosofia deste ou daquele filósofo, deste ou daquele grupo de intelectuais, desta ou daquela grande parcela das massas populares: é uma combinação de todos estes elementos, culminando em uma determinada direção, na qual sua culminação torna-se norma de ação coletiva, isto é, torna-se história completa e concreta.

Mas é preciso salientar que nem toda tomada de decisão na esfera pública está calcada em compartilhamento de um paradigma social. Há decisões puramente "idiossincráticas", quer dizer, baseadas na maneira peculiar, singular, própria de cada um ver, sentir e interpretar os fatos e o mundo. "Quando alguém revestido de poder determina a ação do grupo a partir de suas ideias, de sua particular visão de mundo, ele não está conduzindo esse grupo segundo determinado paradigma compartilhado socialmente, mas segundo seu posicionamento pessoal, logo, idiossincrático" (Bordignon; Gracindo, 2004, p. 151).

Disto decorre que a cristalização de um paradigma depende das confrontações e alianças que caracterizam o sistema de ação pública quando é colocada em prática uma decisão (Muller; Surel, 2002). A proposta de Callon (1986) coloca em evidência a complexidade dos mecanismos inerentes a uma matriz cognitiva e um sistema de ação. Na perspectiva do autor são quatro as fases que ocorrem no interior dos processos aleatórios de cristalização conjunta das configurações de atores e de paradigmas dominantes. A primeira fase é qualificada de **problematização**, no sentido que se forma um sistema de alianças, diz-se de associações entre entidades, das quais ela define tanto a identidade com os problemas que se interpõem entre elas e o que elas querem. A construção de um problema por um ator particular dá, com efeito, uma identidade aos outros participantes, circunscrevendo ao mesmo tempo um espaço cognitivo e normativo determinado. A segunda fase se estabelece pela vontade de estabilizar esta dupla configuração chegando, então, à implementação de **dispositivos de estimulação** pelos quais o(s) ator(es) na origem de uma problematização dada busca(m) alianças. Já na terceira fase, considerando a hipótese de que alianças são "aceitas", quer dizer, os atores se situam em relação à identidade e aos valores circunscritos pela problematização original, abre-se o **recrutamento**. Considerando que este conjunto de relações e de representações encontra-se estabilizado conclui-se então a última fase por um processo global de tradução pela **mobilização** dos atores e da matriz paradigmática fixada, começando o paradigma a estruturar e a legitimar efetivamente as relações e as ações dos atores envolvidos (Callon apud Muller; Surel, 2002).

Assim, um processo de construção de um paradigma é realizado sob diferentes lógicas de sentido e de poder e é, por este motivo, um processo pelo qual um ator social se faz valer afirmando seus interesses, suas concepções de mundo. Desta forma, segundo Muller; Surel (2002), a produção de uma matriz cognitiva, isto é, de um paradigma, não é um simples processo discursivo, mas uma dinâmica intimamente ligada às interações e às correlações de forças que se cristalizam pouco a pouco num setor e/ou subsistema dado; alimentando ao mesmo tempo um processo de tomada da palavra (produção de sentido) e um processo de tomada de poder (estruturação de um campo de forças)[24].

---

24. Segundo Azevedo (2001, p. 59), ao enfatizar a amplitude do espaço "político" das políticas públicas por meio da explicitação de um campo de forças, especialmente as formulações de Muller, apresentam influências gramscianas. Nas categorias explicitadas pelos autores existe uma preocupação íntima e dialética entre a intervenção estatal e a estrutura da organização social.

Logo, no processo de construção de uma política pública é na fase de constituição de um problema social e de sua inclusão na agenda governamental que se determina a configuração dos atores, quer dizer, seus recursos, seus modos de estruturação e ação, assim como a natureza de suas relações, que se formam ou se operacionalizam, com efeito, as representações sociais que fundam uma matriz paradigmática particular (Muller; Surel, 2002).

Esta complexidade entre lógicas cognitivas e agregação dos interesses é visível igualmente nas fases de formulação, implementação e avaliação de uma política pública, cuja cristalização de um paradigma se mostra dependente das confrontações e alianças que caracterizam uma ação pública quando é colocada em prática uma decisão. Nessa perspectiva, um processo de mudança social desencadeia-se pelo embate entre paradigmas, considerando que os paradigmas podem orientar tanto estratégias políticas marcadas pelo conservadorismo quanto para uma mudança visando à emancipação social.

2. As dimensões da ação pública: mapeando decisões em educação

Porquanto a tomada de decisão na esfera pública é um processo que incorpora conflitos e contradições, compreende, nessa medida, o Estado (Muller; Surel, 2002) como um espaço de expressão ao mesmo tempo da unidade e da diversidade da sociedade, "uma existência enquanto totalidade pensada e uma tendência inevitável à explosão". Assim, ao se tratar de políticas públicas e em especial de políticas educacionais, é preciso ressaltar o fato de que estas demandam decisões e ações revestidas da autoridade do poder público que engendra estas configurações sociais.

Por esse motivo, faz-se necessário compreender o "Estado em ação", quer dizer, a maneira pela qual se produz política pública. As políticas públicas entendidas como programas de ações, representam a realização concreta de decisões, por intermédio de um ator particular chamado Estado, em sua voluntariedade de modificar comportamentos mediante a mudança de regras do jogo operadas na ação pública. Logo, o Estado é uma instituição que formaliza regras e comportamentos no âmbito que pretende regular (Deubel, 2002).

Por essa via, são as políticas públicas que colocam o Estado em ação a partir de três dimensões inter-relacionadas entre si. A primeira dimensão, a institucional, diz respeito à estrutura paramétrica estável da ação pública, isto é, a *polity*, que se refere à ordem do sistema político delineada pelo sistema jurídico e à estrutura institucional do sistema político-administrativo; a segunda dimensão, a processual, conhecida como *politics*, coloca em ação o jogo político, a organização e luta pelo poder, frequentemente de caráter conflituoso no que diz respeito à imposição de objetivos, aos conteúdos e às decisões de distribuição; e finalmente a dimensão material da ação pública, a *policy*, a qual incorpora os conteúdos concretos, isto é, a configuração dos programas políticos, os problemas técnicos e o conteúdo material das decisões políticas (Frey, 2000; Muller; Surel, 2002; Couto, 2006).

O modelo de análise de políticas públicas baseado numa concepção linear tem colocado ênfase em apenas uma das dimensões citadas, mais especificamente na dimensão material (*policy*). No entanto, a política pública é resultado de um processo de tomada de decisão que não se estanca em apenas uma de suas dimensões. Na compreensão de Stoer e Magalhães (2005), é na dimensão da *politics* (jogo político) que se incorpora a concepção orientadora da mudança social a ser implementada; já a dimensão das *policies* (os programas de ação) é elaborada a partir do resultado do processo político, o jogo de forças. Acrescentam que os trabalhos sobre decisão e o seu processo assumem aparentemente esta partição, no entanto, instalam-se essencialmente nas segundas, nas *policies*, nas políticas concretas e, frequentemente, no caráter técnico e pragmático da sua implementação ou na sua justificação e legitimação no quadro das metas estabelecidas como quadro político (*politics*).

Logo, é na dimensão da *politics* que se estabelecem as relações de poder e de dominação existentes na sociedade. Sendo a política educacional parte deste contexto é preciso tê-la em vista, para além das influências locais, considerando o planejamento mais global que a sociedade constrói como seu projeto e que se realiza por meio da ação do Estado. Desse modo, são as políticas públicas que dão visibilidade e materialidade ao Estado e, por este motivo, podem ser definidas como o "Estado em ação" (Azevedo, 2001).

É por essa razão que a tipologia de Stoer e Magalhães (2005) se revela de grande valor analítico para identificar a lógica da tomada de decisão (e o paradigma que lhe dá sentido) engendrada na ação pública. A política de formação de conselheiros municipais de educação se propõe como ação pública indutora da gestão democrática nos sistemas municipais de ensino; neste sentido, considerando as condições sociopolíticas e culturais, em destaque no próximo capítulo, que conformam os espaços estruturantes das relações sociais na sociedade brasileira, esta é uma política orientada para a mudança social. A proposta dos autores incorpora a *politics* e a *policies* num contexto de mudança social. Utilizam-se para analisar o processo de construção da política as seguintes metáforas: **surfar, pilotar, gerir**. Estes são três tipos ideais de ação pública voltados para analisar a tomada de decisão com vistas à gestão da mudança social. O quadro 2 expressa esta tipologia.

Quadro 2 - Dispositivo para mapear as decisões em educação

	Parâmetros de Análise				
Modos de lidar c/a mudança	Tomada de decisão	Tempo da decisão	Relação com o contexto	Operacionalidade da decisão	Objetivos
Surfar	Administração Social	Curto prazo	Decisões limitadas ao contexto	Tática sem estratégia	Eliminação dos sintomas
Pilotar	Análise das Políticas	Médio prazo	Decisões que reconhecem o contexto, sem o conhecer	Escolha tática das estratégias	Conciliação de interesses
Gerir	Ciência Social	Longo prazo	Consideração sistemática do problema	Predominância das estratégias sobre as táticas	Tentativa de ir a raiz dos problemas, desocultar

Fonte: Stoer e Magalhães, 2005

Com esse dispositivo, Stoer e Magalhães caracterizam uma decisão do tipo **surfar,** quando esta se situa dentro de um quadro operacional de administração social, visando à melhoria e o aperfeiçoamento social, realizado, frequentemente, através de processos de engenharia social. Este tipo de decisão consiste na tomada de medidas, sobretudo de curto prazo, medidas estas que são consideradas válidas sem levar em conta o contexto mais amplo em que ocorrem, recorrendo a múltiplas táticas no sentido, sobretudo de eliminar sintomas percebidos como sendo indesejáveis ao ótimo funcionamento do mercado. Neste tipo de decisão o critério administrativo é a **eficiência** (Sander, 1995) na utilização de recursos e instrumentos tecnológicos.

Uma ação pública orientada por este tipo de decisão opera a partir de uma lógica na qual a eficiência é o critério econômico, que possui relevância máxima no que tange à capacidade administrativa de produzir o máximo de resultados com o mínimo de recursos, energia e tempo. Conforme Sander (1995), na história do pensamento administrativo a noção de eficiência está associada aos conceitos de racionalidade econômica e produtividade material, independentemente do seu conteúdo humano e político e de sua natureza ética.

Nessa perspectiva o Estado opera nos marcos de uma competição perfeita evitando que sua intervenção, mediante suas instituições, perturbe o equilíbrio competitivo do mercado: a intervenção do Estado deve favorecer a diminuição dos custos de transação. Postula-se que os indivíduos e grupos não têm que adaptar-se às instituições existentes, mas que as instituições é que têm de mudar para facilitar aos indivíduos a realização de seus interesses com maior efetividade. Logo, o papel do

Estado se resume em centrar atenção na definição dos arranjos contratuais que fixam os custos da transação entre interesses e instituições (Deubel, 2002).

Já o **pilotar** significa uma decisão que procura caminhos para assegurar a implementação eficiente e eficaz de políticas sociais, independentemente de seu conteúdo. Com este tipo de decisão, apesar de um reconhecimento inicial das características do contexto, o conhecimento acerca desse contexto não é determinante para as opções que são tomadas com base na escolha tática das estratégias.

A matriz cognitiva, isto é, a lógica desse tipo de decisão centra-se na consecução eficaz dos objetivos da política pública. No campo da educação refere-se ao conjunto de princípios, cenários e técnicas educacionais intrinsecamente comprometidos com a consecução eficaz dos objetivos do sistema educacional e de suas escolas e universidades. Nesse sentido, a **eficácia** é o critério institucional que revela a capacidade administrativa para alcançar as metas estabelecidas ou os resultados propostos por meio da conciliação de interesses (Sander, 1995; Stoer; Magalhães, 2005). Historicamente este critério no campo da educação, tem sofrido um processo de atrofia em função do desenvolvimento econômico e tecnológico global, que tem influenciado na "performance" das agendas políticas no âmbito dos Estados nacionais.

Nessa lógica, o Estado atua como um redutor de incertezas ao conciliar na ação pública as preferências dos atores sociais. Considera que os atores pertinentes possuem uma série de preferências e gostos e que se comportam de maneira instrumental, com base em uma estratégia calculada, isto é, racional, com a finalidade de maximizar suas possibilidades de realizar estas preferências (Muller; Surel, 2002).

Finalmente o **gerir** representa um exercício de gestão para a mudança social no sentido em que é uma decisão informada pelas preocupações das ciências sociais. Nesse caso, estamos perante decisões que são tomadas com o olhar posto no longo prazo e fundadas numa consideração sistemática do contexto em que, predominantemente, se recorre a estratégias para confrontar problemas os quais, dessa forma, deixam de ser sociais para passarem a ser sociológicos.

Essa lógica observa na ação pública as dimensões política e cultural. Na dimensão política, sob o critério administrativo de **efetividade política,** são englobadas as estratégias da ação organizada de todos os atores participantes na construção da ação pública. Neste sentido, o critério de efetividade política reflete a capacidade administrativa para satisfazer, numa arena de conflito e de construção de consensos, as demandas concretas feitas pela comunidade externa. Este critério nasce no pós-guerra e das contribuições teóricas da administração para o desenvolvimento do Estado de bem-estar social emergente nos países centrais e com efeitos na construção da cidadania na América Latina. A efetividade política é o critério central da gestão para o desenvolvimento socioeconômico e a melhoria das condições de vida humana em nome da justiça social. Refere-se a objetivos mais amplos de equidade e desenvolvimento econômico e social. Está relacionado especialmente com a organização e luta pelos direitos sociais nos anos posteriores à Segunda Guerra Mundial (Sander, 2007).

Já a dimensão cultural, orientada pelo critério administrativo de **relevância cultural**, envolve os valores e as características filosóficas, antropológicas, biopsíquicas e sociais na ação pública. A gestão educacional é considerada pertinente e significativa para as pessoas e/ou grupos sociais na medida em que seja capaz de refletir suas crenças e valores e suas características sociais e políticas. Esse critério incorpora na ação pública os aspectos relativos à diversidade/heterogeneidade cultural. Nessa perspectiva, o critério administrativo de relevância cultural (Sander, 2007) salienta na tomada de decisão a promoção da qualidade de vida e do desenvolvimento humano consideradas na perspectiva dos direitos humanos.

O enfoque da tomada decisão, na lógica do gerir, apreende as ações do Estado a partir de uma perspectiva de longo prazo centrando atenção em dois aspectos fundamentais: no primeiro aspecto, o da efetividade política, considera-se os embates entre atores públicos e privados a partir de relações simétricas de poder. No segundo aspecto, o da relevância cultural, inclui-se à tomada de decisão o respeito à "diferença", ou seja, em nome do desenvolvimento da humanidade como categoria universal, assume-se que "a diferença somos nós (transformando o nós num eles) e ao invés de pensarmos que o outro é diferente pensa-se no outro como se ele fosse nós" (Stoer; Magalhães, 2005, p. 131).

Dessa forma, os critérios administrativos de efetividade política e relevância cultural constituem-se em base para a lógica da tomada de decisão orientada para uma ação pública que se pretende indutora de uma mudança social do tipo gerir. É com esse tipo de tomada de decisão que se pode pensar uma política que pretende promover a gestão democrática dos sistemas municipais de ensino. A gestão democrática da educação exige a submissão dos critérios administrativos instrumentais de eficiência e eficácia aos critérios substantivos de efetividade política e relevância cultural.

3. A rede de gestão democrática: uma estratégia política de gestão para a mudança social na educação

Com o princípio de que a política de formação de conselheiros municipais de educação constitui-se a partir de objetivos orientados para uma mudança social de cunho emancipatória, é preciso definir os espaços e relações sob os quais se formula e implementa uma política pública. As políticas orientadas para a mudança social emancipatória voltam-se principalmente para a distribuição dos recursos sociais observando a efetividade política e a relevância cultural no contexto em que se inserem.

Assim, a efetividade política define o papel do Estado na condução e gestão da política; já a relevância cultural incorpora a esta a dimensão das diferenças. Isto significa considerar na política pública, no âmbito nacional, as diferenças sociopolíticas, econômicas e culturais nos contextos regionais (estados, municípios) e, no âmbito internacional, as mesmas diferenças entre países inter-relacionados a partir do contexto global. Nesse sentido, quanto mais participativa e democrática for a gestão da política, maiores serão as oportunidades de ter relevância política e cultural para os indivíduos e grupos, e maiores suas possibilidades para fomentar a qualidade de vida humana coletiva pela via da gestão democrática dos sistemas de ensino e das escolas.

É nessa perspectiva que se insere a rede de gestão democrática como estratégia política para o governo democrático da educação. Ao contrário do que vem acontecendo com as redes de políticas (*policy networks*)[25] firmadas entre Estado e sociedade civil, com vistas apenas para a passagem de responsabilidades do primeiro à segunda, a rede de gestão democrática insere atores envolvidos diretamente com a política dotando-lhes de real possibilidade de participação na tomada de decisão sobre a sua formulação, implementação e avaliação. A política, nessa concepção, não é apenas a construção de uma "racionalidade administrativa, de uma eficácia burocrática e gerencial preocupada em remover obstáculos ao livre curso da economia" (Semeraro, 1999, p. 212), mas é principalmente uma ação pública que promove e coordena a implementação da cidadania plena e a elevação de todos os segmentos da sociedade.

A rede de governança democrática se propõe como uma "nova estrutura governante" (Adam; Kriesi, 2007) distinguindo-se de formas hierárquicas e verticais por um lado e, por outro, de estruturas horizontais de mercado. Nessa concepção a relação entre os atores que participam na ação pública é auto-organizada e horizontal envolvendo negociações conflituosas e conjuntas com vistas a estabelecer consenso. Esta prática estabelece o rompimento com formas monolíticas de poder ressignificando a relação entre o Estado e a sociedade civil a partir da possibilidade real de o cidadão participar na gestão da "coisa pública". Assim, o próprio processo de construção da ação pública é pedagógico no sentido de ofertar real possibilidade de que o cidadão se torne "governante" (Semeraro, 2003), obtendo da sociedade a aprendizagem gratuita da capacidade política e da preparação técnica geral necessária para tal fim.

Mas é preciso atentar ao fato de que, se este processo mantiver o monopólio do poder intocado, mesmo dentro de uma sociedade formada por uma constelação de redes, grupos e associações, ele não promoverá a formação de subjetividades sociais habilitadas para participar na gestão pública, tal qual é a inspiração da política nacional de formação de conselheiros municipais de educação. "A multiplicidade de organismos, se não for acompanhada pela socialização e participação popular, pode ser o melhor e mais moderno instrumento para sacralizar ainda mais o privado, encobrir o corporativismo e alargar as desigualdades" (Semeraro, 1999, p. 213).

---

25. A emergência deste conceito resulta, em parte, do fato de que os instrumentos tradicionais já não davam mais conta das transformações que passaram a afetar a relação Estado/Sociedade (Muller; Surel, 2002).

Na rede de governança (Muller; Surel, 2002) a relação Estado-Sociedade é de caráter horizontal e não hierárquico multiplicando as trocas entre os atores por meio da combinação de recursos técnicos (ligados à competência dos atores) e de recursos políticos (ligados à posição dos atores do sistema político). Assim, no âmbito local, a rede de gestão democrática estabelece novas configurações nas formas de articulação entre os cidadãos e o Estado, já no âmbito global reforça a influência dos atores locais nos posicionamentos do Estado nacional sobre as políticas de âmbito global.

No entanto, é preciso considerar que no interior da própria rede existem conflitos e contradições, desde o ponto de vista de que os atores possuem recursos técnicos e políticos diferenciados podendo exercer maior ou menor poder sobre a produção de sentido às representações do real inerentes à rede. Na realidade, há uma tendência histórica no Brasil de centralização do poder para a formulação e implementação de políticas públicas por uma elite político-administrativa (Semeraro, 1999).

Nesse caso, relações de trocas simétricas entre os atores no interior da rede constituem-se em elemento democrático fundamental para dar direção e sentido à gestão da política pública, pois só assim a sociedade civil deixa de ser o espaço de ação exclusivo das iniciativas econômicas e privadas, tornando-se o lugar onde também os cidadãos historicamente excluídos da tomada de decisão, aprendem a recriar continuamente o espaço público e a traçar os caminhos de sua emancipação como dirigentes democráticos de sua própria história.

De fato, no Brasil, o que tem acontecido na prática é que a maioria dos cidadãos comuns não dispõe de qualquer influência política ou de meios para reivindicar seus direitos fundamentais. Os espaços de poder na esfera pública, até a atualidade, pertencem ao controle de sofisticados recursos financeiros e tecnológicos, ou, então, são permeados por relações de poder patrimonialistas e clientelistas. Sem ter acesso ao "quarto poder"[26], ao poder da mídia, estratégicamente já apropriado por atores dominantes, qualquer grupo social popular tem escassas oportunidades de reivindicar seus direitos na sociedade e na gestão social (Semeraro, 1999).

Certamente que uma análise mais realista da história e da teoria dos direitos inerente às transformações da esfera pública (Habermas, 1984) demonstraria, sem grande esforço, que a concentração do poder político e econômico não diminuem em nossos dias e que a materialidade dessa realidade vem se somando a uma outra séria ameaça aos direitos individuais e sociais: "o desenvolvimento e concentração dos recursos científicos e tecnológicos os quais tem aumentado desproporcionalmente o poder do homem sobre o homem e sobre a natureza" (Semeraro, 1999, p. 214).

---

26. Na verdade, a mídia constitui-se em ator com importante influência na construção de uma política pública. Ela pode influenciar na produção de sentido que se dará a uma política. Pode-se considerar que a mídia faz um trabalho de seleção dos assuntos pertinentes a "seus olhos", isto é, aceitáveis em função de sua própria lógica. Assim, ela pode acelerar a difusão de uma problematização particular. Neste quadro, a mídia age, portanto, como amplificadora e difusora dos conflitos, das reivindicações, das representações... produzidas ao redor de um dado problema (Muller e Surel, 2002, p. 86).

Como possibilidade de romper com essa realidade é que a rede de gestão democrática constitui-se em importante estratégia de gestão pública. Com a perspectiva de rede, as fronteiras entre o Estado e a sociedade civil se estreitam à medida que na ação pública os atores públicos e privados (delimitadas as responsabilidades de cada um) estabelecem relações de poder simétricas no na construção de políticas públicas sociais. Mas é preciso pensar na rede como um espaço de disputas por lógicas de poder e de sentidos; só assim se poderá incluir nesta a dinâmica de um processo dialético de mudança social no qual os grupos e/ou classes sociais historicamente excluídos da esfera das decisões públicas são chamados a decidir sobre seus destinos.

Com isto, mais do que a observação das normas constantes em um regime democrático formal supera-se os limites estreitos destas regulamentações – em boa parte manipuladas por grupos dominantes – em nome de uma participação real dos cidadãos no âmbito da esfera pública (Semeraro, 1999).

Neste processo de participação ativa o poder não se concentra em algum polo particular, mas é uma prática ético-política tensa e aberta entre diversos atores e organizações que disputam projetos diferentes de sociedade a partir do embate de forças entre sujeitos apropriados de poder técnico e político. Assim, reconhece-se na distinção entre Estado e sociedade civil, isto é, entre sociedade política e sociedade civil, uma relação dialética, que, por sua natureza, é uma "relação pedagógica", um reconhecimento de recíproca valorização, porque não há mais alguém ou algo que tenha prerrogativas definitivas: "o que se tem em vista é, precisamente, a hegemonia da democracia, ou seja, a socialização do saber e do poder" (Semeraro, 2003, p. 271).

No entanto, a hegemonia da democracia só se realiza na medida em que seu desenvolvimento se expresse em todas as dimensões da ação pública. Isso significa considerar a sua penetração também no ordenamento jurídico e na organização burocrático-administrativa (*polity*). Afinal, já Rousseau afirmava que a Lei é a expressão da "vontade do povo", quer dizer, a legislação expressa um processo democrático, pois não se faz democracia por "decreto". Igualmente para que a democracia não se torne privilégio de poucos, ela precisa ser organizada e administrada. Só assim a ação pública não será um mero instrumento de dominação ou uma organização puramente técnico-adminstrativa de um determinado governo, mas um processo que educa para socializar e dirigir a sociedade.

Daí segue que a rede de gestão democrática só se realiza como recurso real de gestão pública (o gerir) se for concebida sob o escopo de uma democracia participativa combinada com a democracia representativa. Logo, como resultado de um processo de conquistas e lutas travadas primeiro no campo dos direitos de cidadania, ainda não totalmente conquistados no Brasil, para então consumar-se como prática social. Logo, uma política pública só é democrática quando é democraticamente construída; ainda mais quando esta se propõe como agente indutor de práticas democráticas, como é o caso da política nacional de formação de conselheiros municipais de educação.

4. A análise de "contextos" na política educacional

Na concepção da rede de gestão democrática, as políticas educacionais não podem ser tratadas como política setorial, elas são antes projetos de sociedade que dão sentido e direção aos projetos de governo. Por esse motivo, são rejeitados os modelos de análise de políticas educacionais que separam suas fases de formulação e implementação. Na concepção de gestão de política educacional até aqui ressaltada essas fases não são etapas lineares e estanques.

Nesse sentido a proposta de Bowe; Ball; Gold (1992) constitui-se em importante recurso metodológico para a abordagem da política educacional. Os autores dão importante contribuição, ao elaborar um instrumento de análise considerando o estudo das políticas educacionais a partir de um ciclo de políticas constituído por contextos inter-relacionados que apresentam arenas, lugares e grupos de interesse, cada um deles envolvendo disputas e embates. O quadro 3 apresenta algumas características dos três principais contextos desta elaboração heurística conforme descrita por Mainardes (2007).

Quadro 3 - Contextos do processo de construção de políticas públicas

Contexto da influência	Contexto da produção do texto	Contexto da prática
No qual normalmente as políticas públicas são iniciadas e os discursos políticos são construídos. É nesse contexto que os grupos de interesse disputam para influenciar a definição das finalidades sociais da educação do que significa ser educado (os paradigmas sociais). É nesse contexto que os conceitos adquirem legitimidade e formam um discurso de base política.	Normalmente está articulado com a linguagem do interesse público mais geral. Os textos da política representam a política. Podem não ser coerentes e claros e apresentarem contradições; sua leitura deve considerar o tempo e o local específico de sua produção. Eles são o resultado de disputas e acordos, pois os grupos que atuam dentro dos diferentes lugares da produção de textos competem para controlar as representações da política.	No qual a política está sujeita à interpretação e (re)criação e onde a política produz efeitos e consequências que podem representar mudanças e transformações significativas na política original. O ponto-chave é que as políticas não são simplesmente "implementadas" dentro desta arena, mas estão sujeitas à interpretação e então a serem "recriadas". Políticas serão interpretadas diferentemente uma que, histórias, experiências, valores, propósitos e interesses são diversos. Assim, a interpretação da política é uma questão de disputa.

Fonte: Mainardes, 2007

Posteriormente, Ball (1994) acrescenta a esse quadro, que segue sendo a base, o contexto dos resultados e/ou efeitos e o contexto da estratégia política. No primeiro, prevalece a ideia de que as políticas têm efeitos, em vez de simplesmente resultados. Neste contexto as políticas são analisadas em termos de seu impacto e das interações com as desigualdades existentes. Já o segundo caso, o contexto da estratégia política, envolve a identificação de um conjunto de atividades sociais e políticas que seriam necessárias para lidar com as desigualdades criadas ou reproduzidas pela política investigada.

Mais recentemente, Mainardes, Ferreira e Tello (2011) indicam que Ball articula o contexto dos resultados/efeitos com o contexto da prática (efeitos da decisão política) e o contexto da estratégia/ação política com o contexto da influência (a lógica da decisão política). É ainda importante ressaltar que esta referência metodológica dá certa flexibilidade para a análise já que os contextos são vistos como um ciclo em constante ressignificação. Conforme se pode observar na figura 1.

Figura 1 – O ciclo de construção de políticas educacionais

Design: Maria Silvia Cristófoli

Ao analisar esta proposta metodológica para o estudo da construção de políticas educacionais, Mainardes (2007, p. 32) faz as seguintes considerações:

> (...) a simplicidade e a linearidade de outros modelos de análise de políticas são substituídos pela complexidade do ciclo de políticas. A abordagem dos ciclos de políticas traz várias contribuições para a análise de políticas, uma vez que o processo político é entendido como multifacetado e dialético, necessitando articular as perspectivas macro e micro.

Com a concepção do ciclo de políticas, a proposta do estudo das políticas educacionais considerando as matrizes cognitivas e normativas, ou seja, os paradigmas que orientam a tomada de decisão na ação pública, ganham a dinâmica e a flexibilidade metodológica necessária a sua análise. O estudo dos contextos permite identificar na rede de gestão democrática, considerada como estratégia política para a gestão pública, as configurações dos atores que participam direta ou indiretamente na construção da ação pública em suas diferentes arenas e espaços de correlações de forças. Assim, no estudo da política nacional de formação de conselheiros municipais de educação tem-se a possibilidade de mapear as ações dos atores considerando nestas as influências dos níveis global, nacional e local.

Para captar tais movimentos é importante considerar o conteúdo dos discursos, mas, sobretudo os sentidos produzidos e as condições em que são produzidos, pois "ainda que as representações da realidade venham sendo problematizadas nas analises de discurso, as práticas pelas quais essas representações são produzidas ainda não foram perseguidas com profundidade" (Shiroma; et al, p. 435)[27].

5. Apontamentos finais do capítulo

As contribuições dos autores aqui arrolados se fazem importantes porque a política de formação de conselheiros municipais de educação põe à tona uma ação do Estado em sua dimensão educadora. Por outro lado, ao propor a formação do gestor público democrático, remete às discussões e práticas da democracia na sociedade contemporânea. Essa política, por suas características, possui um núcleo de significações que colocado em cheque, em última instância, aponta as possibilidades

---

27. É nesta perspectiva que a política como texto e a política como discurso são conceituações complementares. A política como texto baseia-se na teoria literária que entende as políticas como representações que são codificadas de maneiras complexas. Os textos são sempre produtos de múltiplas influências e agendas e sua formulação envolve intenções e negociação dentro do Estado e dentro do processo de formulação da política. Já a política como discurso incorpora significados e se utiliza de proposições e palavras, expressando o contexto em que certas possibilidades de pensamento são construídas. A política como discurso estabelece limites sobre o que é permitido pensar e tem o efeito de distribuir "vozes", uma vez que somente algumas vozes serão ouvidas como legítimas e investidas de autoridade (Bowe; Ball; Gold, 1992).

de a esfera pública efetivar-se como local de aprendizagem social, onde, sobretudo, os cidadãos e cidadãs aprendem participando na gestão de políticas públicas.

Não se pode esquecer que a política de formação de conselheiros é o desdobramento do princípio constitucional (*polity*) de gestão democrática do ensino público; como tal, é uma política que carrega em si uma proposta de mudança social, uma vez que está centrada em um modelo de gestão voltado para a ação coletiva de sujeitos democráticos situados em uma arena conflitual tal qual são os conselhos de educação.

Nos atuais tempos em que a flexibilização da gestão das políticas públicas pode tomar rumos não condizentes com os interesses dos cidadãos, é fundamental inserir no contexto da gestão pública novas estratégias de gerenciamento do bem comum. É preciso ter presente que a participação social possui grande carga retórica, sendo, em muitas ocasiões, ou estratégia de desresponsabilização do Estado com as políticas sociais ou vivida como um "desejo utópico" a ser alcançado no futuro; mais do que uma proposta efetiva de participação cidadã na gestão pública.

O sucesso de uma gestão participativa nas políticas públicas depende de requisitos que, como a contratualidade moderna já demonstrou, não são fáceis de serem alcançados; na maioria das vezes eles precisam ser conquistados, construídos e constantemente (res)significados.

A construção deste capítulo teve por objetivo mapear e, modestamente, apontar alguns caminhos analíticos para uma aproximação desta realidade tão complexa e multifacetada, pela via do estudo de uma política pública educacional. Nesse sentido, saliento que as escolhas teórico-metodológicas são sempre realizadas dentre um leque de alternativas, constituindo-se num constructo de pesquisa elaborado a partir de uma relação simbiótica entre o pesquisador e seu fenômeno de pesquisa.

Capítulo 3

A CONSTRUÇÃO DA ESFERA PÚBLICA NO BRASIL E A GESTÃO DEMOCRÁTICA DA EDUCAÇÃO

> Gestão e governo democrático aproximam-se de muitas e diferentes maneiras. Todo esforço para governar melhor ou administrar é inerentemente político. Particularmente no caso da gestão pública, isso supõe uma consideração rigorosa de Estado, visto tanto como aparato quanto como referência ética, tanto como sociedade política como sociedade civil. (Marco Aurélio Nogueira)

A gestão democrática da educação no Brasil é um processo que emerge sob a influência de dois movimentos: um de cunho nacional, o movimento pela (re) democratização da sociedade brasileira iniciado na década de 1980. Por iniciativas deste movimento social se efetiva ao longo das duas décadas que seguem o ordenamento normativo de gestão democrática para a educação brasileira, que não se restringe somente à área de educação, mas à gestão de políticas públicas.

O outro movimento, de cunho internacional, fruto da crise do Estado social com início na década de 1970, o qual gerou o que Santos (2005) chama de efeitos positivos da globalização. A crise do mundo capitalista possibilitou o estabelecimento de novos parâmetros para a gestão pública incentivando, especialmente nos países periféricos, a emergência de políticas públicas de caráter participativo, favorecendo uma tomada de consciência sobre a relevância do protagonismo social (Gohn, 2005) nas decisões no âmbito da esfera pública.

Neste capítulo exponho o contexto sob o qual foram desenhadas as premissas que deram corpo a esta tese. A primeira, parte do entendimento de que a política nacional de formação de conselheiros municipais de educação é uma ação pública que se configura a partir de um referencial normativo de gestão democrática participativa dos sistemas municipais de ensino. Este referencial se expressa em uma sociedade periférica, a brasileira, em que a distinção entre o Estado e a sociedade civil se deu sob o marco de relações de poder demarcadas por representações patrimonialistas e clientelistas, oriundas do espaço doméstico, (con)fundindo o bem público com o bem privado.

A segunda premissa está relacionada com a atual conjuntura da sociedade capitalista no que se refere à gestão de políticas públicas. O "novo gerencialismo público" (*managerialism*) é um modelo de política pública que busca a eficiência dos serviços públicos por meio da racionalização máxima de processos de gestão, enfatizando os resultados com vistas a reduzir gastos. Esta lógica constitui-se no principal objetivo das políticas públicas na atualidade aliando-se à importância do fator credibilidade internacional e à delegação de responsabilidades com políticas sociais a organizações da sociedade civil ditas com "independência política". Ela tem orientado nos últimos 20 anos, a estrutura e a cultura dos serviços públicos sob o eixo das reformas do Estado capitalista. Busca introduzir novas orientações, remodela as relações de poder e afeta como e onde são feitas as opções de políticas sociais (Ball, 2005). Esse modelo de gestão privilegia na ação pública critérios técnico-instrumentais em detrimento de critérios políticos e culturais.

Sob tais pressupostos infere-se que a gestão democrática da educação e daí a gestão democrática dos sistemas municipais de ensino concorre, na atualidade, com mais dois modelos de gestão: a gestão patrimonialista oriunda dos modos de estruturação do Estado brasileiro e o novo gerencialismo, modelo de política pública implementada especialmente em países centrais e que exerce forte influência nas agendas dos países periféricos, dentre estes, o Brasil.

À vista disso, problematizo a política nacional de formação de conselheiros municipais de educação enquanto ação pública que tem como objetivo central fortalecer nos municípios do brasileiros a gestão democrática dos sistemas municipais de ensino. Afirmo que tais modelos de gestão são incompatíveis, pois são orientados por concepções de mundo construídas a partir de diferentes lógicas de poder e de sentido concorrendo entre si por hegemonia. Nesse sentido, a própria gestão da política de formação de conselheiros torna-se objeto central neste trabalho já que é por meio desta que se pode perceber as estratégias de inclusão ou exclusão da sociedade civil na gestão das políticas públicas. Por esse mesmo motivo, é essencial, mesmo que brevemente, desvelar a gênese da relação entre Estado e sociedade civil no Brasil.

1. A gênese da esfera pública no Brasil

Contextualizar a esfera pública no Brasil significa considerar se os aspectos relativos à distinção entre o Estado e a sociedade civil, oriundos da concepção liberal ainda dominante na teoria política atual, são suficientes para explicá-la enquanto construção social. Tal consideração é relevante tendo vista que este estudo analisa uma política pública que apresenta um importante viés: qualificar conselheiros para atuar como gestores de políticas públicas educacionais no âmbito municipal e cuja atuação se dá em um espaço institucional (os conselhos municipais de educação) que incorpora atores públicos e privados. Os conselhos municipais de educação, neste sentido, podem ser considerados como instâncias de encontro, respectivamente, entre atores governamentais e atores da sociedade civil organizada, na esfera do poder público municipal. Estes espaços carregam as circunstâncias históricas das relações de poder construídas tais qual às da sociedade brasileira.

Nos países centrais, a concepção liberal de esfera pública, convertida em teoria dominante, tem sido a base social da racionalidade formal do Estado para exercer eficazmente as suas funções dentro dos limites hegemonicamente estabelecidos. Isso permitiu que formas de poder diferenciadas como o patriarcado, a exploração e a dominação, mesmo sendo funcionalmente diferenciadas e autônomas, convergissem substancialmente nos efeitos do exercício dessa autonomia, cada uma delas confirmando e potenciando a eficácia das restantes (Santos, 2006).

É com esse sentido que Santos (2006) afirma que a pujança do espaço de produção manifestou-se também no modo como ela transformou o espaço doméstico, ou seja, a família, em função da reprodução da força de trabalho assalariada. Por esta via criou-se certo isomorfismo entre o espaço da produção, o espaço doméstico e o espaço da cidadania, ao mesmo tempo em que para os países que primeiro se industrializaram o espaço mundial não constitui qualquer efeito condicionante negativo, ou seja, não havia nessa altura países desenvolvidos cuja dominância era necessária defrontar.

No Brasil, a Independência, a formação de um Estado nacional nos moldes constitucionais da concepção liberal, a intensificação do desenvolvimento urbano e a expansão de novas formas de atividades econômicas, não foram suficientes para romper com a ordem patrimonialista oriunda do espaço doméstico estruturada no Período Colonial.

De fato, o objetivo central era libertar as atividades produtivas do domínio da metrópole sem alterar a estrutura socioeconômica, naquele momento apoiada pelo grande latifúndio e no regime de trabalho escravo (Azevedo, 2004). Com a Carta de 1824 e a instauração de uma monarquia parlamentar, a modernização do espaço da cidadania precede a constituição do espaço da produção, ou seja, da industrialização.

Esse aspecto vai refletir sobre o espaço doméstico que mantém intactas as relações de poder patrimonialistas e clientelistas constituídas sob o Período Colonial. As relações sociais produzidas neste espaço não sofrerão a influência do espaço de produção, pois, naquele período, as famílias eram formadas por grandes latifundiários relacionando-se por meio de laços de compadrio e de clientela, o modelo de produção era agroexportador e a mão de obra era escrava; ou seja, não se necessitava a reprodução de uma força de trabalho assalariada. No Brasil, diferentemente dos países centrais, o primeiro industrialismo não teve centralidade na vida econômico-social.

Na contrapartida, o espaço da cidadania (o Estado) é apropriado pelo espaço doméstico dominado por relações senhoriais onde os estratos privilegiados não desejavam a alteração do *status quo* vigente. Com vistas a estabelecer uma mudança sem alteração das relações coloniais, os grandes latifundiários e os estratos privilegiados pela estrutura social da colônia unem-se para conquistar o poder no espaço da cidadania trazendo para dentro deste os mecanismos de poder constituídos no espaço doméstico.

Assim, foi o interesse dos estratos dominantes oriundos do espaço doméstico[28] pela emancipação e apropriação das novas formas de poder que ocasionou o solapa-

---

28. É preciso salientar que, nos países centrais, a implantação dos Estados nacionais se deu pela via de um movimento revolucionário que unia a burguesia e trabalhadores com o objetivo comum de fundar uma nova ordem social.

mento progressivo da sociedade tradicional vinculada à dominação patrimonialista, dando início à efetiva desagregação econômica social e política do sistema colonial (Mendonça, 2001; Azevedo, 2004; Batista, 2007).

No Brasil, até quase o final do século XIX, os escravos correspondiam a mais de um terço da população total. Logo, a implantação do Estado nacional não tinha relação com a formação de trabalhadores para um novo modo de produção (a indústria) e muito menos com a formação do novo cidadão tendo como base os valores liberais (identidade nacional), motivos pelos quais nos países em que as primeiras revoluções burguesas tiveram berço a educação formal ocupou/ocupa centralidade[29].

Tal configuração social gera consequências também no âmbito econômico por meio da inserção do Brasil no espaço mundial a partir de relações de dependência, não fugindo, aliás, do que ocorre com a maior parte dos países periféricos, especialmente da América Latina. Essa relação de dependência ocorre também no que diz respeito ao desenvolvimento tecnológico, visto que se opta pela importação de tecnologias ao invés de desenvolvimento das mesmas no próprio país[30].

Tem-se ainda a questão referente ao fato de que nas sociedades capitalistas centrais das primeiras revoluções burguesas, que antecedem o próprio parlamentarismo, o espaço de produção termina por moldar o espaço da cidadania, o Estado, conforme as suas necessidades e os seus interesses (Santos, 2006). Já no Brasil, é o espaço da cidadania que vai desenvolver o espaço da produção. Quer dizer, no Brasil, o Estado vai desenvolver a indústria, portanto, o espaço da produção e, daí, moldar este espaço conforme os seus interesses e suas necessidades[31]. Segundo Dribe (2004) é a partir de 1930 que teremos o início de formação do Estado nacional moderno como um órgão político que tende a afastar-se dos interesses imediatos e a sobrepor-se ao conjunto da sociedade como soberano introduzindo sua marca

---

29. Em seu artigo 179, a Constituição do Império garantia a todos os cidadãos "a instrução primária e gratuita, [e] os colégios e universidades, onde serão ensinados os elementos das ciências, belas letras e artes". Nas condições históricas em que se forjou o reconhecimento legal desse direito, o que estava em discussão não era a escolaridade das massas. A reprodução da força de trabalho prescindia desse tipo de qualificação, bem como da atuação da escola como veículo ideológico para um determinado padrão de sociabilidade. É desnecessário dizer que também não estavam em questão respostas a demandas pela extensão da cidadania (Azevedo, 2004, p. 19).

30. Para Furtado (1973), esta opção reflete a pouca prioridade dada à educação formal pelos governos. Um país que não oferece oportunidade de desenvolvimento do conhecimento é incapaz de formar técnicos capacitados e desenvolver tecnologia própria.

31. Este processo inicia-se a partir da formação de uma indústria de base, incentivada pelo governo federal, ainda na década de 1920 quando surgem empresas importantes: em Minas Gerais (Siderúrgica Belgo--mineira/1924) e em São Paulo (Companhia de Cimento Portland/1926). Como se pode ver são indústrias estrangeiras. Tem-se ainda a transformação de pequenas oficinas de consertos (remanescentes da Primeira Guerra Mundial) que o governo subsidia para a produção de máquinas e equipamentos. Todavia, os interesses das oligarquias que dirigiam o Estado ainda estavam centrados na agroexportação. Foi na década de 1930 que o Estado efetivamente iniciou uma atuação econômica voltada gradativamente para os objetivos de promover a industrialização no Brasil (Fausto, 1997, p. 327).

particular às políticas de industrialização. Contudo, a política de Estado não feriu e nem se afastou totalmente dos múltiplos interesses oligárquicos e agroexportadores.

Assim, nas sociedades capitalistas centrais onde o capitalismo primeiro prosperou criou-se um isomorfismo entre as diferentes formas de poder oriundas dos diferentes espaços de produção de relações sociais, que apesar de funcionalmente diferenciadas, são potenciadas naquilo que tornava/torna eficaz a hegemonia do modelo de organização social que então emergia, o Estado moderno (Santos, 2006).

O Brasil não foge deste projeto civilizatório, porém, o modelo de desenvolvimento social que emerge é fortemente marcado pelo espaço doméstico onde predominam as vontades particulares mais do que as ordenações impessoais (Weber, 1991) que caracterizavam o modelo de Estado dos países centrais. Ou seja, na sociedade brasileira, o espaço doméstico ao invés de potenciar o mecanismo de poder próprio do espaço da cidadania, apropria-se deste espaço potenciando a sua forma de poder: o patriarcalismo, de onde se origina o Estado patrimonialista e as relações sociais clientelísticas. Nestas condições, afirma Prado Junior (2004), constitui-se uma esfera pública que fortalece desde suas origens os mecanismos de dominação próprios do poder privado, ficando difícil determinar onde o Estado acaba e o não Estado começa.

As práticas sociais resultantes da interpenetração entre o espaço da cidadania e o espaço doméstico vão afetar a relação entre o Estado e os cidadãos no seu sentido fundador, qual seja, processo construído a partir do reconhecimento dos direitos do cidadão (indivíduo) diante do Estado e da Nação. Conforme Carvalho (2002, p. 13), a cidadania é um processo que tem a ver com a relação das pessoas com o Estado e com a Nação. No sentido histórico da cidadania:

> As pessoas se tornavam cidadãs à medida que passavam a se sentir parte de uma nação e de um Estado. As duas coisas nem sempre apareceram juntas. A identificação à nação pode ser mais forte do que a lealdade ao Estado, e vice-versa. Em geral, a identidade nacional se deve a fatores como religião, língua e, sobretudo, lutas e guerras contra inimigos comuns. A lealdade ao Estado depende do grau de participação na vida política. A maneira como se formaram os Estados-nação tem condicionado a construção da cidadania.

Na sociedade brasileira, a constituição de um Estado nacional por um membro da nobreza respaldado pela elite colonial, que privatizou a esfera pública, gerou, naquele momento, um Estado sem cidadãos, ou seja, sem nação. Tal fato surtiu efeitos negativos sobre a construção da cidadania brasileira que tem sido a história de uma "cidadania tutelada" pelo Estado[32]. Os avanços e recuos da cidadania no Brasil no que

---

32. Não se pode dizer que a Independência se fez à revelia do povo, mas também seria incorreto afirmar que ela foi fruto de uma luta popular por liberdade. Apesar de constituir um avanço no que se refere aos direitos políticos, a Independência, feita com a manutenção da escravidão, trazia em si grandes limitações aos direitos civis (Carvalho, 2002).

diz respeito ao cumprimento dos direitos civis, políticos e especialmente sociais têm demonstrado o peso do passado sobre as representações sociais do cidadão brasileiro.

> Os valores de uma cultura escravagista, forjada há mais de três séculos, continuavam a estruturar as representações sociais, legitimando a apreensão do escravo como "coisa" e propriedade particular. Este sequer era considerado brasileiro, e muito menos cidadão. Ao mesmo tempo a manutenção do domínio patrimonial sobre os contingentes de homens livres e pobres também foi resguardada legalmente, pelo modo como se regulamentou a cidadania ativa. Cidadãos plenos, ou ativos, em termos do gozo dos direitos políticos, foram considerados apenas uns poucos. Excluiu-se do usufruto dos direitos políticos todos os "criados de servir" reservando-se a cidadania apenas aos indivíduos que dispusessem de renda. (Azevedo, 2004, p, 19)

Esse referencial vai incorporar-se como elemento constitutivo da "rede de significados" da relação entre Estado e cidadão no Brasil, oferecendo dificuldades, inclusive, para a emergência de uma sociedade civil organizada, na qual, sob o ponto de vista de uma cidadania ativa (Benevides, 1991), os indivíduos concebem a sociedade como um ambiente de direitos e de responsabilidades recíprocas e se realizam nele como sujeitos de vontade e de ações coletivamente organizadas e construídas. A lógica do cidadão brasileiro tem sido a lógica da "concessão", do "Estado pai", do Estado que presta favores, e não a lógica do cidadão de direitos e de responsabilidades. E se é um "cidadão" que dá direção ao Estado, também esta é a lógica do gestor público.

Em que pese as considerações até aqui expostas, não se quer retomar toda a história da formação do Estado brasileiro e suas consequências sobre a estrutura das relações sociais, mas refletir sobre a singularidade da constituição de uma esfera pública na sociedade capitalista brasileira.

Nesse sentido, pode-se inferir que a primazia do poder político e de regulação social dada ao espaço da cidadania sob a forma institucional do Estado pela concepção dominante, no Brasil, ocorre a partir de combinações complexas com os outros espaços de estruturação de poder. Estas combinações dão grande particularismo à ação pública. A interpenetração do espaço da cidadania com o espaço doméstico fundindo respectivamente a dominação racional-legal e o patrimonialismo tem conferido às políticas públicas um caráter clientelista, nepotista, autoritário e, muito provavelmente, por esse motivo reforçando a corrupção na gestão pública.

Assim sendo, apesar dos "arranjos" políticos para compatibilizar a ordem democrática com a ordem patrimonialista, são muitas as consequências que evidenciam o confronto entre estas referências normativas de práticas sociais. Dentre outras se pode citar a apropriação privada de rendas públicas, tanto por políticos corruptos que são sucessivamente eleitos para cargos públicos expressando a "naturalização" social da corrupção quanto por empresas privadas em dificuldades financeiras que são constantemente socorridas pelo Estado em detrimento de investimentos na área social, dentre estas a educação. Este tipo de prática está na gênese da formação do Estado brasileiro e só tem feito aumentar a concentração de renda e a desigualdade social. Frey (2000, p. 249), ao fazer referência à democracia institucional considera que no Brasil:

> (...) em face da disseminação "irresistível" do ideário democrático, por um lado, e a fragilidade e precariedade das novas instituições democráticas, por outro, encontramos várias instituições não-formalizadas que desempenham a função de sustentáculos do poder oligárquico e exercem influência decisiva nos processos político-administrativos favorecendo, sobretudo, o clientelismo, o patrimonialismo e a corrupção. O agir estatal se baseia em formas clientelistas de interação visa mais o caso individual e não as soluções coletivas.

Portanto, sob o ponto de vista de que a relação entre o Estado e a sociedade civil é complexa e dependente das condições sociais, políticas, econômicas e culturais desenhadas em cada país e em cada contexto histórico destes mesmos países, reconhece-se a autonomia relativa do Estado. Por este motivo infere-se que para efetivar a gestão democrática não basta democratizar apenas o Estado (Santos, 2006) é preciso que a democracia converta-se no paradigma hegemônico orientador de práticas sociais em todos os espaços de produção de relações sociais e, portanto, de poder.

No entanto, como afirma Souza (2005), no processo de definição de políticas públicas é preciso reconhecer que o Estado possui um espaço próprio de atuação mesmo que permeável por influências internas e externas. Com efeito, é preciso entendê-lo também como um aparato de dominação que condensa as relações sociais agindo em conformidade com as classes e/ou grupos sociais, que dominam a economia, sustentados por um projeto de hegemonia (Nogueira, 2004). Por este motivo, o Estado constitui-se em um espaço de disputas, no qual a correlação de forças, a movimentação social e a organização política dos interesses possuem papel decisivo no desenho da ação pública.

2. A reforma do Estado brasileiro: o gerencialismo e a gestão democrática da educação

O Brasil, após a Independência, constitui-se em um país republicano (1889) sob proclamação militar, sendo logo depois controlado, por aproximadamente quarenta anos, por oligarquias civis, quase antirrepublicanas, hostis à Nação, ao Estado e à cidadania (Nogueira, 2004). Nos anos 1930, reencontra-se com as Forças Armadas e, depois disso, com exceção de 1945 a 1963, seriam várias décadas de tutela militar até chegarmos à década de 1980 onde se inicia o período de redemocratização da sociedade brasileira. Neste contexto particular, o Brasil atrela-se, na década de 1990, também às novas circunstâncias e determinações do "modelo normativo global" (Azevedo, 2001) de desenvolvimento econômico e social.

A partir de 1990, o Estado brasileiro se ajustará às novas normatizações e determinações do paradigma neoliberal; conecta-se à globalização adquirindo doses adicionais de individualismo, diferenciação e fragmentação social; sofre as consequências de uma agenda "pós-moderna" sem sequer ter implementado plenamente uma agenda "moderna".

Neste sentido, a década de 1990 é realmente paradoxal em termos de construção de paradigmas para a gestão pública no Brasil. Enfrentam-se os efeitos da crise do Estado social sem nunca ter-se legado no país um Estado de bem-estar social no sentido em que foi adotado nos países de capitalismo desenvolvido. Juntamente a este processo se vê consolidada a democracia formal com o retorno das eleições em âmbito municipal, estadual e federal bem como a ascensão de partidos de esquerda, dentre os quais o Partido dos Trabalhadores. Conforme Nogueira (2004, p. 39):

> Durante a década de 1990, o Brasil consolidou e organizou institucionalmente seu compromisso com o regime democrático. Os ritos, rotinas e procedimentos da democracia prevaleceram e se estabilizaram, possibilitando a vigência de um regime de liberdades e de direitos, tanto no plano partidário e sindical quanto em termos de opinião.

Nessa esteira firmou-se no ordenamento legal a ampliação dos direitos de cidadania por meio do reconhecimento, na Carta Magna, dos direitos sociais (educação, habitação saúde...)[33]. Toda a institucionalidade estende-se também à gestão da educação que passa a ter como referência normativa o princípio da gestão democrática.

No mesmo período, sob a gestão do presidente Fernando Henrique Cardoso[34], inicia-se a reforma do Estado brasileiro por meio do encaminhamento da Emenda Cons-

---

33. O Estado brasileiro, a exemplo de outros países latino-americanos igualmente submetidos à ditaduras, reconhece os direitos sociais e humanos somente no último quartil do século XX. A América Latina, marcada pela violação de direitos humanos e sociais, somente na década de 1980 retoma os vínculos entre democracia e cidadania, todavia, diferente do que ocorre com o Estado-providência em países social democratas de capitalismo desenvolvido, este vínculo é descentrado da noção de pleno emprego ou de garantia de trabalho formal a todos.

34. É importante ressaltar que o discurso do PSDB (Partido Social Democrata Brasileiro), partido do presidente da República na época, alinha-se ao discurso da Terceira Via proposta por Antony Giddens. Sob a lógica deste discurso, afirma-se para o PSDB um projeto político que supera os da esquerda tradicional, centro-esquerda pragmática, centro-direita pragmática e a direita neoliberal. A centro-esquerda social-liberal, como se intitulam os governantes do PSDB, propõe na Reforma do Estado à época, não o Estado mínimo, mas a "reconstrução do Estado". Sob este discurso o Estado brasileiro incorpora-se às exigências do modelo normativo global hegemônico orientado pelo paradigma do novo liberalismo. Segundo Antunes (1999), a Terceira Via é a nova roupagem do neoliberalismo, no entanto, reconhece que a dimensão do poder público não estatal, as Organizações Sociais, é uma característica pouco ou nada salientada pelo neoliberalismo.

titucional nº 173 ao Congresso Nacional em agosto de 1995. Nessa década, expressões como mercado, privatização, *empowerment* e administração gerencial passam a fazer parte do léxico nacional. Conforme estas expressões e seus significados cristalizam-se na opinião pública balizadas na argumentação de especialistas em gestão pública de que seria preciso preparar o país e ajustar a sua economia para a nova competitividade internacional, recuperando o tempo perdido nas décadas anteriores em que se teria vivido sob a sombra de um Estado patrimonialista, ineficiente e de uma burocracia gigantesca (Nogueira, 2004). Com essa argumentação evidencia-se um projeto de governo que diz pretender reformar a dimensão fiscal, financeira e patrimonialista do Estado brasileiro.

O projeto é colocado em prática a partir da criação do Ministério da Administração e Reforma do Estado (Mare), o qual incorpora as recomendações e pressupostos de organismos econômicos internacionais: redução de custos e racionalização do gasto público, melhoria da eficiência do aparelho do Estado, descentralização e retirada da responsabilidade do Estado as atividades que possam ser desenvolvidas por instituições do terceiro setor (Mare, 1995).

A partir destes pressupostos, a reforma do Estado brasileiro toma substância por meio de quatro componentes básicos: a) a delimitação do tamanho do Estado, reduzindo suas funções por meio de privatizações, terceirização e publicização envolvendo a criação de organizações sociais; b) redefinição do papel regulador do Estado por meio da desregulamentação; c) aumento da governança, ou seja, recuperação da capacidade financeira e administrativa de implementar decisões políticas tomadas pelo governo por meio do ajuste fiscal; d) o aumento da governabilidade ou capacidade política do governo de intermediar interesses, garantir legitimidade e governar (Mare, 1995).

Os argumentos para a reforma do Estado ganham materialidade a partir dos seguintes objetivos governamentais: promover um incremento significativo do desempenho estatal mediante a introdução de formas inovadoras de gestão e de iniciativas destinadas a quebrar as "amarras do modelo burocrático"; descentralizar os controles gerenciais flexibilizando normas, estruturas e procedimentos. Além disso, trabalhar em prol de uma redução do tamanho do Estado mediante políticas de privatização, terceirização e parceria público-privado, tendo como meta alcançar um Estado mais ágil, menor e mais barato (Nogueira, 2004).

O paradigma que fundamenta essa matriz de Estado indica a mercantilização dos direitos sociais conquistados pela sociedade civil organizada na década de 1980 e reconhecidos no ordenamento constitucional; isto é, o projeto de reforma dá início a uma retração do Estado de direito e mais do que isso, de um Estado social com atribuições de proteção social e redistribuição de renda (Castel, 2000) bem como a instrumentalização dos direitos sociais pela racionalidade econômica impondo retrocesso a construção de relações sociais democráticas e ao exercício de uma cidadania plena.

Com efeito, desde o governo Collor de Mello[35] e, especialmente, nos dois mandatos do governo de Fernando Henrique Cardoso – que sinaliza o fim da transição do regime militar para o regime democrático e a instituição de um projeto hegemônico assentado no pacto neoliberal – materializa-se um retrocesso (considerando o movimento da sociedade civil da década de 1980) democrático-social, político e cultural que se manifesta de forma incisiva na educação, no âmbito organizativo/institucional e no pensamento pedagógico (Frigotto, 2002) com efeitos ainda não completamente superados sob o governo de Luiz Inácio Lula da Silva[36]. Iniciado em 2003, este governo tem revelado dificuldades diante da possibilidade de implantar um projeto democrático que promova o rompimento com o projeto (neoliberal) anterior.

Ao analisar o Plano de Reforma do Estado, com vistas a estabelecer os seus impactos sobre as políticas educacionais, Peroni (2003) considera que, além da privatização, são visíveis outras estratégias que salientam a minimização da responsabilidade do Estado com as políticas sociais dentre estas as políticas educacionais; trata-se da publicização e da terceirização. A primeira, segundo Bresser Pereira (autor do Plano), consiste na transferência dos serviços sociais e científicos prestados pelo Estado para o setor público não estatal. A segunda se refere ao processo de transferir para o setor privado serviços auxiliares ou de apoio. Segundo a autora inclui-se nestas estratégias a educação pública:

---

35. A vitória de Collor mostrou os enormes meios à disposição dos dominantes na democracia parlamentar sem partidos de uma sociedade de massa sem cidadania. Com Fernando Collor de Mello iniciam-se os primeiros passos de um esforço sistemático de conquista da hegemonia a partir de uma ideologia e de uma estratégia que, em nome da modernidade, buscava legitimar o abandono de um projeto nacional soberano e assumiam, explícita ou implicitamente, a incapacidade do capitalismo brasileiro de oferecer a imensa maioria da população condições de vida minimamente dignas. Apontava-se como argumento para a adoção das recomendações dos organismos internacionais, caldatários da ideologia neoliberal, a crise fiscal do Estado, a recessão internacional e a dívida externa. Desse ponto de vista, o "neoliberalismo caboclo" nasce sob o signo da capitulação diante das pressões dos países centrais, da finança internacional e de suas agências (Banco Mundial/FMI, BID, etc), mas também de uma ausência de alternativas para uma burguesia que, desde há muito tempo, abandonou a veleidade de reforma agrária, soberania nacional e democracia social (Vainer apud Bruno, 2007, p. 20)

36. Segundo Bruno (2007), deparamo-nos ainda hoje, com um governo frágil ante a possibilidade de mudança, não necessariamente de mudanças estruturais, mas de implementação de medidas de política social; um governo que ainda não conseguiu revogar a medida provisória que proíbe desapropriações em terras ocupadas e que tem dificuldade de apresentar uma proposta clara com relação à problemática da terra. E o que é mais grave: um governo que permanece reproduzindo e realimentando as velhas estruturas de poder e irriga, com cargos, as redes de clientela, ao mesmo tempo em que defende uma concepção segmentada da questão social, expressa na implementação de políticas sociais setorizadas, sem um projeto para a sociedade que as articule e imprima um sentido político. À semelhança do Comunidade Solidária dos tempos de FHC, o fome zero é uma caricatura de política social que consegue misturar assistência pública com a filantropia privada. Em seus estudos sobre o atual governo Romano (2004) observa que o governo Lula não consegue apresentar um projeto nacional que aponte para a supressão das desigualdades e a "democratização da democracia" (Romano apud Bruno, 2007).

No meio, entre as atividades exclusivas do Estado e a produção de bens e serviços para o mercado, temos hoje, dentro do Estado, uma série de atividades na área social e científica que não lhes são exclusivas, que não envolvem poder de Estado. Incluem-se nesta categoria as escolas, as universidades, os centros de pesquisa científica e tecnológica, as creches, os ambulatórios, os hospitais, entidade de assistência aos carentes, principalmente aos menores e aos velhos, os museus e as orquestras sinfônicas, as oficinas de arte, as emissoras de rádio e televisão educativa e cultural etc. (Pereira apud Peroni, 2003, p. 61)

Para adotar tais medidas seria necessário emendar a Constituição no capítulo concernente aos direitos sociais já que estes traziam a garantia de certos direitos fundados na noção de igualdade e universalidade. A Emenda Constitucional n. 19/1998 é reflexo desta lógica. A instituição das Organizações Sociais e dos Contratos de Gestão vai interferir nos rumos e sentido das políticas para a educação no que se refere à participação social e a descentralização. Com os preceitos desta nova ordem, as Organizações Sociais podem assumir a direção executiva de políticas sociais, dentre estas as políticas educacionais, e os Contratos de Gestão podem premiar as escolas que apresentam os melhores resultados em termos de indicadores quantitativos de qualidade.

Fomentadas por este contexto as políticas educacionais colocadas em prática pelos governos passam a constituir-se a partir de orientações cujo referencial é a lógica da economia privada. A gestão democrática, nessa perspectiva, é compreendida como uma necessidade de imprimir maior racionalidade aos processos de gestão educacional. São proposições que convergem para novos modelos de gestão do ensino público calcados em formas mais flexíveis, participativas e descentralizadas de administração dos recursos e das responsabilidades. Tais modelos estão alicerçados na busca de melhoria da qualidade na educação entendida como objetivo mensurável e quantificável em termos estatísticos, que poderá ser alcançada a partir de inovações incrementais na organização e na gestão do trabalho na escola.

> Sob o paradigma do gerencialismo, a concepção de qualidade aparece com sentido mercantil, de consequências dualizadoras, antidemocráticas e com uma postura contrária à escola das maiorias. Neste sentido, efetiva-se um "duplo processo de transposição": desloca-se o foco da democratização para a qualidade e transferem-se os conteúdos do campo das políticas educacionais para o campo produtivo empresarial e para a análise dos processos pedagógicos. (Gracindo, 1997, p. 16)

Assim, estudos realizados na década de 1990, especialmente nas gestões de FHC, apontaram que apesar de o modelo gerencialista ter sido anunciado por muitos administradores públicos como sendo a instauração da gestão democrática do ensino, a primeira noção deve, necessariamente, ser diferenciada da segunda, esta inserida na Constituição de 1988 expressando o vínculo entre educação e democracia. Freitas (2003, p. 190) expõe sua perspectiva sobre o assunto:

> (...) a instauração da gestão democrática da educação escolar básica, na prática, tem se traduzido em repasse de compromissos e responsabilidades para a ponta do sistema educacional (a unidade escolar) sem que condições mínimas lhe sejam asseguradas. Em especial, a introdução de "novas tecnologias" (em sentido amplo) de gestão empresarial nos sistemas e escolas, particularmente viabilizada com a mediação de programas e projetos do Fundo de Fortalecimento da Escola (Fundescola). Simula-se conceder poder (descentralizar) quando, na realidade, o que se faz é desconcentrar competências operacionais e execução de tarefas, sempre de forma regulada desde a concepção, passando pela implementação, pelo monitoramento e avaliação, até aos ajustes do modelo de gestão introduzido.

A política pública de democratização da gestão da educação no Brasil do pós-1988, dissolve o impasse da solução traduzida nos dispositivos constitucionais legais sobre o vínculo educação-democracia. Ela concretiza uma concepção particular de gestão democrática como se esta coincidisse com o que defendiam como desejável para a educação brasileira, setores da sociedade organizada representantes de segmentos da população que não têm acesso direto aos embates no âmbito do Estado (Freitas, 2003, p. 191)[37]. A gestão democrática defendida pela sociedade civil organizada emerge significando a defesa de mecanismos mais coletivos e participativos de planejamento e administração escolar. Ela passa a representar a luta pelo reconhecimento da escola como espaço de política e de trabalho, na qual diferentes interesses podem se confrontar e ao mesmo tempo dialogar em busca de explicitação da política, da possibilidade da própria escola refletir sobre si mesma e adequar-se à realidade local como exercício de autodeterminação.

Em termos gerais, a reforma do Estado iniciada na década de 1990 não representou grandes mudanças no âmbito da esfera pública, visto que não se edificou um sistema político efetivamente democrático, nem uma mudança substantiva nas práticas democráticas. Nessa medida, o eleitoral se superpõe ao político, comprimindo-lhe e roubando-lhe o espaço. A democracia permanece mais formal que substantiva, cortada pela ineficiência, carente de vínculos sociais e de instituições socialmente sedimentadas. Configurado pelo reformismo predominante, o sistema político evoluiu como uma democracia sem sociedade

---

[37]. A década de 1980 foi de muitos ganhos para a construção de uma consciência social. Pela primeira vez, a sociedade se organiza para reivindicar direitos de cidadania. Este movimento se dá principalmente no período que antecede a elaboração da nova Carta Constitucional (1988). A reivindicação por acesso, permanência, qualidade e gestão democrática da educação pública foram a principal bandeira do movimento educacional chamado de Fórum Nacional em Defesa da Escola Pública (FNDEP) que reunia e reúne até hoje diversos segmentos da sociedade civil organizada (Batista, 2003).

e sem Estado: não teve como dar origem a nenhum dinamismo superior com o qual pudessem ser alteradas as estruturas de poder, as práticas políticas e as escolhas governamentais (Nogueira, 2004).

O reformismo estatal implantado na década de 1990 sintoniza a sociedade brasileira com uma globalização econômica vista como a única alternativa para a superação da crise fiscal do Estado, gerada, segundo o paradigma neoliberal, pelo excessivo investimento em políticas sociais[38]. Assim, a reforma do Estado (Nogueira, 2004), ficou restrita á reforma da gestão e do aparato administrativo focando-se muito mais a dimensão instrumental do Estado do que sua dimensão ético-política. De fato, o discurso da crise delinearia o caminho da reforma do Estado no Brasil; dever-se-ia criar condições para um incremento expressivo tanto da governança (capacidade de implementar políticas públicas) quanto da governabilidade (condições institucionais de legitimação).

Sob as condições dadas, a educação formal, pela primeira vez, ganha centralidade no Brasil: com base no paradigma da gestão democrática da educação está implicada com a formação do sujeito democrático para atuar autonomamente na esfera pública; por outro lado, passa a ser a base (Azevedo, 2001) dos processos que conduzem ao desenvolvimento científico e tecnológico, num quadro em que a ciência e a tecnologia se transformaram paulatinamente em forças produtivas em favor do mercado.

Tal paradoxo tem exacerbado os conflitos, as contradições e as incoerências tanto dos gestores dos sistemas de ensino quanto da comunidade escolar e local. Por um lado, os sistemas e as escolas baseadas no princípio da democracia incorporam o papel de formar cidadãos ativos e autônomos; por outro lado, incorpora igualmente o papel de reprodução de um projeto de sociedade voltado para a esfera econômica e para a produção capitalista (Gómez; Sacristán, 1998) no qual o que prevalece não são os direitos das pessoas e sim os da propriedade privada (hoje, especialmente da ciência e da tecnologia). Assim, por um lado, se forma para a autonomia e por outro, para a submissão[39].

Essa contradição recai sobre a reforma educacional brasileira que, em escala mundial, traz como ponto em comum a tentativa de melhorar as economias nacio-

---

38. Conforme Azevedo (2001), em amplos setores das sociedades capitalistas e em grande parte de suas elites políticas enraizou-se a crença da inevitabilidade dos novos modos de (des)regulamentação social, criando as condições para que se difundissem, como se fora senso comum, os padrões de relação entre Estado, sociedade e mercado propostos pelo paradigma do novo liberalismo.

39. Conforme Gomez e Sacristán (1998), a reprodução não se dá sem conflitos, pois sempre vai existir resistência ao modelo hegemônico. Para o autor existe uma tendência a modificar as características da formação social que se mostra especialmente desfavorável para alguns indivíduos ou grupos que compõem o complexo e conflitivo tecido social. Assim, mesmo que os sistemas e as escolas incorporem papéis distintos e contraditórios existe a possibilidade de superposição de um papel sobre outro. A democracia como princípio da gestão democrática da educação, neste sentido, apresenta-se como possibilidade de resistência e superposição ao papel da escola de reprodução do sistema econômico capitalista, submetendo o econômico ao social.

nais por meio do fortalecimento dos laços de escolarização, trabalho, produtividade, serviços e mercado. Busca-se obter melhor desempenho escolar no que concerne à aquisição de competências e habilidades relacionadas ao trabalho, controles mais diretos sobre os conteúdos curriculares e sua avaliação (Azevedo, 2001; Oliveira, 2002; Ball, 2004).

Tal perspectiva, inerente ao modelo global de gestão pública, implicou na adoção de teorias e técnicas gerenciais próprias do campo da administração de empresas para a gestão da educação, alçando os gestores dos sistemas de ensino e os próprios diretores e professores das unidades escolares ao papel de principal veículo de inserção do novo gerencialismo como modelo de organização e gestão do sistema educacional. O novo gerencialismo, como mecanismo central da reforma política e da reengenharia cultural do setor público nos países centrais, desempenha o papel de destruir as antigas formas de organização escolar[40] provocando a sua substituição por sistemas empresariais competitivos (Ball, 2004, 2005).

No Brasil, o novo gerencialismo, além de não romper com os persistentes traços da gestão pública patrimonialista (nepotismo, clientelismo, centralismo, autoritarismo, corrupção) passa a constituir-se em modelo concorrente à gestão democrática da educação reivindicada e conquistada pela sociedade civil organizada na década de 1980.

Pelo viés do gerencialismo o gestor educacional busca os melhores resultados desenvolvendo competências por meio de uma **performatividade** (Ball, 2005) que atua como um método de regulamentação, o qual emprega julgamentos, comparações e demonstrações como meio de controle, atrito e mudança. Os desempenhos individuais e de organizações servem de parâmetro de produtividade ou de resultado, ou ainda como demonstrações de "qualidade" ou "momentos" de promoção ou inspeção. A questão de quem controla a área a ser julgada é crucial e um dos aspectos centrais do movimento da reforma educacional global; são as disputas localizadas para se obter o controle e introduzir mudanças na área e em seus valores.

Assim, na lógica da performatividade, o gestor educacional e as escolas passam a efetivar no espaço escolar o que Lyotard (1994) chama de "os terrores de desempenho e eficiência" o que significa dizer: "seja operacional ou desapareça". Sob

---

40. A lógica que sustenta a adoção desde modelo de organização dos sistemas e das escolas é sustentada pelo discurso de que é imprescindível para democratizar as organizações públicas a substituição do modelo burocrático atual que é centralizado, autoritário e ineficiente por um modelo de gestão mais flexível e eficiente. Como se sabe, entre democracia e burocracia há muito mais atrito, ruído e tensão que sintonia e integração. Apesar disso, não há porque imaginar que a burocracia seja impermeável à incorporação de importantes elementos da vida democrática, não apenas para adquirir maior transparência, legitimidade e responsabilidade, mas também para que suas decisões possam refletir as reais necessidades e as expectativas do cidadão comum. A burocracia não é, como afirma a nova lógica gerencial, impermeável a circulação de valores, procedimentos e critérios democráticos. Uma organização burocrática penetrada pela democracia pode "forçá-la" a decidir de modo ampliado, a reduzir a prepotência dos técnicos e dos superiores, a abrir-se para formas eficazes de controle externo ou a partir "de baixo" (Nogueira, 2004, p. 43).

o ponto de vista do autor, a performatividade compreende o aspecto funcional e instrumental da modernidade, bem como a exteriorização do conhecimento e sua transformação em mercadoria (apud Ball, 2005).

A performatividade ótima é alcançada mediante a construção e publicação de informações e de indicadores, além de outras realizações e materiais institucionais de caráter promocional como mecanismos para estimular, julgar e comparar escolas e profissionais da área educacional em termos de resultados: a tendência para nomear, diferenciar e/ou classificar. Assim, a performatividade está intimamente interligada com possibilidades atraentes de um tipo específico de "autonomia" econômica (em vez de social) para as instituições e, em alguns casos, para indivíduos, como é o caso especialmente dos diretores/as de escolas. A subjetividade "autônoma" desses indivíduos produtivos tornou-se o principal recurso econômico do setor público reformado e empresarial (Ball, 2005; 2010).

Já a lógica da gestão democrática como princípio normativo da organização do ensino público no Brasil emerge na década de 1980, período de grande importância para a organização da sociedade civil e para a consequente constituição de um novo perfil às políticas públicas de corte social. Conforme Bruno (2007, p. 11):

> Em que pese o esforço do Estado na democratização das relações entre sociedade política e sociedade civil e, ainda, o empenho do empresariado, expresso na instituição de um novo discurso patronal favorável à ampliação dos direitos, foram os movimentos populares e seus mediadores que questionaram as barreiras do autoritarismo, procuraram superar os nossos bloqueios históricos e buscaram transformar determinadas demandas em questões para o Estado e para as elites políticas e econômicas. Ampliaram, assim, cada vez mais, os espaços de democratização, reduzindo as diferenças de poder.

Logo, foi pela via dos movimentos sociais pluriclassistas – lideranças das novas centrais sindicais, parlamentares e partidos políticos oposicionistas, associações profissionais comprometidas com a democracia, ONGs emergentes na cena política nacional e mais tarde, o movimento de mulheres, de negros, de ecológicos, etc, – que se organizou um campo democrático com objetivo de exercer o controle sobre a ação do Estado que, apesar da influência exercida pelas novas orientações globais para as políticas públicas, mantêm-se como plataforma de luta por melhores condições de vida para a população até a atualidade.

Neste contexto inicia-se um processo de dessacralização do "Estado concessor", no qual o cidadão/cidadã atua como figura passiva de seu beneficiário e/ou sombra de quem o beneficia. Contrapondo-se a esta herança cultural impõe-se a lógica da luta por direitos sociais e humanos. Neste processo a cidadania brasileira avança na construção do seu espaço de autonomia em relação ao Estado. Alguns dos primeiros resultados deste movimento aparecem já na Constituição de 1988 com a incorporação dos direitos sociais, do princípio de gestão democrática do ensino público bem como a autonomia política e administrativa dos municípios brasileiros. Assim, a gestão democrática nasce articulada a um movimento de emancipação social bem como com a descentralização da gestão de políticas públicas.

No campo da educação, dando continuidade a este processo a Lei de Diretrizes e Bases da Educação Nacional (LDB) elaborada em 1996, regulamenta a situação educacional nos municípios ao determinar que estes possam constituir sistemas de ensino próprios. Baseadas neste ordenamento as municipalidades passam a normatizar o princípio de gestão democrática no âmbito das instituições locais. Desde então, sob a justificativa histórica de que os conselhos municipais de educação constituem-se em espaços legítimos de tomada de decisões democráticas tem se intensificado a criação destes espaços que ampliam suas funções e atribuições à medida que avança a gestão democrática dos sistemas municipais de ensino. Conforme Cury (2004), todos os conselhos de educação têm como finalidade última garantir o direito de acesso e permanência de todas as crianças, adolescentes, jovens e adultos em escolas de qualidade.

3. A gestão do sistema educacional e os conselhos de educação

A rigor, os conselhos de educação sempre estiveram, relacionados com a gestão do sistema educacional, a começar pelo sistema federal de ensino e, depois, pelo sistema estadual. Mais recentemente, com a autonomia dos municípios como entes federados, esta construção segue ocorrendo, porém, embora os conselhos municipais de educação insiram-se na estrutura dos sistemas de ensino e no processo histórico de institucionalização da educação brasileira, a LDB/1996, apesar de explícita quanto à necessidade de um órgão normativo do sistema, não determina que este órgão seja o conselho.

Desse modo, pode-se considerar que em alguns municípios que organizam o sistema municipal de ensino, a função normativa possa ser assumida por outra estrutura ou forma de organização que não a colegiada. "Se no âmbito federal e estadual a tradição já instituiu a presença vinculada entre conselho e sistema de ensino, nos municípios ainda é possível encontrar conselhos sem a criação do sistema e sistema sem a presença de conselhos" (Pró-Conselho, 2006, p. 17).

3.1 Os sistemas municipais de ensino e os conselhos municipais de educação: a descentralização da gestão no ordenamento legal

O processo de democratização que o país viveu, especialmente na década de 1980, fez aumentar, simultaneamente, o interesse por movimentos descentralizadores, como se a descentralização fosse sinônimo de democracia. Entretanto, tal movimento não se deu (nem se dá) sem conflitos; na realidade, trata-se de um novo pacto federativo que encontra vivas resistências na relação governo nacional e subnacionais (Silva, 1997). A descentralização, que se inicia na década de 1980 passa a nortear as reformas propostas para a organização e administração dos sistemas de ensino seguindo as orientações gerais do quadro de reformas do Estado nacional brasileiro (Oliveira, 2002).

Contudo, a descentralização da gestão da educação é algo que já há algum tempo vem ocorrendo pela via do ordenamento legal. Para Valle (2008), isto se justifica por várias razões, entre elas pode-se citar: a estrutura do Estado e a forma de governo adotada no país; a vastidão do nosso território; as inúmeras peculiaridades locais da realidade brasileira; a complexidade dos problemas educacionais; a crescente demanda por educação escolar; a necessidade de acelerar o processo de participação das populações.

Já Luce e Farenzena (2007), considerando as últimas décadas de atribuição de responsabilidades aos entes federados à educação básica, especificam a descentralização como estadualização (transferência de responsabilidades do governo federal para os estados) ou como municipalização (transferência de responsabilidades do governo federal ou de um governo estadual para os municípios). Consideram que de modo complementar a descentralização pode ocorrer por meio da transferência de capacidade fiscal e de poder de decisão na implementação de políticas aos estados e municípios ou, ainda, mediante a transferência aos estados e/ou municípios da responsabilidade pela implementação ou gestão de políticas definidas no nível federal.

No escopo destas argumentações os textos legais vêm paulatinamente determinando a descentralização da educação. De fato, elementos de descentralização da gestão educacional podem ser localizados já na obra *Educação é um direito*, de Anísio Teixeira, na qual aparecem as primeiras publicações de documentos relacionados à criação dos conselhos estaduais de educação e cultura com vistas a fornecer elementos para a sua constituição bem como indicações que enfatizavam o relacionamento dos conselhos com a rede de escolas que deveriam ser geridas localmente (Teixeira, 1996). O educador e gestor público Anísio Teixeira, desde os anos 1940, defendeu a transferência dos encargos com a educação, sobretudo a primária, para o governo municipal por entender que a escola pública é por excelência a escola da comunidade, portanto, mais sensível a todas as necessidades dos grupos sociais e mais capaz de cooperar para a coesão e a integração da comunidade como um todo.

Na verdade, os trabalhos de Anísio Teixeira aportavam aspectos da legislação que já vinha sendo produzida num primeiro momento na Constituição de 1946 dispondo sobre a organização de sistemas de ensino no âmbito federal e estadual e; num segundo momento, na primeira LDBN/1961 (lei 4.024) a qual consolida a descentralização através da regulamentação das competências da União e dos estados para com a educação básica.

Esse ordenamento legal regulamenta a competência da União para legislar sobre as diretrizes e bases para a educação nacional. Cria-se, em substituição ao Conselho Nacional de Educação, o Conselho Federal de Educação com funções que abrangiam desde a formulação da política nacional de educação até normatizações sobre os sistemas federais e estaduais de ensino. Assim, o sistema federal de ensino passa a ser composto pelo Ministério da Educação, pelo Conselho Federal de Educação e instituições de ensino federais.

Já aos estados procedeu-se à transferência de responsabilidade e poder de decisão através da criação dos conselhos estaduais de educação com poder de tomar decisões sobre o sistema estadual de ensino. Na composição do sistema incluía-se a secretaria de educação, a rede de escolas estaduais, as universidades estaduais (e municipais) e os conselhos estaduais de educação. As competências do sistema estadual passam a ser a de legislar sobre as escolas de primeiro e segundo graus (públicas e privadas) incluindo-se aí as municipais, e sobre as instituições de ensino superior estadual e municipal (públicas)[41].

Em sua vigência esta lei é alterada pela Lei 5.692/1971, que incluía em seus dispositivos o município como responsável pela manutenção da educação pré-escolar e, juntamente com o estado, pelas escolas de ensino de 1º grau, escolaridade obrigatória. Ao município foi facultado manter escolas de outros graus de ensino. Previa a criação de conselhos municipais de educação (art.71), todavia, em qualquer destas circunstâncias o município estava submetido, pela norma-legal, à manifestação de órgãos do poder estadual para obter autorização para a instalação e funcionamento de suas escolas.

Outro fator que mantinha os municípios fortemente atrelados à dependência do estado e da União dizia respeito ao financiamento da educação. Nesse sentido foi de grande importância a elaboração da Emenda Calmon (Lei 7.348/1985) a qual restabelece no ordenamento legal (depois de 20 anos) a vinculação de recursos à educação. Fruto desta Emenda o Decreto Federal n. 9.178/1985 define a participação dos municípios nos recursos federais, condicionada por dois pré-requisitos: possuir um Sistema de Ensino Municipal[42] estruturado e Lei e Estatuto do Magis-

---

41. Conforme Oliveira (2004), ao preceituar que ao CFE cabia a tarefa de colaborar na organização e no funcionamento dos sistemas federal e estadual de ensino, mantendo intercâmbio com os conselhos constituídos nos estados, a reforma do ensino preceituada pela LDB de 1961, trouxe para o recém criado conselho, uma forte conotação normativa, cuja assimilação foi rapidamente assumida pelos conselhos estaduais. Esse caráter normativo dos conselhos contou com notável reforço do poder executivo, a partir de 1964, em decorrência do papel a eles atribuído pelo Regime Militar.

42. Conforme Bueno (2009), apegados ao conceito de Sistema inerente a esta Lei, muitas pessoas da área da educação municipal têm, equivocadamente, considerado a instituição do Sistema Municipal de Ensino possibilitado pelo ordenamento constitucional e legal posterior (CF/1988 e LDB/1996) como sinônimo da municipalização do ensino.

tério aprovada. No primeiro requisito, significava que o município deveria possuir uma rede de ensino e um órgão responsável pela educação municipal; no segundo requisito, significava que os professores deveriam ter um Plano de Carreira próprio, isto é, desvinculado do sistema de estadual de ensino.

O marco fundamental da descentralização do sistema educacional pode ser considerado a partir da Constituição de 1988, da Emenda Constitucional nº 14 de 1996 que institui o Fundef (Lei n. 9.424/1996) e da LDBN/1996(Lei 9.394). Essa legislação vai instituir para além dos sistemas de ensino já existentes, o sistema municipal de ensino com as seguintes incumbências (LDBN/1996, art.11): exercer ação redistributiva em relação às suas escolas; baixar normas complementares para o seu sistema de ensino; autorizar, credenciar e supervisionar os estabelecimentos do seu sistema de ensino; oferecer a educação infantil em creches e pré-escolas, e, com prioridade, o ensino fundamental; permitida a atuação em outros níveis somente quando estiverem atendidas plenamente as necessidades de sua área de competência e com recurso acima do percentual mínimo (25%) vinculado pela Constituição Federal à manutenção e desenvolvimento do ensino (MDE).

Posteriormente, consolidam as atribuições e responsabilidades dos entes federados o Plano Nacional de Educação de 2001 (Lei 10.172/2001) estabelecendo que os estados, o Distrito Federal e os municípios deverão elaborar seus planos decenais tendo como base o PNE. No que diz respeito aos sistemas municipais de ensino, coloca-se como objetivos e metas da gestão: aperfeiçoar o regime de colaboração entre os sistemas de ensino com vistas a uma ação coordenada entre entes federativos, compartilhando responsabilidades, a partir das funções constitucionais próprias e supletivas e das metas do PNE; estimular a colaboração entre as redes e sistemas de ensino municipais, através de apoio técnico a consórcios intermunicipais e colegiados regionais consultivos, quando necessários; estimular a criação de conselhos municipais de educação e apoiar tecnicamente os municípios que optarem por instituir sistemas municipais de ensino; definir em cada sistema, normas de gestão democrática do ensino público, com a participação da comunidade.

Mais recentemente, também o Fundeb (Fundo de Manutenção e Desenvolvimento da Educação Básica e de Valorização dos Profissionais da Educação), em substituição ao Fundef, regulamenta a destinação de recursos para a educação nos municípios. Desde a promulgação da CF/1988, 25% das receitas dos impostos e transferências dos estados, Distrito Federal e municípios se encontram vinculados à educação. Com a Emenda Constitucional n. 14/1996, 60% desses recursos passam a ser subvinculados ao ensino fundamental (60% de 25%=15% dos impostos e transferências), sendo que parte desta subvinculação de 15% passava pelo Fundef, cuja partilha de recursos, entre governo estadual e seus municípios, tinha como base o número de alunos do ensino fundamental atendidos em cada rede de ensino. Com a Emenda Constitucional n. 53/2006 regulamentada pela lei 11.494/2007, a subvinculação passa para 20% e sua utilização é ampliada para toda a educação básica. Os recursos são distribuídos de acordo com o último Censo Escolar, sendo computados os alunos matriculados no respectivo âmbito de atuação prioritária (cf. art. 211 da CF/88). Ou seja, os municípios receberão os recursos do Fundeb com base no número de alunos da educação infantil e do ensino fundamental e os estados com base nos alunos do ensino fundamental e médio[43].

Essa legislação, dependendo da orientação do projeto político posto em prática pelo governo, tanto no âmbito federal, estadual ou municipal, pode conduzir a diferentes interpretações e daí a diferentes resultados. Segundo o argumento exposto por Oliveira (2002, p. 127) a descentralização que elevou o município a ente federado autônomo precisa ser considerada a partir do processo de municipalização, mas não como se fossem categorias e processos idênticos.

> Podemos considerar que o processo de descentralização, então, começa a ocorrer, sobretudo, a partir da tentativa de municipalização defendida como possibilidade de permitir às populações maior controle a gestão das políticas públicas pela proximidade física com os meios de decisão e gestão das mesmas.

Nessa perspectiva é preciso esclarecer sobre a diferença entre municipalização e descentralização. Oliveira (2003) afirma que há uma simplificação na noção de descentralização quando transmutada em municipalização. Essa simplificação ancora-se em uma ambiguidade que toma a descentralização e a municipalização como sinônimas. Entretanto, tal entendimento alude que se pode ter um processo de municipalização em que o poder não seja descentralizado, apenas a esfera administrativa responsável pela gestão do ensino. Pode-se, também, ter uma sem a outra e vice-versa. Por exemplo, mantida a responsabilidade estadual por um dado sistema de ensino, pode-se implementar um amplo processo de descentralização das decisões e, inversamente, podemos ter um processo de municipalização sem qualquer característica descentralizadora, pelo menos para a base do sistema, se a gestão municipal for centralizadora e autoritária.

No que se refere aos conselhos e à sua relação histórica com a descentralização da educação, é importante destacar que, apesar deste entrelaçamento, conforme visto, a legislação nacional atual não prevê como obrigatória a existência dos conselhos municipais de educação como órgãos normativos dos sistemas municipais de ensino. Quer dizer, os governos municipais não têm a obrigatoriedade, se ainda não estiver previsto em lei municipal, de instituir os conselhos como órgãos normativos do sistema municipal de ensino.

---

43. Os recursos do Fundeb estão sendo aplicados de forma gradual: 16,66% em 2007; 18,33% em 2008; 20% a partir de 2009.

Atualmente, foi rejeitado no Congresso Nacional um Projeto de Emenda à LDB (Lei 9394/96) elaborado por associações da sociedade civil ligadas ao campo educacional e que reivindica a instituição dos conselhos municipais de educação como órgãos normativos dos sistemas municipais de ensino. Baseado na legislação que há muito traz os conselhos de educação na estrutura organizativa dos sistemas de ensino e especialmente nas metas de gestão do PNE, o projeto propõe um § 3º para o Art. 8º da LDB:

> A gestão democrática, em vista da ação coordenada entre todos os sistemas de ensino da República Federativa e sob a colaboração recíproca, contará, nos Estados, no Distrito Federal e nos Municípios, na forma de leis respectivas, para o exercício de sua competência na educação, com Conselhos de Educação.

O projeto propõe a alteração do art. 11 da LDB § 1º para: "Na estrutura educacional haverá Conselhos Municipais de Educação, com funções deliberativas, normativas e de supervisão e atividade permanente, regulamentado por lei". Este projeto, rejeitado em 2008 pela Câmara Federal, foi apoiado especialmente pela Uncme (União Nacional dos Conselhos Municipais de Educação), importante ator social que representa os conselhos municipais de educação em âmbito nacional, e que retomaremos no próximo capítulo.

O embate e a contínua mobilização da sociedade civil no intuito de garantir direitos educacionais demonstram que os mecanismos de gestão democrática, mesmo no âmbito formal, ainda enfrentam obstáculos. Assim como na maioria dos conselhos de políticas sociais, existem muitas dificuldades para que a constituição e funcionamento de conselhos gestores de políticas públicas se concretizem na prática. Conforme assinala Gohn (2008), mesmo com legislação incluindo os conselhos como parte do processo de gestão descentralizada e participativa, vários pareceres têm assinalado e reafirmado o caráter apenas consultivo dos conselhos, restringindo suas ações ao campo da opinião, da consulta e do aconselhamento, sem poder de decisão, deliberação ou de controle social.

3.2 A gestão democrática do sistema municipal de ensino e os conselhos municipais de educação: estudos sobre o tema

Tem sido lugar comum nos estudos sobre conselhos de educação relacioná-los com a gestão democrática da educação (cf. princípio constitucional) e daí com a descentralização vista como autonomia administrativa, financeira e pedagógica dos sistemas municipais de ensino (Paro, 2000; Bastos, 2001; Werle, 2003; Ferreira, 2004; Paz, 2005). No entanto, na prática, essa relação é mais complexa. É neste sentido que Luce e Farenzena (2008, p. 86) observam a importância que a organização dos sistemas de ensino constitui para a prática da gestão democrática. Afirmam que a gestão democrática como princípio não se restringe à gestão das escolas. A construção da gestão democrática dos sistemas de ensino inclui: as relações entre ministério ou secretarias de educação e os respectivos conselhos de educação; as relações entre conselhos, ministério ou secretarias e a sociedade; as relações entre conselhos, ministérios ou secretarias e as escolas; as relações entre ministério ou secretarias e outros órgãos de governo; a relação entre órgãos da organização nacional da educação – Ministério da Educação (MEC) e Conselho Nacional de Educação (CNE) – e órgãos e instâncias representativas estaduais e municipais.

Já os estudos de Bueno (2009) apontam os conselhos municipais de educação como instâncias privilegiadas da gestão democrática dos sistemas municipais de ensino. Como espaço de tomada de decisão coletiva, o conselho tem por finalidade última ser a voz da comunidade naquilo que ela quer para a educação no município. No entanto, salienta que este é um processo ainda em construção, já que o poder de decisão dos CME na gestão dos sistemas de ensino ainda é bastante pequeno. Peroni (2008), ao fazer relação entre os conselhos e a gestão democrática dos sistemas observa que os conselhos têm papel importante para a construção da democracia no país, assim como podem ser uma forma de aprendizado da participação, das escolhas coletivas e das consequências destas escolhas. Mas considera que os conselhos não existem em abstrato e que eles são parte do movimento real da sociedade em cada período histórico.

Os estudos de Werle (2006; 2008), sobre a gestão democrática dos sistemas municipais de ensino e os conselhos municipais de educação, estão mais centrados no papel do CME, suas funções e atribuições como fatores relevantes para a construção de tal relação. Considera importante que a definição da gestão democrática seja um dos elementos da dimensão legal quando o sistema é criado. Acrescenta, ainda, que é necessário definir na lei que cria o sistema, a abrangência e significado da gestão democrática do ensino dimensionando a importância da participação da comunidade local, pais, alunos e professores em colegiados. A autora (2006) aponta como um dos principais entraves para o funcionamento do CME, a dificuldade de autonomia efetiva do órgão frente ao poder executivo municipal que, frequentemente, tem se apropriado do órgão (super representação) fazendo prevalecer nas decisões o seu ponto de vista ou mesmo deslegitimando as decisões do conselho ao torná-lo um órgão apenas consultivo e/ou para atender as formalidades do sistema de ensino.

No caso de Oliveira (2004), que analisa a instituição de sistemas municipais de ensino tendo o conselho municipal de educação como componente do sistema, o argumento central é o de que o conselho ocupa a função de intermediação entre Estado e sociedade traduzindo ideais e concepções mais amplas de educação e de sociedade que, em cada momento histórico, influenciam a dinâmica das políticas educacionais em pauta. Ainda segundo a autora, na atualidade a constituição de conselhos tem sido como abertura de espaços públicos, de participação da sociedade civil, caracterizando a ampliação do processo de democratização da sociedade. Contudo, ressalta o fato de que, no Brasil, ao longo de grande parte da história educacional brasileira no século XX, os conselhos de educação sempre foram fortemente ligados à ideia de órgão de governo com função de assessoramento e colaboração.

A pesquisa de Lord (2005) relaciona a gestão democrática do sistema municipal de ensino com os conselhos, considerados como instrumentos político-pedagógicos onde a ação política é apreendida e ampliada para a sociedade local. No estudo, o autor ressalta aspectos como a escolha dos componentes do conselho, a representação por segmento, bem como a capacidade do órgão como agente de informação sobre a situação educacional do município para a sociedade. Ao finalizar, chama atenção para o fato de que é fundamental para que o conselho desenvolva suas funções de mecanismo de participação social, a existência de um contexto sóciopolítico local democrático.

Dall'Igna (1997), ao estudar a relação sistema e conselho questiona sobre o papel do conselho municipal de educação na sociedade e num Estado que tem se caracterizado pela centralização e pelo autoritarismo. Analisando o funcionamento dos conselhos municipais de educação, a autora considera que os órgãos colegiados formados por representantes da comunidade estão se tornando elemento quase obrigatório quando se trata da gestão de políticas governamentais na área dos direitos sociais. Todavia, chama atenção para o fato de que uma efetiva democratização e participação dos conselhos na gestão educacional dos municípios exigiram um novo projeto de administração pública. A distribuição de poder resultante de novas relações resulta em ações compartilhadas no que se refere à gestão de políticas educacionais.

Cury (2006), ao se referir aos conselhos de educação nas três esferas de poder e sua relação com a gestão dos sistemas de ensino, aponta que um conselho de educação é, antes de tudo, um órgão público voltado para garantir, na sua especificidade, um direito constitucional da cidadania, garantindo assim a gestão democrática por contraste com a gestão hierárquica que, sob a forma paternalista e autoritária, tem sido hegemônica na condução da "coisa pública". Com essa referência chega-se à consideração de que o conselheiro/a é um agente de Estado e não de governo. Atua em nome do "bem comum" e não em nome de um determinado governo ou entidade. Segundo o autor (2004, 2006), um conselheiro/a ingressa no âmbito de um interesse público cujo fundamento é o direito à educação das pessoas que buscam a educação escolar. Sob coordenação não hierárquica, todos os membros se situam no mesmo plano concorrendo, dentro da pluralidade própria de um conselho, para a formação de uma vontade majoritária ou consensual do órgão.

Os estudos de Bordignon (2000) situam os conselhos de educação na raiz da construção e da gestão do sistema educacional brasileiro desde 1911, quando se instalou um conselho superior situado como órgão consultivo do gabinete do ministro de Estado, inicialmente com funções operacionais técnico-pedagógicas. Gradativamente foram atribuídas aos conselhos de educação, também e predominantemente, funções estratégicas, relativas ao planejamento e às políticas educacionais. A ação dos conselhos de educação e dos conselheiros tem estado presente em toda a trajetória dos sistemas educacionais no Brasil[44]. Mesmo quando a atuação do conselho federal de educação foi amplamente questionada[45], o seu papel institucional não foi contestado, recriando-se, em seu lugar, o Conselho Nacional de Educação (CNE) vigente até a atualidade.

Assim, os estudos têm demonstrado que entre conselhos e sistemas existe uma articulação institucional legal histórica e que, com a nova arquitetura da federação brasileira desenhada a partir da Constituição de 1988, é coerente a possibilidade, antes não contemplada, de constituição de sistemas municipais de ensino com uma concepção de gestão participativa. Sob esta percepção, as redes escolares municipais não ficam mais subordinadas aos sistemas estaduais; não é o caso de proclamar fronteiras inacessíveis, mas, antes, de afirmar e fortalecer relações mais horizontais de colaboração (Luce; Farenzena, 2006).

A atual posição do município como ente federado lhe confere prerrogativas de autonomia fiscal, demandando dos conselhos, consequentemente, uma atuação que pode legitimar o caráter público desta esfera estatal: seja pela atribuição de controle do "correto" uso dos recursos, seja pelas possibilidades abertas pela interlocução, no sentido de formulação e implementação de políticas públicas conectadas às demandas sociais. Entendendo-se, conforme Luce e Farenzena (2006), essa conexão

---

44. A primeira tentativa de criação de um conselho na área de educação, estrutura da administração pública, teria acontecido na Bahia, em 1842, com funções similares aos *boards* ingleses. Mas a ideia começou a circular em 1846, quando a Comissão de Instrução Pública da Câmara dos deputados propôs a criação do **Conselho Geral de Instrução Pública**. Em 1870, o ministro do Império Paulino Cícero retomou a proposta com novo nome: **Conselho Superior de Instrução Pública**; o projeto foi reapresentado em 1877 pelo ministro José Bento da Cunha Figueiredo. Em 1882, Rui Barbosa leva à Comissão de instrução Pública, como relator, proposta do ministro Leôncio de Carvalho de criação do **Conselho Superior de Instrução Nacional**. A ideia de um conselho Superior somente seria objetivada em 1911, com a criação do **Conselho Superior de Ensino** pelo Decreto 8.659, de 5/4/1911. A ele seguiram-se o **Conselho Nacional de Ensino** (Decreto 16.782-A, de 13/1/1925); o **Conselho Nacional de Educação** (Decreto 19.850, 11/4/1931); o **Conselho Federal de Educação e Conselhos Estaduais de Educação** (Lei 4.024, de 20/12/1961); **Conselhos Municipais de Educação** (Lei 5.692/71) e, novamente, **Conselho Nacional de Educação** (MP 661, de 18/10/1994), convertida na Lei 9.193/1995 e vigente até a atualidade.

45. Uma das críticas consiste, segundo Bordignon, no fato de que o Conselho, órgão de feição democrático-parlamentar, enquanto instrumento de percepção e articulação das aspirações e rumos desejados pela sociedade, perdeu a dimensão das funções relativas à formulação das políticas e diretrizes do sistema educacional de educação, temas fundamentais de sua missão. Ao que parece, o CFE não acompanhou a evolução política do país e passou, gradativamente, a distanciar-se do pensamento pedagógico e a não representar a aglutinação das aspirações, especialmente do setor público, de um projeto nacional de educação, ficando restrito ao segmento das instituições privadas de ensino superior, o que resultou no distanciamento das aspirações dos educadores.

como um processo de conflitos e tensões que, por isso mesmo, expõe sua relevância. Se a nova posição dos municípios torna ilegítima ou sujeita a regras mais rígidas a "tutela" da União e dos estados, reforça-se a necessidade de construir instâncias que aproximem governos e sociedades locais nas decisões e acompanhamento das políticas públicas municipais de educação. Enfim, a aproximação entre governos municipais e sociedade local pode fortalecer, no contexto federativo, essa fração do Estado que é o município.

4. Apontamentos finais do capítulo

Como foi visto os conselhos municipais de educação estão articulados aos sistemas de ensino e a sua gestão, pelo menos, desde a década de 1960. Todavia, a partir do ordenamento legal emergido na década de 1980 que consagra a autonomia dos municípios, estes passam a constituir-se em instrumentos legítimos da gestão democrática dos sistemas municipais de ensino; em última instância constituem-se em elos entre o Estado e a sociedade civil que, estruturados e organizados, aprofundam a democracia no campo educacional.

Desse modo, a gestão democrática pode ser lida como processo e produto de políticas de Estado e sociedade. Os cidadãos querem mais do que ser receptores de políticas, querem ser ouvidos, ter voz e presença nos momentos de formulação, implementação e avaliação. Assim, as formas de participação e descentralização estão presentes hoje em praticamente todos os discursos da reforma educacional brasileira no que se refere à gestão, constituindo "um novo senso comum" (Luce; Pedroso, 2006). A gestão democrática por assentar-se na lógica de mudança de práticas na organização dos sistemas de ensino e das escolas pressupõe a ideia de participação, isto é, de trabalho associado e cooperativo entre os gestores públicos e a comunidade escolar e local.

No Brasil, como foi visto, a reforma do Estado iniciada na década de 1990 incorpora esta nova perspectiva à gestão de políticas públicas dotando-lhes de novos sentidos, ou seja, diferentes daqueles produzidos pelos movimentos sociais na década de 1980; a gestão democrática da educação é interpretada sob outro viés ao relacionar a descentralização à flexibilização e à (des)regulamentação da gestão pública como elementos fundamentais para a melhoria no atendimento ao cidadão/contribuinte com vistas a reduzir mediações.

Malgrado os reducionismos nas interpretações e distorções da gestão democrática, foi este princípio constitucional que gerou a possibilidade da participação de todos os segmentos da comunidade escolar na gestão da escola e do sistema de ensino. Possibilitou que cada unidade escolar elaborasse seu projeto político-pedagógico, definisse seu calendário, elegesse diretamente seu diretor/a, constituísse conselhos escolares. Essas e outras possibilidades nascidas na década de 1980 e aprofundadas nas décadas posteriores podem ser consideradas como uma conquista da sociedade civil organizada. Permeada por essa perspectiva, a gestão democrática constitui-se, na atualidade, como uma forma de organização da escola e do sistema de ensino concorrente com os modelos gerencialista e do patrimonialista de gestão publica.

Com efeito, a gestão democrática não é uma realidade que atinge todas as escolas públicas e sistemas de ensino do país, ela varia de acordo com as políticas e normas vigentes em cada município e da forma como este organiza o seu sistema de ensino. A gestão democrática enquanto política educacional circula no plano das políticas sociais; estas, apesar de não perderem as marcas oriundas das influências em escala mundial, podem ser localmente (re)significadas.

# Capítulo 4

O CONTEXTO DA INFLUÊNCIA E DA PRODUÇÃO DO TEXTO DA POLÍTICA NACIONAL DE FORMAÇÃO DE CONSELHEIROS MUNICIPAIS DE EDUCAÇÃO: OS ATORES E A PRODUÇÃO DE UM CAMPO DE FORÇAS

> As "regras do jogo" e as instituições liberais não passam de meros recursos tecnológicos se não houver substancial reapropriação do processo político por parte da sociedade, principalmente das massas que na história atual acabaram sendo ainda mais desagregadas e desumanizadas. (Giovanni Semeraro)

Conforme explicitado no capítulo anterior, a política nacional de formação de conselheiros municipais de educação é fruto de uma problematização social iniciada na década de 1980, a qual trazia à tona questões relativas à participação social na gestão de políticas públicas. Foi neste sentido que a participação na gestão da educação constituiu-se na base de reivindicações de diversas associações da área educacional preocupadas com a democratização e a qualidade do ensino no Brasil.

O processo político que antecedeu a elaboração da nova Constituição brasileira de 1988 incorporou à arena de discussões e produção de consensos, associações ligadas a diversos segmentos da sociedade civil. Nesse contexto organizou-se o Fórum Nacional da Educação na Constituinte em Defesa do Ensino Público e Gratuito cuja continuidade se dará sob a designação de Fórum Nacional em Defesa da Escola Pública (FNDEP).

Hoje, mesmo que nem sempre reunida como Fórum esta rede de associações está bastante ampliada e tem produzido sentidos para as políticas educacionais, exercendo influência direta ou indireta sobre a tomada de decisões na construção de ações públicas para o setor da educação. A rede de atores tem atuado ativamente na construção de espaços de mediação entre governo e sociedade, incentivando e dinamizando a construção da cidadania brasileira.

Lutam pela ampliação dos direitos especialmente pelos direitos sociais os quais, desde sua inscrição na Constituição de 1988, têm sofrido grandes reveses em detrimento da adesão dos governos as políticas globais orientadas pelo modelo de gestão pública de tipo empresarial cujo foco tem sido a eficiência técnica da máquina pública. O foco na eficiência bem como na eficácia dos resultados das políticas com vistas ao "enxugamento" da máquina pública tem levado os governos, ao implementarem políticas públicas, a sobreporem os citados critérios aos de efetividade política e relevância social, desvirtuando, assim, a verdadeira finalidade do Estado democrático de direito, qual seja, gerir o bem comum.

O Fórum é um fruto de movimentos organizados da sociedade aos quais, até a década de 1980, não se havia dado grande atenção; de um lado, pelo Estado centralizado e autoritário e, de outro, pela própria imobilidade da sociedade civil com dificuldades para se organizar e tomar o seu lugar na estrutura estatal. Bruno (2007) enfatiza a riqueza e a diversidade dos movimentos sociais e experiências democratizantes nascentes no período de transição democrática; que tem reforçado o exercício dos direitos de cidadania, e muitas vezes, forçam o Estado a reconhecê-los como interlocutores no momento de formulação de políticas, contribuindo para alimentar o processo da constituição de sujeitos coletivos. A multiplicação de movimentos sociais e a diversificação de espaços novos de representação e de organização, como os conselhos municipais, marcam um novo tempo, nem sempre visível para todos, de construção de cidadania. A participação é um direito que se explicita, no Brasil, na luta pela redemocratização da governança.

O cidadão brasileiro, apesar de todos os entraves, continua se mobilizando e tecendo no cotidiano os seus espaços democráticos. Há um modo de mobilização diferenciado (Bruno, 2007) de momentos anteriores; pessoas, grupos e categorias sociais se mobilizam e se organizam, em particular nos espaços regionais e setoriais, em busca de direitos, na construção de novas identidades (que amiúde transforma-se em identidade política) e na luta pela ampliação de práticas democráticas.

Neste estudo, abordo a ação destes atores diante da cobrança do direito à educação por meio da participação na gestão da política educacional. Focalizo os espaços construídos e ocupados pela sociedade civil na gestão de políticas educacionais no governo da educação. Isto é, o capítulo trata da influência de atores internacionais, nacionais e locais na construção da política nacional de formação de conselheiros municipais de educação.

Saliento, ainda, que este é o momento de contribuição original de investigação empírica do trabalho, no qual as principais fontes utilizadas são entrevistas (conselheiros, secretários de educação, capacitadores), material instrucional de formação de conselheiros, Plano de Educação do governo Lula, Estatutos e Regimentos de associações, textos de Encontros da área de educação. Das entrevistas não utilizo o nome dos depoentes e sim o cargo que ocupa na estrutura da organização social em que atua.

1. As influências dos atores e a conformação de uma arena de disputas para a formação de conselheiros municipais de educação

O contexto de influência é importante porque é no qual normalmente as políticas públicas são iniciadas e os discursos políticos são construídos. Nesse contexto os grupos de interesse disputam para influenciar as definições das finalidades sociais da educação e do que significa ser educado (Mainardes, 2007). É onde se constroem os principais argumentos que vão dar sustentação às lógicas de tomada de decisão no ciclo da política.

Assim, é no contexto da influência que os conceitos adquirem legitimidade formando a matriz de sentido(s) cujas lógicas orientam a política. É neste espaço que as redes de associações ligadas ao campo da educação procuram exercer, mais fortemente, influência nas políticas educacionais, disputando o sentido dado à ação pública dentro e em torno de partidos políticos, do governo e do processo legislativo, delineando um espaço de correlação de forças.

É importante salientar o fato de que a política destacada atua na formação de conselheiros municipais de educação, portanto, está diretamente relacionada com a produção de lógicas de poder e de sentidos para a gestão da educação nos municípios. Dessa forma, é de fundamental importância delinear o campo de forças que envolve a política, bem como os atores que de algum modo influenciam direta ou indiretamente na sua gestão.

Na ação pública aqui analisada há especial destaque, como não poderia deixar de ser, após a reflexão encetada em capítulos anteriores, à relação entre os atores governamentais e os atores da sociedade civil organizada na gestão da política nacional de formação de conselheiros municipais de educação.

1.1 O contexto nacional

As reformas educacionais implementadas nos últimos anos no Brasil refletem, em alguma medida, as reformas do Estado iniciadas no governo do presidente Fernando Henrique Cardoso (PSDB) quando foi instalado em 1995 o Ministério da Administração e da Reforma do Estado (Mare). Já o governo do presidente Luiz Inácio Lula da Silva (PT), iniciado em 2003 e concluído em janeiro de 2011, tem dado foco especial para a implementação de políticas sociais focalizadas à população mais carente como, por exemplo, o programa Bolsa Família, que condiciona o seu recebimento à permanência da criança/adolescente na escola, minimizando os efeitos daquela reforma sobre a gestão das políticas públicas sem, contudo, romper com as diretrizes centrais ditadas pelos organismos internacionais.

O governo de Dilma Rousseff (PT), iniciado em janeiro de 2011 e vigente até o momento (2013), segue as medidas do governo anterior no que diz respeito ao investimento de recursos públicos para minimizar a pobreza no país. No setor de educação focaliza investimentos na educação técnica e ampliação da educação superior. Para a etapa do ensino superior há o investimento em políticas de ações afirmativas para alunos/as oriundos de escolas públicas, ficando claro, dessa forma, que há desigualdade de condições de acesso a este nível de ensino. Contudo, no Brasil, a oferta do ensino superior segue sendo um nicho do setor privado já que a oferta pública não chega a suprir 15% da demanda nacional. Assim, o investimento em políticas focalizadas, para que minimizem os efeitos das políticas globais, precisam estar articuladas com políticas universais.

Isto significa que a agenda do governo federal incorpora compromissos oriundos de uma agenda global e como tal termina por agregar às políticas nacionais orientações do modelo normativo global vigente na atualidade para a gestão pública.

Então, diante desta condicionalidade inerente ao modelo de sociedade capitalista, torna-se importante destacar em que medida os Estados nacionais produzem, através dos seus governos, estratégias de gestão pública que configurem a autonomia local na minimização dos efeitos da agenda global sobre a gestão das políticas públicas.

No Brasil tem se salientado nas demandas da sociedade civil organizada local, e legitimadas pela legislação, a necessidade histórica de efetivar um regime de colaboração entre os entes federados para a oferta da educação básica com o objetivo de oferecer maior qualidade ao processo de ensino e aprendizagem, especialmente nas escolas públicas. Esta demanda tem gerado ações governamentais realizadas em parceria com associações da sociedade civil organizada no intuito de colocar em prática conquistas sociais, como a gestão democrática do ensino público; até o momento, efetivada, em grande medida, apenas no ordenamento legal.

O resultado deste processo recai sobre a necessidade da qualificação dos gestores dos sistemas municipais de ensino e a consequente parceria com associações ligadas à gestão da educação nos municípios em função de colocar em prática programas e projetos de capacitação/formação de gestores educacionais. Estas ações, de iniciativa do governo federal, dependem não somente da pressão dos atores e grupos sociais, mas também da forma como o próprio governo define e articula os espaços de tomada de decisões e a relação com os atores que atuam nestes espaços.

Com base nas considerações, pode-se inferir que no contexto nacional a política de formação de conselheiros municipais de educação começa a se constituir como tal a partir da influência de dois níveis de atores: atores globais representados pelos organismos internacionais e os atores nacionais representados por dois grupos de atores: as associações da sociedade civil e os gestores oficiais da política.

1.1.1 Os organismos internacionais

A influência dos atores internacionais não é algo novo na história da educação brasileira especialmente na esfera federal, haja vista os acordos MEC-Usaid realizados na década de 1960. Ao lado da contenção e da repressão que bem caracterizou o governo do pós-1964, constatou-se uma aceleração do ritmo de crescimento da demanda social por educação provocando um agravamento da crise do sistema educacional que já há muito vinha se anunciando.

No período, o discurso da crise foi utilizado como justificativa para a assinatura de uma série de convênios entre o MEC e seus órgãos com a *Agency for International Devoliment* (AID) – para assistência técnica e cooperação financeira da mesma à organização do sistema educacional brasileiro. Sob a influência da assistência técnica oferecida pela Usaid, o governo começa a adotar medidas para adequar o sistema educacional ao modelo de desenvolvimento econômico internacional da época (Romanelli, 1998). É nesse sentido que a Usaid terá forte influência sobre a produção de sentidos para a reforma educacional de 1971 colocada em prática pela Lei n. 5.692

É interessante destacar que na época os problemas educacionais, especialmente dos países considerados subdesenvolvidos, eram vistos, pela lógica dos organismos internacionais, como problemas puramente técnicos e como tal, deveriam ser tratados e daí a superioridade do planejamento sobre ações não planejadas bem como da necessidade da produção de recursos humanos para o desenvolvimento desejado; assim se fazia a relação entre educação e desenvolvimento. Logo, insere-se pela via da educação formal no contexto do regime militar a ideia da superioridade da dimensão técnica sobre a dimensão política na formação tanto dos gestores públicos quanto dos estudantes nas escolas. Na concepção de Romanelli (1998 p. 203):

> É sintomática a supervalorização das áreas tecnológicas com predominância do treinamento específico sobre a formação geral e a gradativa perda do status das humanidades e ciências sociais, de modo geral, nas reformas do ensino desencadeadas por atuação desse tipo de ajuda internacional para a educação.

Já as reformas educacionais Pós-Carta de 1988, trazem à cena novos atores globais representados por organismos internacionais que, da mesma forma que antes, prestam serviços de colaboração técnica e/ou financeira. Segundo Fullgraf (2007), as reformas educacionais implementadas nas últimas décadas no Brasil, bem como em outros países da América Latina, têm sofrido a influência de organizações de cooperação internacional como o Fundo das Nações Unidas para a Infância (Unicef), a Organização das Nações Unidas para a Educação, a Ciência e a Cultura (Unesco), o Fundo Monetário Internacional (FMI) e o Banco Mundial (BM) entre outros.

Estudos realizados pela Ação Educativa[46] (Silva et al, 2006, p. 5) apontam que os organismos internacionais especialmente os bancos multilaterais de desenvolvimento,

> (...) têm um impacto significativo nas políticas educacionais em âmbito nacional, menos pelo que representa o investimento financeiro destes organismos em determinados projetos e mais pela imposição das temáticas prioritárias e de uma abordagem economicista que influencia as políticas educacionais do país.

---

46. A Ação Educativa é uma organização criada em 1994 com o objetivo de promover os direitos educativos e da juventude, tendo em vista a justiça social, a democracia participativa e o desenvolvimento sustentável no Brasil. Alia a formação e a assessoria a grupos nos bairros, escolas e comunidades com atuação em articulações mais amplas tais como a pesquisa e a produção de conhecimento com intervenção nas políticas públicas (Disponível em: < http:\\www.acaoeducativa.org>).

No pós-Carta Magna de 1988, o discurso que legitima a intervenção destes atores em sistemas educacionais nacionais é, como também o foi antes, o da "crise educacional". Foi por esse motivo que, em 1996, técnicos do Unicef, Banco Mundial e do Ministério da Educação (MEC) reuniram-se para discutir as causas do baixo aproveitamento escolar bem como das altas taxas de repetência do ensino fundamental. Dessa vez, sob o contexto das orientações internacionais de reforma do Estado, estes organismos ofereciam seus serviços focalizando recursos em programas para as regiões mais pobres do país e que apresentavam baixas taxas de rendimento escolar. Em grande medida, este cenário evidenciava o aprofundamento da intervenção de diversos organismos internacionais nas políticas educacionais de países situados à margem das economias centrais, em particular na América Latina.

> Neste continente, portanto, as reformas educacionais vão ocorrer sobre forte impacto de diagnósticos, relatórios e receituários, empregados como paradigmas por essas tecnocracias governamentais cunhadas no âmbito de órgãos multilaterais de financiamento[47], e de instituições voltadas para a cooperação técnica[48]. (Souza; Faria, 2004, p. 76)

Fundamentados no pressuposto da crise educacional oriunda da própria crise do Estado, os técnicos representantes dos citados organismos fizeram parceria com o MEC para a construção do Projeto Nordeste. Desta parceria nasce o Programa de Pesquisa e Operacionalização de Políticas Educacionais-PPO, formando-se, então, um grupo de consultores com o objetivo de estudar os problemas da região sugerindo estratégias de intervenção.

O PPO passa daí a realizar pesquisas e mapeamentos na região por meio de um conjunto de treze pesquisas as quais foram denominadas de "Chamada à Ação". Tais pesquisas chegaram às seguintes constatações: 1) os sistemas de ensino não estavam direcionados para a eficiência da escola; 2) falta de foco da escola na aprendizagem do aluno; 3) distanciamento entre escola e comunidade; 4) inconsistência nas políticas para o magistério (Bueno, 2009). Feito o diagnóstico, da "crise", ou seja, da falta de qualidade no ensino e a incapacidade do Estado para atender esta demanda, propõem-se alguns "remédios", dentre estes, sugere-se a capacitação dos gestores educacionais a fim de melhorar o desempenho das escolas, com a participação e compromisso dos diferentes atores envolvidos no processo.

---

47. Como o Banco Mundial (BM), Banco Interamericano de Desenvolvimento (BID), Banco Internacional para a reconstrução e o Desenvolvimento (Bird).
48. Tais como Programa das Nações Unidas para a Educação Ciência e Cultura (Unesco), a Organização para a Cooperação e Desenvolvimento Econômico (OCDE), o Fundo das Nações Unidas para a Infância (Unicef), o Programa das Nações Unidas para o Desenvolvimento (PNUD), entre outras.

A respeito do diagnóstico da situação educacional no Brasil realizado pelos organismos internacionais, pesquisas da Ação Educativa consideram que estes, orientados pelo Banco Mundial,

> (...) têm se apropriado do discurso da qualidade, da descentralização, da participação da sociedade civil, dando, no entanto, sentidos muito próprios a estes conceitos, que devem ser explicitados e disputados por atores da sociedade civil que têm outras perspectivas e que recusam, por exemplo, a responsabilização da comunidade escolar pela captação de recursos, afirmando o papel do Estado na garantia dos direitos educativos e na promoção da equidade. (Silva et al, p. 6)

Na sequência o PPO é substituído por outro projeto que atua até hoje na formação de gestores educacionais, especialmente os secretários municipais de educação, trata-se do Fundescola. Este projeto concretiza-se por um acordo entre o Banco Mundial e o MEC sendo desenvolvido em parceria com as secretarias estaduais e municipais de educação. Desde 1998 o Programa visa promover, em regime de parceria e responsabilidade social, eficácia, eficiência e equidade no ensino fundamental público, ofertando serviços produtos e assistência técnico-financeira. Focaliza o ensino-aprendizagem e as práticas gerenciais das escolas bem como das secretarias de educação. Assim, o Banco Mundial (Silva et al, p. 7) através do investimento em projetos educacionais nacionais utiliza a lógica do "pacote de medidas", focalizando o ensino fundamental, a responsabilização das unidades escolares e o que chama de "eficácia escolar", entre outros elementos.

O projeto Fundescola estende-se para outras regiões do Brasil; além do Nordeste, para o Norte e o Centro-Oeste e dentre essas, para as microrregiões mais populosas definidas pelo Instituto Brasileiro de Geografia e Estatística (IBGE) e as escolas que concentram a população mais carente. O acompanhamento e avaliação do projeto são realizados pelo Banco Mundial. Cada acordo entre o MEC e o BM dura em média seis anos, sendo o primeiro realizado no ano de 1997. Em junho de 1998, foi assinado o primeiro de três contratos de empréstimos do governo federal com o BM a ser realizado em três etapas: de junho de 1998 a dezembro de 2004, no valor de US$ 1,3 bilhão sendo parte deste recurso oriundo do MEC e parte de empréstimos do BM. Já o Fundescola III tem sua vigência no período de junho de 2002 a dezembro de 2008 com o valor disponível para investimento em programas de US$ 320 milhões (Fundescola, 2008).

Foi por meio dessa parceria que o Fundescola passa a exercer influência na capacitação/formação de gestores educacionais; por participar em vários programas[49], dentre estes o Prasem (Programa de Apoio aos Secretários Municipais de Educação), passa a mobilizar dirigentes municipais (Secretários de Educação e Finanças e prefeitos), conselheiros do Fundef, juízes e promotores da infância e da juventude e, posteriormente, os conselheiros municipais de educação.

O Prasem foi criado com o objetivo de qualificar os gestores educacionais, melhorar o seu "performance", especialmente dos secretários municipais de educação para que pudessem acompanhar e gerenciar as mudanças no sistema de ensino. O Projeto Nordeste iniciou-se em 1997 e, posteriormente no período do Fundescola I (1998-2001), foi levado para as regiões Norte e Centro-Oeste. Neste período a prioridade das reformas, via Fundescola, estavam centradas na adequação das escolas a padrões mínimos de funcionamento segundo critérios definidos pelo Programa: auxílio ao planejamento e na provisão de vagas, desenvolvimento da escola e gestão e desenvolvimento de sistemas de ensino (Fundescola, 2003).

Com a parceria entre a União Nacional dos Dirigentes Municipais de Educação (Undime), o Fundo das Nações Unidas para a Infância (Unicef), a Organização das Nações Unidas para a Educação, a Ciência e a Cultura (Unesco) e das secretarias estaduais de educação, são capacitados nas regiões citadas por meio do Prasem (I,II,III): 6,3 mil secretários municipais de educação; 2,2 mil de finanças; 1,4 mil prefeitos; 10 mil conselheiros do Fundef; 750 juízes; 1 mil promotores da infância e da juventude.

Em 2001, o Prasem III lança a coleção "Revisão de Legislação para Secretários e Conselheiros Municipais de Educação" introduzindo por esta via a modalidade de formação à distância. Todo o material de formação foi desenvolvido na modalidade de ensino à distância com o objetivo de atingir um maior número de gestores das regiões Nordeste, Norte e Centro-Oeste. Em 2002, o Prasen III é descentralizado e todos os estados do Brasil passam a receber a capacitação especialmente para conselheiros municipais de educação. Para organizar a capacitação nos estados, os gestores do Programa contaram com o apoio da Confederação Nacional de Municípios (CNM), da União Nacional dos Conselhos Municipais de Educação (Uncme) e com a União Nacional dos Dirigentes Municipais de Educação (Undime). A capacitação de conselheiros municipais de educação contou ainda com a parceria do Conselho Nacional de Educação, do Unicef e da Unesco (Prasem III, 2001).

Posteriormente, no governo Lula, iniciado em 2003, ocorre uma reestruturação dos programas e o Prasem é substituído por dois programas que irão atuar na

---

49. Tais como: Padrões Mínimos de Funcionamento das Escolas; Levantamento da Situação Escolar-LSE; Microplanejamento; Sistema de Apoio a Decisão Educacional; Programa Dinheiro Direto na Escola; Projeto de Adequação dos Prédios Escolares; Espaço Educativo; Mobiliário e Equipamento Escolar; Atendimento Rural; Escola Ativa; Proformação; Programa de Gestão da Aprendizagem Escolar; Projeto de Melhoria da Escola; Informatização; Plano de Carreira.

formação de gestores educacionais: o Pradime (Programa de Apoio aos Dirigentes Municipais de Educação) e o Pró-Conselho (Programa Nacional de Capacitação de Conselheiros Municipais de Educação). O Pradime segue recebendo assistência técnica e suplementar do Fundescola; já o Pró-Conselho tem o apoio do Programa Nacional das Nações Unidas para o Desenvolvimento (PNUD) e do Fundo das Nações Unidas para a Infância (Unicef).

De uma forma geral, os organismos internacionais, na atualidade, inserem-se na maioria dos programas educacionais do MEC, seja para parcerias na assistência técnica e/ou financeira seja para oferecer empréstimos financeiros, como é o caso do BM ao Fundescola, o qual, conforme foi visto, financia muitos projetos e programas de ordem nacional. No entanto, é prudente ressaltar que as relações com organismos internacionais podem acontecer, no caso do Brasil, não necessariamente pela via da esfera da administração federal; considerando a autonomia dos estados e municípios estes podem igualmente implementar políticas públicas locais em parceria com organismos internacionais.

Outra questão a ser lembrada é que estudos (Souza; Faria, 2004; Silva et al, 2006) tem comprovado que o impacto destes organismos no sistema educacional se dá menos pelo investimento em projetos específicos e mais pela influência nas grandes orientações das políticas públicas educacionais. Os mesmos estudos inferem que apesar de distintos em termos de suas prioridades e focos evidencia-se a defesa: da descentralização como forma de desburocratização do Estado e de abertura a novas formas de gestão da esfera pública; da autonomia gerencial para as unidades escolares e, ainda, da busca de incrementos nos índices de produtividade dos sistemas públicos, marcadamente sob inspiração economicista e neoliberal.

1.1.2 As associações da sociedade civil e os gestores oficiais da política

A influência das associações da sociedade civil organizada nas reformas do sistema educacional também não é algo novo na história da educação brasileira. Desde o movimento dos "pioneiros da educação", que culmina com assinatura do "Manifesto dos Pioneiros da Educação Nacional" em 1932, já se pode localizar os primeiros passos em função de constituir um setor específico para a educação na gestão estatal e daí as suas configurações de atores e arenas de embates e influências.

O movimento teve sua origem na Associação Brasileira de Educação (ABE), criada em 1924, que reunia profissionais da área educacional imbuídos de ideias renovadoras para a educação brasileira. A proposta da Associação era de que não fosse um órgão de classe e sim uma organização que encarnasse um movimento, o movimento renovador, cuja principal bandeira fosse a de sensibilizar o poder público e a classe dos educadores para os problemas mais cruciais da educação nacional, bem como para a necessidade urgente de se tomarem medidas concretas para equacionar e resolver tais problemas (Romanelli, 1998).

Com sede no Rio de Janeiro, a Associação espraiou-se pelo Brasil através de seções regionais. Sua atuação foi desenvolvida no sentido da construção de proposições visando à implantação de uma política nacional de educação, regulada a partir do poder central. Sua arma mobilizadora mais forte para a construção de novos significados para a educação foram as conferências e os congressos nacionais[50] (Romanelli, 1998).

A partir da Associação é que o grupo intitulado "pioneiros da educação" começa a difundir a ideia de que a educação é direito de todos e dever de oferta pelo Estado imprimindo à educação brasileira o seu caráter social. Embora a Associação guardasse diferentes interesses em seu interior levando-a, inclusive, a divergências inconciliáveis, notadamente entre "católicos" e "liberais", foi ela que deu origem a um campo educacional demarcando o espaço de disputas por projetos educacionais. Pode-se dizer que esta forma de organização da sociedade civil em defesa da escola pública, tem se constituído até a atualidade como um espaço de produção de sentido e direção à educação no Brasil.

Nessa esteira, mas em outro contexto, é que se constitui, na década de 1980, o Fórum Nacional em Defesa da Escola Pública (FNDEP), o qual reunia em seu interior associações de diversos segmentos sociais travando verdadeira batalha na constituinte para que fosse incorporado à Carta Magna o princípio constitucional de gestão democrática do ensino público. A origem do Fórum pode ser localizada nas Conferências Brasileiras de Educação (CBE) as quais eram compostas especialmente por três associações de caráter acadêmico: Anped (Associação Nacional de Pesquisa e Pós-graduação-fundada em 1977); Cedes (Centro de Estudos de Educação e Sociedade, fundado em 1978); Ande (Associação Nacional de Educação-fundada em 1979). As conferências vão acontecer nos anos de 1980, 1982, 1984, 1986, 1988 e 1991.

Durante as discussões da IV CBE em 1986 foi elaborada a Carta de Goiânia sendo considerada como o principal documento político constituído por associações de educadores para a participação nos embates que se seguiriam no processo constituinte para a elaboração da nova Constituição Brasileira. A carta incluía explicitamente mecanismos de democratização da gestão da educação pública no Brasil influenciando diretamente na legislação a ser produzida. Tratava do acesso e permanência no sistema educacional, da qualidade do ensino oferecido nas escolas e da gestão democráticas das escolas e dos sistemas de ensino.

> O ensino democrático não é só aquele que permite o acesso de todos os que o procuram, mas, também oferece a qualidade que não pode ser privilégio de minorias econômicas e sociais. O ensino democrático é aquele que, sendo es-

---

50. De 1927 a 1957 foram realizadas doze conferências em diversos estados brasileiros.

tatal, não está subordinado ao mandonismo de castas burocráticas, nem sujeito às oscilações dos administradores do momento (...). O ensino democrático é, também, aquele cuja gestão é exercida pelos interessados, seja indiretamente, pela intermediação do Estado (que precisamos fazer democrático), seja diretamente pelo princípio da representação e da administração colegiada. (Cunha, 1987, p. 6)

No processo constituinte, juntam-se às entidades que compunham a CBE outras associações (Andes – Associação Nacional de Docentes do Ensino Superior; Anpae – Associação Nacional de Política e Administração da Educação; CPB – Confederação de professores do Brasil; CGT – Central Geral dos Trabalhadores; Fasubra – Federação das Associações de Servidores das Universidades Brasileiras; OAB – Ordem dos Advogados do Brasil; SBPC – Sociedade Brasileira para o Progresso da Ciência; Seaf – Sociedade de Estudos e Atividades Filosóficas; Ubes – União Brasileira dos Estudantes Secundaristas; UNE – União Nacional dos Estudantes; Fenoe – Federação Nacional de Orientadores Educacionais), fundando um Fórum, que concentraria uma posição consensual para os três aspectos da educação citados acima.

Posteriormente, durante os embates para a promulgação da nova LDB de 1996, passam a fazer parte do Fórum também a Conam – Confederação Nacional das Associações de Moradores, a Undime-União Nacional dos Dirigentes Municipais de Educação, o Consed – Conselho Nacional de Secretários de Educação, o CRUB--Conselho de Reitores das Universidades Brasileiras e a CNTE-Confederação Nacional dos Trabalhadores em Educação.

Com o objetivo de influenciar na definição dos rumos da educação brasileira, genericamente estabelecidos na Constituição, especialmente diante de um Congresso conservador e da força de grupos privatistas (Brito, 1995), o Fórum elabora uma Carta de princípios a serem defendidos junto à construção da nova LDB de 1996.

> (...) (1) O fim da educação é formar o cidadão comprometido com as mudanças necessárias na construção da sociedade democrática, entendendo a escola pública como instância privilegiada na formação da cidadania. (2) Escola pública é a mantida e administrada diretamente pelo Poder Público, nas suas instâncias municipal, estadual, e federal. (3) O Estado deve garantir escola pública e gratuita, com padrão de qualidade e gestão democrática, em todos os níveis para a população brasileira[...] (5) Os recursos públicos só poderão ser destinados à iniciativa privada quando forem atendidas todas as necessidades da rede pública. (6) A arrecadação, a distribuição e aplicação dos recursos públicos para a educação devem ser controlados através de mecanismos democráticos. (Apud Farenzena, 2006, p. 189)

Com estes princípios, o Fórum também marca presença no embate para a elaboração do Plano Nacional de Educação (PNE) promulgado em 2001. As associações, reunidas no Fórum, atuaram especialmente no processo de produção de legislação que configurasse os interesses da sociedade civil na construção de novos marcos para a educação no Brasil, produzindo um Plano que foi intitulado de "Plano Nacional de Educação – a proposta da sociedade brasileira". Depois de longo embate, este Plano sofreu derrota no legislativo sendo substituído pelo atual sob a Lei nº 10.172/2001.

Com vistas a estabelecer os parâmetros para as reformas no sistema educacional brasileiro engendrado no ordenamento legal desde a Constituição de 1988 as associações voltam a se reunir na Conferência Nacional da Educação Básica (Coneb) organizada pelo MEC e representantes da sociedade civil, em 2008. A Conferência foi composta pelos seguintes segmentos: gestores do MEC (representantes das secretárias e autarquias); gestores estaduais (representantes das secretarias estaduais de educação/dirigentes e técnicos); gestores municipais (representantes das secretarias municipais de educação/dirigentes e técnicos); gestores privados (representantes dos estabelecimentos do ensino privado); trabalhadores da educação básica pública (representantes da CNTE nos estados); trabalhadores da educação básica privada (representantes da Contee nos estados); estudantes (representantes da UBES nos estado); pais/mães (representantes das Associações dos pais de alunos nos estados); conselhos estaduais e municipais de educação (representantes do FNCEE e Uncme nos estados); representante do Ministério Público nos estados; representantes das Comissões de Educação das Assembleias Legislativas nos estados; representante dos Tribunais de Contas dos estados; convidados (representantes de setores sociais organizados); agências internacionais (Unicef, Unesco, Banco Mundial, etc)[51]. A Conferência de 2008 retoma pontos de consenso elaborados no período em que as associações do Fórum atuaram junto à construção da LDB/1996.

Conforme Farenzena (2006, p. 189), em relação à criação de um Sistema Nacional de Educação, o FNDEP coloca a necessidade de superar a monopolização pelo Estado, na definição e gestão da política educacional através da estruturação do Sistema

---

51. Participaram da Conferência as seguintes associações: Associação Nacional pela Formação de Professores da Educação (Anfope); Associação Nacional dos Dirigentes de Instituições Federais de Educação Superior (Andifes); Associação Nacional de Política e Administração da Educação (Anpae); Campanha Nacional pelo Direito à Educação; Comissão de Educação e Cultura da Câmara dos Deputados (CEC); Comissão de Educação do Senado; Confederação Nacional dos Trabalhadores em Educação (CNTE); Conselho Nacional de Educação (CNE); Conselho Nacional dos Secretários de Educação (Consed); Conselho Nacional de Procuradores-gerais (CNPG); Confederação dos Trabalhadores na Agricultura (Contag); Confederação Nacional dos Trabalhadores em Estabelecimentos de Ensino Privado (Contee); Fórum Brasileiro de Pró-reitores de graduação (Forgrad); Ministério Público; Movimento dos Sem Terra (MST); União Nacional dos Conselhos Municipais de Educação (UNCME); União Nacional dos Dirigentes Municipais de Educação (Undime); Conselho da Infância e da Juventude; Confederação Nacional das Associações de pais e alunos (Confenapa); Fórum Nacional dos Conselhos Estaduais de Educação (FNCEE); Fórum Nacional dos Diretores de Faculdades e dos Centros de Educação das Universidades Públicas (Forundir); Fórum Nacional em Defesa da Formação do Professor; União Brasileira dos Estudantes Secundaristas (Ubes).

Nacional de Educação concebendo-o "a partir do conceito de Estado ampliado que inclui a sociedade civil e a sociedade política nas tarefas de elaboração, implementação e avaliação de políticas públicas, entre as quais a política educacional".

Nessa perspectiva as associações entendiam que os fóruns educacionais – federal, estaduais e municipais –, articulados aos respectivos conselhos de educação, são mecanismos para sistematizar e coordenar a articulação entre o processo de definição da política educacional e a escola. Já em relação à colaboração entre os sistemas de ensino o Fórum afirma que a corresponsabilidade dos sistemas não significa a divisão, mas a soma de responsabilidades, concentrando-se esta na esfera cujo serviço é sua atribuição e/ou concentre o maior volume de recursos, defendendo ainda a formulação conjunta, pelas três esferas de governo, de planos plurianuais de educação (Farenzena, 2006).

A organização da Conferência Nacional teve início com a realização de Conferências estaduais, as quais se incumbiram, dentre outras, de orientar para a realização das Conferências municipais. As diretrizes das conferências estaduais foram elaboradas pela coordenação nacional[52], a qual constituiu o "Documento Referência" com as normas regimentais das conferências estaduais bem como dos eixos temáticos a serem desenvolvidos. Após realizadas as conferências estaduais o Documento Referência é refeito no sentido de incorporar as demandas dos estados, para então ser reenviado aos delegados estaduais. O tema central da Conferência resulta da discussão histórica entre atores ligados ao campo educacional: a construção de um sistema nacional articulado de educação.

As conferências ao longo de sua existência tem se constituído em espaços de produção de significados para a educação e, como tal, também são espaços que abrigam diferentes lógicas de poder para a organização do ensino no Brasil, já que traz para o mesmo terreno, atores governamentais e atores da sociedade civil dos mais diferentes segmentos e diversificadas representações de mundo. Nessa perspectiva, Maria Beatriz Luce e Marisa Tim Sari, respectivamente representantes da Faculdade de Educação da Universidade Federal do Rio Grande do Sul (UFRGS) e da União Nacional dos Dirigentes Municipais de Educação (Undime), no bojo do fórum mundial sobre educação "Conferência de Jomtiem" realizado na Tailândia em 1990, chamavam atenção a este fato ao participarem na "Conferência Nacional Educação para Todos" realizada em Brasília em 1992, a qual tinha como objetivo debater sobre um Plano Decenal de Educação para todos os brasileiros.

> A nova ética no setor da educação significa, portanto, uma radical revisão das prioridades e dos padrões de relação social e educacional. Significa revisar a distribuição dos orçamentos públicos e privados, revisando quem decide, quem contribui e para quem se distribui; significa o que se ensina para quem, revisando a

---

52. A coordenação nacional foi constituída por membros do Ministério da Educação e da sociedade civil.

função da escola e do professor, com seus meios pedagógicos e de apoio; significa revisar a concepção de sistema educacional, revisando as competências e responsabilidades das diferentes instâncias do poder público, da sociedade e dos profissionais da educação. Sobre estes pontos, no entanto, não se tem consenso. É nestes que se manifestam, claramente, os conflitos da sociedade dividida, excludente... (Luce; Sari, 1993, p. 16)

Já vencida quase a primeira década do século XXI, a Conferência Nacional da Educação Básica (Coneb/2008) se propôs a enfrentar pelo menos quatro grandes desafios que se colocam à educação brasileira para a próxima década do século XXI. O primeiro diz respeito à promoção e à construção de um Sistema Nacional de Educação, responsável pela institucionalização de um trabalho unificado e permanente do Estado e da Sociedade no sentido da garantia do direito à educação; o segundo refere-se à definição de parâmetros e diretrizes para contribuir com a qualificação do processo de ensino e aprendizagem; o terceiro está relacionado com a indicação dos requisitos básicos para a definição de políticas educacionais que promovam a inclusão social, de forma articulada, entre sistemas de ensino; a quarta, refere-se a determinação, para o conjunto das políticas educacionais articuladas com os sistemas de ensino, da garantia da democratização da gestão e da qualidade social da educação (Coneb, 2007, 2008).

De alguma forma os atores que atuam na Conferência[53] exercem algum tipo de influência sobre as políticas educacionais na atualidade, seja na produção de sentidos seja na participação direta sobre a sua gestão[54]. Entre as associações presentes na Conferência, duas delas destacam-se como atores sociais que têm influência direta sobre a gestão da política nacional de formação de conselheiros municipais de educação. Trata-se da União Nacional dos Dirigentes Municipais de Educação (Undime) e da União Nacional dos Conselhos Municipais de Educação (Uncme).

Como se pode ver, a formação de conselheiros municipais de educação constitui-se em importante elemento para os desafios que se colocam para a educação neste início do século XXI. Portanto, não é de se estranhar que se torne objeto de

---

53. Em 2009, o MEC, articulado com as mesmas associações bem como com as universidades públicas e privadas e os estados e municípios, dá início à Conferência Nacional de Educação (Conae) que terá Encontro nacional em abril de 2010. O "Documento Referência" da Conae/2010 segue a linha do Documento produzido durante a Coneb trazendo como proposta central a construção de um sistema nacional articulado de educação.

54. A partir de 2010, com o ordenamento legal que confere à educação um papel relevante para a construção da cidadania brasileira, o Fórum mais uma vez protagoniza conferências nacionais e locais para discutir o novo Plano Nacional de Educação para o próximo decênio reivindicando que 10% do PIB nacional seja investido na educação pública. Assim, o papel das associações, cada uma atuando em frentes pontuais da educação, tem sido fundamental para dar continuidade à luta para a efetivação das conquistas tanto por meio da participação na gestão das políticas educacionais quanto na prática cotidiana das escolas e dos sistemas de ensino.

disputa entre atores sociais, considerando que se quer produzir novo paradigma para a gestão da educação, ou, como afirmam Luce; Sari (1993), uma nova ética para a gestão educacional.

É neste quadro que se inserem a União Nacional dos Dirigentes Municipais de Educação (Undime) e a União Nacional dos Conselhos Municipais de Educação (Uncme). São atores sociais que surgem com as necessidades de reformas educacionais no pós-regime militar e que passam a atuar fortemente sobre a organização do ensino nos municípios brasileiros. Mas é preciso salientar que a relação entre estes dois atores é uma relação de conflitos, já que as duas associações nascem sob o contexto da gestão democrática da educação que exige o compartilhamento do poder nas decisões sobre o ensino nos municípios, o qual, historicamente é concentrado nas secretarias de educação. Em tese, o poder tem sido centrado no dirigente municipal de educação e no próprio prefeito do município. A Undime e a Uncme atuam diretamente na gestão da política de formação de conselheiros municipais de educação junto ao MEC e aos municípios.

A Undime surge de uma proposta de criação de um fórum como fator decisivo no fortalecimento da política municipalista. O primeiro fórum nacional dos dirigentes municipais de educação foi realizado em 1986, em Brasília, quando também foi oficializada a criação da associação. Neste ato foi constituído o 1º Estatuto da entidade com eleição e posse da 1ª Comissão Executiva da Undime[55]. Nacionalmente é organizada por seccionais estaduais as quais utilizam a mesma sigla seguida pelo nome do estado correspondente. Os recursos financeiros para a manutenção da entidade provêm de: doações e dotações que lhe sejam repassadas por governos municipais, estaduais e federais assim como por pessoas de direito público e privado; anuidade de seus associados; contribuições voluntárias das seccionais da Undime e/ou entidades outras. A administração da entidade é exercida pelo fórum nacional, pelo conselho nacional de representantes, pela diretoria executiva e por um conselho fiscal. Na atualidade, a entidade faz parte da lista de associações que indica conselheiros para o Conselho Nacional de Educação (Undime, 2007).

Dentre os objetivos da Undime estão os de participar da formulação de políticas educacionais nacionais, com representação em instâncias decisórias acompanhando sua concretização nos planos, programas e projetos correspondentes bem como, incentivar a formação de dirigentes municipais de educação, para que no desempenho de suas funções, contribua para a melhoria da educação pública (Undime, 2007). Nessa perspectiva, a entidade atua na formação de dirigentes municipais de educação com participação na formação de conselheiros municipais de educação. Desde a criação, o fórum tem sido a sua instância máxima de deliberação. O quadro 4 aponta o desenvolvimento das temáticas nos fóruns da Undime nacional.

---

55. Fizeram parte da 1ª Comissão Executiva: Nordeste (Presidente: Edla de Araújo Lira – Recife/PE); Sudeste (Secretário Geral: Enildo Galvão Carneiro – Campinas/SP); Centro-Oeste (Serys Marly Slhychessarenko Cuiabá/MT); Norte (Josué Fernandes de Souza – Rio Branco/AC); Sul (Telmo Jesus Carlotto-Taquara/RS).

Quadro 4 - Temáticas desenvolvidas nos Fóruns da Undime 1986-2009

TEMÁTICAS DESENVOLVIDAS NOS FÓRUNS UNDIME 1986-2009	
Ano	TEMAS
1986	Os rumos da educação municipal
1987	Educação e Poder Local
1989	A cidadania e a Educação Básica
1991	Educação e projeto nacional
1994	Educação para todos: prioridade nacional
1997	Novas tendências da educação brasileira
1999	Município e educação no 3º milênio
2001	Repensando conceitos e construindo a educação do 3º milênio
2002	Fórum nacional extraordinário
2003	Construindo a educação para todos
2007	Novos tempos na educação básica
2009	Desafios da Educação Municipal e o Direito de Aprender

Fonte: Undime/2009

Os temas destacados apontam as discussões da Undime sobre os sistemas municipais de ensino desde os seus primeiros encontros. Nota-se que as discussões no pós-Carta Magna de 1988, a qual reconhece a educação como um direito social trazem a temática da cidadania bem como incorporam a ideia central do movimento internacional emergido na década de 1990 de "educação para todos" com vistas a diminuir os déficits educacionais dos países subdesenvolvidos ou em via de desenvolvimento[56].

A "educação para todos" é uma temática recorrente na maioria dos fóruns educacionais ocorridos após a Conferência de Jomtien em 1990[57] patrocinada por organismos internacionais (Unesco, Unicef, PNUD e Banco Mundial) e com representantes de vários países. A chamada Declaração de Jomtien estabelece determinações que se estendem da intenção de satisfazer as necessidades básicas de aprendizagem, da universalização do acesso à educação e da promoção da equidade passando por mudanças do modelo de gestão da educação culminando, de modo mais contundente, na definição das competências e responsabilidades das instâncias de governo em relação

---

56. Mais especificamente os nove (E-9) países com maior taxa de analfabetismo no mundo: Bangladesh, Brasil, China, Egito, Índia, Indonésia, México, Nigéria e Paquistão.
57. No Brasil, esta Conferência (que elabora a Declaração Mundial sobre Educação para Todos) vai servir de referência para a elaboração do Plano Decenal Educação para Todos (1993-2003), o Plano Nacional de Educação (Projeto de Lei n. 4.173/98) referenciado também na LDB (lei 9.394/96) que determina que é de responsabilidade da União a elaboração do PNE, isto em colaboração com os estados, Distrito Federal e municípios, e que suas diretrizes e metas, previstas para os dez anos posteriores, devem estar sintonizadas à Declaração Mundial sobre Educação para Todos.

à gestão e financiamento da educação básica (Souza; Faria, 2004). Posteriormente essas postulações são afirmadas pela Cúpula Mundial de Educação para Todos ocorrida no Senegal/Dacar em 2000 e promovida pelos mesmos organismos internacionais[58].

No entanto, é preciso salientar que a gestão democrática da educação, suas práticas e seus instrumentos, em nenhum momento figura como tema central nos fóruns dos dirigentes municipais de educação.

Já a União Nacional dos Conselhos Municipais de Educação (Uncme) emerge no pós-Carta de 1988 quando esta eleva os municípios à categoria de entes federados autônomos. A associação é constituída oficialmente[59] por ocasião do Encontro de presidentes de CME no seminário "avaliação e projeção dos conselhos municipais de educação" no ano de 1992 na cidade de João Pessoa/PB. Nesta ocasião é aprovado o Estatuto da entidade e publicado no *Diário Oficial de João Pessoa* no dia 12 de agosto de 1992.

No entendimento da assessora do CME/POA/RS e ex-vice-presidente desta entidade em âmbito nacional, a Uncme, ao ser criada, guardava ainda muitos resquícios do conservadorismo inerente à gestão da educação.

> *A Uncme era uma associação muito mais voltada para os conselhos lá de cima. Ela era capitaneada pelo conselho da Paraíba e o conselho de São Paulo com um viés muito conservador da visão de educação, onde os conselhos eram compostos por pessoas de "douto" saber e indicados pelo prefeito da cidade. Então, tinha uma relação muito próxima do conselho com o secretário de educação e com o prefeito. (...) Não se tinha discussão, naquela ocasião, dos conselhos de educação enquanto órgãos de controle social. Eles eram muito mais discutidos enquanto órgãos de assessoria dos secretários de educação.* (Depoimento, abril de 2008)

Desde a criação da Uncme foram realizados vários encontros nacionais. O encontro realizado em 2008 que teve como tema "Participação social: para uma educação pública de qualidade", discutiu questões atinentes ao papel do Conselho como instância de participação e tomada de decisões sobre a gestão da educação nos municípios. Segundo o Estatuto da Uncme, todos os CME, associados, dos estados brasileiros devem adotar a nomenclatura Uncme acrescida da sigla do respectivo estado, sendo que, nos estados atuará como coordenador da Uncme nacional um presidente de CME eleito conforme organização local[60].

---

58. Apesar de a Unesco ser por excelência a principal instituição multilateral responsável pela implementação da estratégia de "educação para todos", o Banco Mundial vem tendo um papel mais determinante, trazendo reflexos consideráveis para o modo como a cooperação internacional concebe a educação e nos projetos apoiados (Silva et al, 2006).
59. A Uncme Nacional é fundada por iniciativa dos Presidentes dos Conselhos Municipais de Recife (Odilon Albuquerque); Florianópolis (João Gama); Vitória da Conquista (Maria da Conceição Barros); Aracajú Educação de: João Pessoa (José Augusto Peres); Recife (Valtênio Paes de Oliveira). Foi pela ação dos presidentes dos CME citados, reunidos em João Pessoa/PB nos dias 6, 7 de julho de 1992 que se concretizou a associação que congregaria os interesses e defesas dos conselhos municipais de educação (UNCME, 2008).
60. A diretoria da Uncme nacional é composta por: presidente, vice-presidente, coordenadores estaduais, tesoureiro.

Apesar de os conselhos municipais de educação registrarem sua existência em período anterior a Constituição de 1988[61], a Uncme é criada na década de 1990 quando os conselhos passam a incorporar outras funções requeridas pela sociedade civil organizada e refletida no novo ordenamento legal e na consequente reforma educacional. É neste sentido que os objetivos da associação expressam este processo num primeiro momento no Pós-Carta de 1988 e, num segundo momento, no pós LDB/1996 e PNE/2001. O quadro 5 expõe este processo.

Quadro 5 - Objetivos da Uncme Nacional

OBJETIVOS DA UNCME NACIONAL	
1992	2004
• Articular-se com o Ministério da Educação e outros órgãos governamentais e não governamentais públicos e privados; • Buscar soluções para os problemas educacionais comuns e diferenciados dos municípios brasileiros; • Estimular a cooperação entre conselhos; • Constituir-se em fórum de discussão e defesa da educação; • Contribuir para a ampliação e melhoria da educação básica nacional; • Incentivar e orientar a criação e organização de conselhos municipais de educação.	• Promover a união e estimular a cooperação entre os Conselhos Municipais de Educação; • Buscar soluções para os problemas educacionais comuns e diferenciados dos municípios brasileiros; • Articular-se com órgãos públicos e privados, tendo em vista o alcance dos objetivos educacionais constitucionais; • Representar os CME perante os poderes públicos; • Estimular a educação como um dos instrumentos de redução das desigualdades sociais; • Incentivar e orientar a criação e a organização de novos CME, como uma das estratégias fundamentais para a organização dos Sistemas Municipais de Ensino; • Realizar, anualmente, Encontro Nacional para a avaliação e discussão de temas educacionais, trocas de experiências sobre o funcionamento dos CME e para deliberar sobre questões relativas à sua atuação e o seu funcionamento.

Elaborado com base no Regimento da Uncme/2009

Orientada por tais objetivos a Uncme, apesar de ter participação apenas eventual nas políticas nacionais de educação até 2002, começa a exercer influência na formação de conselheiros a partir dos fóruns nacionais promovidos anualmente. Todavia, nestes fóruns compareciam os coordenadores estaduais e presidentes de CMEs dos municípios com maiores recursos financeiros e dependiam de recursos da secretaria municipal de educação, as quais, muitas vezes, não apresentavam interesse, pelos motivos já destacados, na formação de conselheiros. Por sua vez, a formação de

---

61. Antes da Carta de 1988, como já foi visto, alguns municípios por iniciativa própria criaram conselhos municipais de educação com caráter de órgão consultivo da Secretaria Municipal de Educação.

conselheiros oferecida pelo MEC por meio do Prasem III concentrava-se nas regiões nordeste, norte e centro-oeste, deixando descoberta grande parte das regiões brasileiras todas carentes de formação de conselheiros no sentido de que atuassem mais qualificadamente sobre a gestão do sistema municipal de ensino.

Considerando tais aspectos, é importante salientar que até 2003 a articulação entre a Uncme e o Ministério da Educação se dava apenas eventualmente, já que a formação de conselheiros era provida pelo programa Prasem III cujo maior articulador da formação era a Undime. É a partir do governo Lula que o MEC inicia uma relação direta com a Uncme e a formação de conselheiros municipais de educação.

A partir de 2003, a nova gestão do MEC reestrutura os órgãos internos responsáveis pela organização burocrático-administrativa dos serviços educacionais. Dentre estes se podem citar a Secretária de Educação Básica e dentro desta a criação do Departamento de Articulação e Desenvolvimento dos Sistemas de Ensino (Dase) e da Coordenação-Geral de Articulação e Fortalecimento Institucional dos Sistemas de Ensino (Cafise) os quais passam a ser geridos por atores com trajetórias de reconhecida atuação em associações da sociedade civil que sempre estiveram relacionadas com a luta pela gestão democrática da educação e que já vinham de uma prática de pressão para a participação social na gestão das políticas educacionais.

Esta nova organização administrativo-burocrática do MEC bem como dos seus gestores exerceram influência na participação direta da Associação que representava nacionalmente os conselhos municipais de educação, na construção do Programa nacional criado para capacitar/formar conselheiros. O MEC inicia em 2003 um processo de discussão sobre a formação de conselheiros considerados na perspectiva de fortalecimento dos sistemas de ensino. Desta discussão participam a Uncme, a Undime, o CNE e Fórum Nacional dos Conselhos Estaduais de Educação (FNCEE). Segundo a atual coordenadora da Uncme do RS, é somente a partir da gestão do MEC em 2003 que os conselhos municipais de educação passam a ser vistos e considerados por meio de uma visão nacional:

> *Os conselhos municipais de educação não existiam numa visão nacional, a não ser pela Uncme nacional, que era muito fragilizada, muito pequena, ela despontou agora com o apoio do Ministério da Educação. Nesta gestão (gestão Lula) o MEC deu vida realmente aos conselhos municipais de educação!* (Depoimento, março de 2008)

Também o depoimento de uma das Consultoras do Prasem e depois, Pradime e Pró-conselho corrobora com esta afirmação ao considerar que a formação de conselheiros municipais de educação foi uma iniciativa surgida como demanda do Prasem III. Salienta que inicialmente a formação era apenas para secretários municipais de educação, mas à medida que o programa foi sendo implementado (nas regiões norte, nordeste e centro-oeste) se identificou a necessidade de capacitar também os prefeitos bem como os conselheiros do Fundef e do conselho municipal de educação, *"visto que era necessário que todos eles compartilhassem de um conhecimento comum sobre a gestão do sistema municipal de ensino"* (Depoimento, abril de 2008).

Segundo a Consultora foi fundamental para a emergência do Pró-conselho a discussão que foi realizada no Prasem e na qual participaram, na época, pessoas ligadas a associações como a Undime, a CNTE e ao próprio partido político que hoje se encontra no governo federal. Tais atores, hoje, atuam em órgãos gestores do MEC (SEB; Dase; Cafise) sendo eles responsáveis pelo levantamento inicial da discussão sobre gestão democrática que levou a formulação e implementação do Pró-Conselho de forma articulada com a Undime e especialmente com a Uncme (IDEM).

1.2 O contexto local

É importante salientar que o contexto local apesar de atravessado pelos contextos global e nacional possui arenas de conflito próprias, isto é, marcadas por suas especificidades sociopolíticas, econômicas e culturais. Nessas condições, para que se compreenda a política nacional de formação de conselheiros municipais de educação enquanto um constructo social é preciso destacar dois fatores entrelaçados entre si e que são fundamentais para entender a relação entre o contexto local com o contexto nacional: o primeiro, é a forma de organização dos municípios do Rio Grande do Sul e a sua relação com a democratização da educação; e o segundo diz respeito à influência de atores locais na organização dos sistemas municipais de ensino e na formação de conselheiros municipais de educação.

1.2.1 A federação das associações de municípios do Rio Grande do Sul e o seu papel na democratização da educação municipal

O estado do Rio Grande do Sul possui atualmente 497 municípios e todos eles estão organizados em 25 associações regionais[62]. Estas associações regionais assu-

---

62. Cada região possui características próprias e uma sigla e um número de municípios: Amasbi-16 (Associação dos municípios do Alto da Serra do Botucaraí); Amaja-16 (Associação dos municípios do Alto Jacuí); Amvat-37 (Associação dos municípios do Vale do Taquari); Amau-32 (Associação dos municípios do Alto Uruguai); Amucser-09 (Associação dos municípios dos Campos de Cima da Serra); Amcentro-35 (Associação dos municípios do Centro do Estado); Amcserra-10 (Associação dos municípios da Centro Serra); Amesne-43 (Associação da Encosta Superior do Nordeste); Amfro-12 (Associação dos municípios da Fronteira Oeste); Grampal-10 (Associação dos municípios da Grande Porto Alegre); AMGRS-20 (Associação dos municípios da Grande Santa Rosa); Amlinorte- 23 (Associação dos municípios do Litoral Norte); AMM- 26 (Associação dos municípios das Missões); Amunor- 20 (Associação dos municípios do Nordeste Riograndense); Amuplan-11 (Associação dos municípios do Planalto Médio); Asmurc-09 (associação dos municípios da Região Carbonífera); Amuceleiro-21 (Associação dos municípios da Região Celeiro do Rio Grande do Sul); Assudoeste-07 (Associação dos municípios da Região Sudoeste); Amserra-09 (Associação dos municípios de Turismo da Serra); Amvarc- 20 (Associação dos municípios do Vale do Rio Caí); AMVRS- 18 (Associação dos municípios do Vale do Rio dos Sinos); Amvarp- 13 (Associação do Vale do Rio Pardo); Acensul- 12 (Associação dos municípios da Região Centro Sul); Amzop-45 (Associação dos municípios da Zona de produção); Azonasul-21 (Associação dos municípios da Zona Sul);

miram institucionalidade e papel político relevante na década de 1970 num contexto de restrições político-partidárias no qual os governadores eram indicados pelo governo federal, ficando os municípios, com exceção das capitais e aqueles com instâncias hidrominerais, com a possibilidade de eleger o seu governante. Também este foi um período de grandes investimentos federais e estaduais em obras de infraestrutura (Luce, 1994). No Rio Grande do Sul, mesmo com critérios geográficos e econômicos pouco definidos na época, os municípios começam a delinear uma organização no formato de associações regionais para a defesa dos interesses dos munícipes e dos municípios. Assim, pode-se dizer que este contexto teve grande influência na forma de organização dos municípios deste estado na atualidade.

A constituição das associações foi um movimento que teve grande impulsão em 1975 quando o governo federal implementa o programa Pró-Município propondo a articulação entre as esferas municipal e estadual com vistas a ampliação e reestruturação dos órgãos municipais dentre estes, os responsáveis pela educação no município. Neste mesmo ano o Ceed/RS reforça a autonomia dos municípios em relação à educação ao emitir o Parecer 114/75 recomendando a criação de conselhos municipais de educação para promover a regularização das escolas de 1º grau da rede municipal de ensino (Bueno, 2009).

O Programa termina por suscitar a defesa dos interesses municipais. Temas como a descentralização, autonomia e cooperação tornam-se centrais nas agendas de encontros e debates entre prefeitos (Bueno, 2009). Com a ampliação do debate surge a necessidade de estabelecer uma entidade representativa de todas as associações. Assim, em 24 de maio de 1976 cria-se a Federação das Associações Regionais de Municípios (Famurs) com o objetivo de associar, integrar e representar as associações regionais. Em 1988 esta entidade teve sua atividade decretada como de utilidade pública. Já em 1994, é reconhecida pela Assembleia Legislativa do estado (Lei 10.114/94) como entidade oficial dos municípios do Rio Grande do Sul. Segundo Luce (1994, p. 161), que participou deste processo como representante da Faculdade de Educação da UFRGS:

> Nesse processo de organização e representação dos interesses dos governos e das comunidades locais, as associações de municípios e a Famurs tornam-se parceiras de várias instituições e projetos. Estabelecem, assim, um novo padrão de relações sociais, políticas e institucionais, captando a atenção e a contribuição de segmentos já constituídos e muitas vezes pouco comprometidos com as questões municipais, ou obtendo a participação do poder público municipal em questões ou projetos que ainda não haviam sido contemplados por seus recursos financeiros ou técnicos e por seu poder político. Exemplos desta parceria são universidades, empresas, cooperativas e sindicatos.

Na atualidade a Famurs localiza-se em prédio próprio na capital (Porto Alegre) e organiza-se por meio de Assembleias Gerais as quais são realizadas mensalmente. Para o encontro mensal cada microrregional discute suas questões trazendo-as para a agenda de discussões gerais na Famurs. Nas reuniões mensais comparecem os presidentes das 25 associações regionais. As decisões que são aprovadas nos encontros mensais são levadas pelos presidentes às associações nas suas microrregiões onde serão implementadas pelo conjunto de prefeitos. Sempre que entender necessário a diretoria da entidade, eleita pelos prefeitos, poderá convocar para a discussão de temas polêmicos todos os prefeitos dos 497 municípios. Para tal, está organizada administrativamente em setores que contam com profissionais especializados em áreas específicas da administração pública municipal. Tais áreas são: agricultura, infraestrutura e meio ambiente, receitas municipais, saúde, assistência social, trabalho e habitação, tecnologia da informação, trânsito e jurídico, educação, cultura e turismo (Famurs, 2008).

O setor da educação foi criado no ano de 1989 sob a denominação de Unidade de Educação e Cultura (UEC). A partir de sua criação este setor passa a atuar em temas como: educação infantil, ensino fundamental, educação de jovens e adultos, alfabetização e educação especial. Atuando nestes temas o setor pretende assessorar as secretarias municipais de educação quanto a convênios e acordos que são articulados com o estado e a União[63]. É por meio desse setor que a Famurs, em parceria com atores locais, tem atuado, especialmente depois da elaboração da LDB de 1996, como importante ator na formação de conselheiros e secretários tendo como principais temas a instituição e organização dos sistemas municipais de ensino do Rio Grande do Sul.

Já em 1989, Maria Beatriz Luce (UFRGS), coordenadora dos estudos sobre a constituição dos sistemas municipais de ensino no RS, afirmava que era evidente o crescente papel social e político dos governos locais ante o reconhecimento dos municípios, pela Carta Magna de 1988, como entes federativos autônomos. No entanto, chama atenção ao fato de que para além das impressões primeiras, é necessário que aqueles que se preocupam com a democratização do Estado brasileiro e com a relação Estado-Sociedade como fundamento e estratégia da ética e da cidadania questionem constantemente se o conteúdo deste poder e da eficiência municipal é conservador, ou inovador e democrático.

---

63. Com a União são elencados como principais temas de atuação: o financiamento da e educação, censo escolar, assistência técnica ou financeira dos programas suplementares. Com o estado aponta-se parcerias e discussões em torno de: levantamento on-line do transporte escolar, regramento dos termos de convênios do transporte de alunos, merenda escolar e Programa de Apoio ao Desenvolvimento de Ensino Estadual no Município (Pradem). Entram na atuação também parcerias e convênios com universidades para o desenvolvimento de cursos de formação continuada para professores e realização de pesquisas de interesses dos municípios.

1.2.2 A influência dos atores locais na formação de conselheiros

A formação de conselheiros municipais de educação na atualidade está diretamente relacionada com a constituição dos sistemas municipais de ensino já que os conselhos são reconhecidos na maior parte dos municípios, segundo o Sicme/2006, como órgãos normativos do sistema. No entanto, este é um processo que se inicia na década de 1980 especialmente com emergência de duas normas legais de âmbito nacional: a Emenda Calmon regulamentada pela Lei 7.348/85 a qual (re)estabelece a vinculação orçamentária de recursos para a educação, dando novo contorno aos orçamentos públicos bem como às ações educacionais no âmbito dos municípios; e o Decreto Federal n. 9.178/85 que define a participação dos municípios nos recursos federais por meio duas condições: possuir um sistema municipal de ensino estruturado[64] e Lei de Estatuto do Magistério aprovado. Apesar desta legislação os municípios tinham grandes carências em termos de recursos de infraestrutura, financeiros e de qualificação profissional para todas as áreas e dentre estas, a educação. Com base nestas carências se fortalecem as discussões sobre a municipalização do ensino tendo como base a qualidade do ensino.

No RS esta discussão começa a ser constituída a partir das associações de municípios representadas pela Famurs. Neste processo alguns atores foram fundamentais na articulação com a Famurs para criação dos sistemas municipais de ensino e dos conselhos como órgãos com funções e atribuições de ordem normativas, fiscalizadoras, deliberativas e de controle social. São elas: o Conseme-Undime/RS; o Fecme-Uncme/RS e o Conselho Municipal de Educação de Porto Alegre. Estes atores são constituídos no período de efervescência das discussões e lutas pela democratização do Estado brasileiro considerando que são nos municípios que se materializam as condições reais de realização dos direitos de cidadania.

1.2.2.1 O conselho dos secretários municipais de educação (Conseme/Undime-RS)

Como já foi visto a Undime representa os dirigentes municipais de educação em âmbito nacional. No entanto, a sua organização no RS possui história própria.

O Conseme-Undime/RS foi criado antes mesmo da oficialização da entidade em nível nacional em outubro de 1986. Mas a ideia de organizar uma entidade que congregasse os dirigentes municipais de educação no RS nasce de um Encontro Nacional de Secretários Municipais de Educação realizado, em fevereiro de 1986, no estado do Recife/PE. Em maio do mesmo ano, reúnem-se no auditório da De-

---

64. É importante ressaltar que neste período o conceito de SME significava o município possuir uma rede de escolas e um órgão responsável pela educação municipal (Secretaria Municipal de Educação).

legacia do MEC/RS secretários de educação representando dezoito associações de municípios e criam o Conselho dos Secretários de Educação e Cultura do RS (Conseme). Mais tarde, o Conseme por entender que nem todos os municípios incorporam a pasta da Cultura, retira da sigla a palavra que representa este setor.

No âmbito nacional, a Undime estabelecia que os estados adotassem a sua sigla seguida da sigla do estado. No RS, esta questão estatutária foi discutida no Conseme que decidiu manter a identidade local[65]. Segundo uma ex-secretária de educação e fundadora da Undime nacional e do Conseme no RS[66]:

> *Quando, pela primeira vez, o Estatuto da Undime, numa das reformulações que sofreu (não lembro a data) previu que as seccionais estaduais deveriam adotar o nome da entidade nacional acrescido da sigla da unidade federada, o assunto foi amplamente discutido no Conseme e não havendo consenso a questão foi posta em votação no colégio de representantes. Venceu por larga maioria de votos a proposta de que seria mantida a denominação Conseme acrescida de Undime (Conseme-Undime/RS) uma vez que, a entidade em nosso estado, já era reconhecida como tal. Registro que fui voto vencido naquela oportunidade, pois entendia que a unidade nacional era muito importante e que a decisão do Fórum Nacional e do Estatuto aprovado deveria ser cumprida.* (Depoimento, abril de 2008)

Ao iniciar suas atividades, o Conseme estabelece sua sede junto à Secretaria de Educação do município (Taquara) do primeiro presidente eleito. À medida que as discussões e demandas, via Conseme, aumentam surge a necessidade de providenciar uma sede que apresentasse mais infraestrutura e fosse localizada na capital, para esta favorecer o acesso de todos os secretários de educação. Como a entidade tinha poucos recursos financeiros, busca a ajuda da Famurs, a qual congregava todos os municípios do estado, tinha sede própria na capital e já recebia contribuição dos municípios. Tal opção evitaria a dupla contribuição dos municípios, além de fortalecer ambas as entidades, cuja finalidade é o fortalecimento e a articulação dos municípios para a oferta de melhores serviços à população, no caso do Conseme, para a área da educação.

A proposta do Conseme é aprovada pela Famurs no segundo semestre de 1986. Fica acertado que o Conseme teria apoio financeiro da Famurs para executar suas atividades. A Famurs compromete-se em repassar anualmente à Undime nacional os valores referentes à contribuição anual. Já o Conseme se compromete em constituir-se no braço educacional da Famurs, atuando de maneira articulada, organizado nas associações dos municípios como já vinha ocorrendo.

---

65. No âmbito nacional a entidade optou colocar na sigla "dirigente municipal de educação" porque em alguns municípios do Brasil, ainda que sejam poucos, não existe o cargo de secretário de educação. No caso do RS, todos os municípios possuem o cargo com atribuições e responsabilidades definidas.

66. É importante salientar que esta pessoa é a mesma que em outro momento deste trabalho citei como sendo Consultora do Prasem III e capacitadora/formadora do Pró-Conselho.

Com base no compromisso assumido, o Conseme passa a atuar como agente dinamizador para a constituição do sistema municipal de ensino no RS tendo como uma de suas estratégias a formação de secretários municipais de educação. É bom lembrar que, nesta época, o conceito de sistema de ensino municipal, conforme orientação do Decreto de 1985, significava o município possuir uma rede de ensino e um órgão responsável pela educação. Esta concepção é diferente daquela que irá se concretizar a partir da Constituição de 1988 e da LDB de 1996 que torna os municípios entes federados autônomos dando-lhes a possibilidade de normatizar a educação no âmbito municipal.

No ano de 1989, a UEC/Famurs com o objetivo de assessorar e apoiar os secretários municipais de educação por meio de suporte técnico passa a exercer também a função de secretaria executiva do Conseme (Sari, 2002). O trabalho realizado pelo Conseme, segundo depoimento da ex-secretária municipal de educação que participou de sua fundação e mais tarde cria dentro da Famurs a UEC, passa a ser referência no país:

> *(...) esse trabalho articulado (e regionalizado) entre a entidade que congrega os municípios representados pelos seus prefeitos e a entidade representativa dos secretários municipais de educação era, na época, bastante inédito no país. Inúmeras vezes fomos convidados para relatar esta experiência em reuniões da Undime nacional e em eventos do MEC-Unesco e nas seccionais estaduais. Por ocasião de um Fórum estadual do Conseme-Undime/RS, realizado paralelamente ao congresso da Famurs e aos Fóruns das outras áreas técnicas, a então presidente da Undime nacional (...) veio acompanhada do prefeito do seu município que desejava conhecer a Famurs e essa experiência inédita in loco. A experiência é citada também em algumas obras como: "Gestão escolar: desafios e tendências" organizado pelo Antonio Carlos Xavier e publicado em 1994 pelo IPEA e "Gestão educacional e descentralização – Novos padrões" de Vera Lúcia Cabral e Eny Maia e Lúcia Mandel publicado pela Cortez em 1997 e também...* (Depoimento, abril 2008)

Conforme o depoimento da ex-secretária municipal de educação é a partir da experiência do RS que outras seccionais da Undime buscaram essa integração e passam a instalar suas sedes junto às entidades representativas dos municípios.

Segundo Luce (1994), Famurs e Conseme entenderam que a construção dos sistemas municipais de ensino era tarefa que não podia ser adiada, por significar compromisso com a transformação da realidade existente requerendo uma nova configuração dos atores da política educacional. A organização associativa colegiada parece a mais adequada, talvez até indispensável, para mudar a face do precário ensino público e para reanimar as discussões sobre descentralização, municipalização e democratização da educação.

A partir do início dos anos 2000, a Famurs passa a ter dificuldades financeiras para manter o Conseme-Undime/RS bem como repassar à Undime nacional a contribuição anual. Assim, no ano de 2002 a entidade constitui-se em pessoa jurídica para poder receber e gerir recursos disponibilizados por outras instituições às seccionais da Undime nacional.

No depoimento presidente do Conseme-Undime/RS gestão 2008, ela salienta o problema da entidade em relação a aspectos financeiros e operacionais que tem impedido uma atuação mais ampla com relação à formação de gestores bem como da produção de pesquisas e diagnósticos sobre a educação municipal no RS. No entanto, afirma que a Undime tanto em nível nacional quanto local tem participado diretamente sobre as discussões e elaboração de políticas educacionais, especialmente para os municípios. Participa na formação de conselheiros municipais em conjunto com a Uncme especialmente na organização da infraestrutura dos Encontros nos municípios como na indicação de capacitadores (Depoimento, abril 2008).

1.2.2.2 O fórum estadual dos conselhos municipais de educação (Fecme/Uncme-RS)

O Fórum estadual dos conselhos municipais de educação (Fecme) começa a ser articulado em 1994, dois anos após a criação da Uncme nacional, no decorrer do VII Encontro do Conselho Estadual de Educação (Ceed) com conselhos municipais de educação que possuíam delegação de atribuições. Durante esse Encontro forma-se uma comissão composta por cinco conselhos municipais de educação (CME-Agudo; CME-Bento Gonçalves; CME-Canoas; CME-Santana do Livramento e CME-Porto Alegre) com o objetivo de concretizar uma entidade que representasse todos os conselhos municipais de educação do RS.

Em novembro de 1994 foi realizada no RS a VIII Plenária do Fórum Nacional dos Conselhos Estaduais de educação, no qual participou um grande número de conselhos municipais de educação. Nesse Encontro amplia-se o número de CME participantes na Comissão (CME-Lageado; CME-Pelotas; CME-Alegrete; CME-Seberi; CME-Carazinho e CME-Carazinho) e realiza-se a 1ª reunião da comissão organizadora do Fórum. Já em janeiro de 1995 realizou-se em Porto Alegre a primeira reunião oficial da comissão organizadora do Fórum contando com as presenças dos conselhos de Alegrete, Bento Gonçalves, Canoas, Carazinho, Lajeado, Pelotas, Santana do Livramento, Seberi e Porto Alegre. Nesta reunião foi discutida a proposta do Estatuto do Fórum.

Realizam-se mais dois encontros da comissão para a discussão do Estatuto, e em outubro de 1995 ocorre a Plenária de Instalação do Fórum com a presença de 73 conselhos municipais de educação. Nesta Plenária cria-se o Fórum estadual dos conselhos municipais de educação (Fecme) como a principal instância de discussão e formação de conselheiros no RS. Na ocasião, além da eleição da primeira comissão diretiva do Fórum, foram aprovados o Regimento Interno, registrado no cartório de registros especiais, bem como a "Carta do Fórum" constituindo-se esta no principal documento produzido nos encontros e que expressa os posicionamentos dos CMEs sobre educação, especialmente para o âmbito municipal até a atualidade.

Assim, ficam estabelecidos como objetivos do Fecme/RS: estimular a organização dos CMEs e sua participação no Fórum; defender a existência e o funcionamento autônomo dos CMEs; aglutinar esforços permanentes de pensar a educação à luz das necessidades da sociedade brasileira; articular discussões, fazer proposições e encaminhamentos de matérias, a fim de influir nas decisões relativas à educação a serem tomadas nas esferas municipal, estadual e federal; divulgar iniciativas e procedimentos legais e técnico-administrativos que possam contribuir para o aperfeiçoamento organizacional dos colegiados; contribuir para o estreitamento das relações institucionais entre os CMEs; representar nas esferas municipal, estadual e federal, os interesses comuns aos CMEs; propor sugestões e subsidiar a elaboração, aprovação, implementação, acompanhamento e a avaliação dos Planos estadual e municipal de educação (Fecme, 2001).

É importante salientar que, na época da criação do Fecme, a relação deste com a Uncme nacional era, praticamente, inexistente. Conforme depoimento de uma das fundadoras do Fecme e depois vice-presidente da Uncme nacional,

> *O RS foi tomar conhecimento da existência da Uncme por um convite para participar desta associação em 1996 (...). A gente não sabia nem do que se tratava, mas fomos e lá tomamos conhecimento da existência da Uncme. Na ocasião em que fomos ao Encontro nacional nós já havíamos criado o Fecme, foi logo depois do surgimento do CME de Porto Alegre, quando não havia fórum de discussão que congregasse os conselhos.* (Depoimento, março 2008)

Em relação à sigla Uncme, ocorre um debate entre os conselheiros no âmbito do RS para decidir como ficaria o nome da associação no RS, já que a Uncme nacional exigia em seu Regimento que os associados nos estados deveriam adotar a sua sigla mais a sigla do estado. No RS já havia se construído uma identidade local em torno da sigla Fecme cujo significado estava relacionado com todo um contexto da organização da sociedade local, que não se queria perder. Ao final, decidem utilizar a sigla Fecme/Uncme-RS sendo que o presidente do Fórum seria também o coordenador estadual da Uncme, afirmando que *"é importante fazer parte da Uncme nacional, mas sem perder a nossa identidade regional construída pelo Fecme"* (Depoimento, março 2008).

Para cumprir com seus objetivos o Fórum organiza-se em: Plenário, constituído pelos conselhos membros e realizado uma vez por ano com todos os conselhos cadastrados no Fecme; Comissão diretiva composta por presidente, 1° vice--presidente, 2° vice-presidente, 3° vice-presidente e secretário; regionais nas quais os conselhos estão organizados por regiões (25) conforme a organização da Famurs sendo que cada região possui um coordenador e as regiões maiores também sub-coordenadores.

O financiamento do Fórum é de responsabilidade das prefeituras. O recurso para a realização da Plenária anual fica por conta da prefeitura em que está estabelecida a Comissão e o presidente do Fórum. Conforme a atual presidente do Fecme (Depoimento, março 2008) a questão do financiamento é um problema bastante sério, inclusive impedindo a realização de pesquisas e levantamento de dados sobre educação nos municípios. Na maioria das vezes, se utiliza dados da Famurs e da Undime, *"o financiamento para o Fecme é muito pouco, pois quem financia são as prefeituras, principalmente a do município que assume a direção do Fórum"*.

Com esta organização, a sede do Fórum é itinerante, já que se muda para a sede do CME ao qual pertence o presidente. Além disso, antes da plenária, a Fecme organiza encontros regionais entre os conselhos de onde são elaboradas as principais pautas para o encontro anual. No que tange aos espaços para os encontros regionais, bem como o encontro anual, a Uncme realiza parcerias com universidades, prefeituras e a própria sede da Famurs quando os encontros são em Porto Alegre.

Na atualidade, o Fecme/RS atua articulado com a Uncme nacional, mas esta articulação não se deu e nem se dá sem conflitos, já que a Uncme nacional, em seu Estatuto, indica que a coordenação nos estados deve utilizar a sigla nacional mais a sigla do estado. Mas no RS argumenta-se que é preciso manter a identidade do Fórum. Nas duas últimas gestões (dois anos cada) determinou-se que o presidente do Fórum seria também o coordenador estadual da Uncme, visto que, antes se tinha um presidente para o Fórum e um coordenador estadual para a Uncme nacional.

Assim, desde a criação da associação dos Conselhos Municipais de Educação no RS (que em 2010 aceita utilizar somente a sigla Uncme/RS), sua atuação tem tido grande influência na formação de conselheiros criando e cristalizando paradigmas para a educação municipal no estado do Rio Grande do Sul.

1.2.2.3 O conselho municipal de educação de Porto Alegre/RS

A emergência do Fecme no RS está diretamente relacionada com o conselho municipal de educação de Porto Alegre e seu protagonismo na construção de paradigmas para a gestão da educação no município de Porto Alegre. Para situar o CME/POA é preciso considerar o contexto sob o qual ele emerge, qual seja, da implantação da escola cidadã e da organização da rede municipal de ensino por ciclos de formação na década de 1990. Este foi um período de rupturas com paradigmas tradicionais em educação no âmbito da cidade de Porto Alegre.

Naquele período, anterior à LDB de 1996, os conselhos municipais de educação tinham suas atribuições delegadas pelo Conselho Estadual de Educação (Ceed), especialmente a de órgão normatizador da rede. No entanto, o CME/POA instalado em 1991, no contexto da cidade que começava colocar em prática o "Orçamento Participativo", já exercia grande protagonismo nas discussões sobre educação para o município. O diálogo que o CME/POA mantinha com o Ceed/RS proporcionou-lhe participar dos Fóruns estaduais e nacionais destes conselhos. Foi daí que nasceu à sugestão ao CME/POA, do presidente Fórum dos conselhos estaduais da época, para que se criasse um Fórum que congregasse os CMEs do RS. A partir desta orientação é o CME/POA que emite ofício para os conselhos que farão parte da Comissão de criação do Fecme solicitando sugestões para uma agenda de encontros.

Na verdade, o próprio CME/POA emerge de discussões entre importantes associações da sociedade civil preocupadas em acelerar o processo de democratização da gestão da educação na cidade. Do debate realizado em 1990 participavam a Associação dos professores do município de Porto Alegre (Atempa) bem como o sindicato dos professores do estado do Rio Grande do Sul (CPERS) os quais incorporavam as discussões deste segmento em nível nacional. O principal argumento para a criação do CME/POA na época, segundo uma conselheira e fundadora foi o seguinte:

> Entendíamos já que a democratização da educação e das estruturas públicas é um dos alicerces necessários para a "construção da cidadania" e que a gestão democrática implica a existência de "mecanismos" que devem situar-se, dentro do município, em, pelo menos, três âmbitos: o da escola, o do sistema municipal de ensino e o da cidade. (Sieczkowski, 2002, p. 68)

Nessa perspectiva, no âmbito da organização da escola, passam a defender que a gestão democrática exige, no mínimo, a instalação e o efetivo funcionamento de três estruturas: o conselho escolar, a eleição direta para diretor de escola e o repasse sistemático de verba diretamente para a unidade de ensino para que esta constitua autonomia financeira. No âmbito do sistema municipal de ensino (neste período ainda visto somente como conjunto de escolas da rede municipal de ensino) assumiam o posicionamento de que era fundamental a criação e a garantia do efetivo funcionamento do CME como órgão com poderes não apenas consultivos, mas, centralmente, deliberativos e fiscalizadores no que diz respeito à educação ofertada no município. Já no âmbito da organização da cidade compreendem que a gestão democrática só se tornaria realidade com a "participação direta" de todos os munícipes nas decisões que afetam o conjunto da população, como, por exemplo, o estabelecimento das prioridades de aplicação das verbas orçamentárias públicas, bem como a fiscalização do cumprimento das ações definidas enquanto tal (Sieczkowski, 2002).

Fruto desses posicionamentos estabelece-se a defesa de que as instâncias de gestão democrática existente dentro da escola, isto é, o conselho escolar e a eleição de diretores bem como o órgão máximo de educação no município (o Conselho Municipal de Educação) devem refletir em sua composição e/ou em seu processo de realização a representação de todos os segmentos da comunidade escolar, entendida esta como o conjunto dos profissionais em exercício na escola somado à totalidade daqueles que usufruem da escola (Sieczkowski, 2002).

Esses foram os sentidos que orientaram, estimularam e impulsionaram as discussões com as escolas no ano de 1990 em Porto Alegre culminando com a proposta de alteração ao Projeto de Lei de Criação do CME/POA o qual se encontrava em processo de tramitação na Câmara Municipal sendo então, transformado em Lei no ano de 1991 (Lei complementar nº 248/91).

Depois da Constituição de 1988 e da LDB/96 possibilitarem aos municípios a constituição de sistema de ensino próprio, o executivo municipal cria em 1998 o sistema municipal de ensino de Porto Alegre, agregando às funções já exercidas pelo CME a de órgão normatizador do sistema. Segundo a conselheira que participou na criação do conselho, atuando na atualidade (2008) como assessora do CME/POA:

> O conselho municipal de educação de Porto Alegre, dando conta de demandas impostas à época, ousou, mesmo antes da atual LDBEN, discutir e aprovar, em 1995, Parecer prévio sobre a Proposta Político-Pedagógica por Ciclos de Formação, gestada, inicialmente, pela comunidade escolar da Vila Monte Cristo e pela secretaria municipal de educação, e, posteriormente, discutida e assumida por todas as escolas da rede municipal. O novo paradigma para a educação ali presente – o da escola que garante a aprendizagem, permanência e o sucesso para todos – alicerça-se nas diretrizes estabelecidas pelo Congresso Municipal Constituinte de 1995 e referendado pelo II Congresso das Escolas Municipais de 1998. É a escola que inaugura um novo tempo na aprendizagem: a escola cidadã, que se faz com "a construção de ações coletivas, a vivência produtiva e prazerosa de professores, funcionários, estudantes e comunidade em uma escola pública solidária, participativa e inclusiva". (Susin, 2002, p. 64)

Atualmente, segundo a presidente do CME/POA (2008), depois da mudança do governo municipal em 2004 o CME passa por um processo de "esvaziamento" das suas funções. Essa afirmação pode ser constatada já a partir de 2006, quando a Secretaria Municipal de Educação de POA/RS decide, sem consultar o CME, mudar os assessores do conselho. Tal ação reforça uma relação de confronto entre os órgãos gestores do sistema municipal de ensino de Porto Alegre cujo efeito é logo assumido pelas associações do RS de ambas as instâncias gestoras citadas o Conseme/Undime e Fecme/Uncme. Também fica bastante claro que o CME é uma instância de correlações de forças, e, como tal, há competição pelo domínio deste espaço.

Dessa forma, acentua-se mais fortemente o interesse do CME/POA na formação de conselheiros, com o objetivo de fixar um ponto de vista comum para os conselhos do RS. Conforme a presidente do CME/POA: "*o CME tem atuado fortemente junto à organização dos encontros de formação do Fecme-Uncme para conselheiros no RS e afirmando-se, por meio da utilização de instrumentos legais, como órgão normativo do sistema e mecanismo de controle social de políticas públicas educacionais".*[67]

2. O contexto do texto da política de formação de conselheiros municipais de educação

Conforme foi visto são muitos os atores que podem influenciar na produção de sentidos para uma determinada política. Estes sentidos podem ser capturados especialmente nas concepções expressas no texto da política. Normalmente o texto da política está relacionado com a linguagem de interesse público mais geral. Dessa forma, os textos políticos representam a própria política. Assim, a lógica da ação dos atores que participam direta ou indiretamente na elaboração de uma política pública é fruto de uma escolha relacionada às suas representações do real cuja significação pode ser captada por suas afirmações e/ou proposições sobre determinado tema.

Tais representações, segundo Bowe, Ball e Gold (1992), podem tomar várias formas: textos legais oficiais e textos políticos, comentários formais ou informais sobre os textos oficiais, pronunciamentos oficiais, vídeos, etc. Esses textos não são, necessariamente, internamente coerentes e claros, podendo também ser contraditórios. Eles podem usar os termos-chave de modo diverso. A política não é feita e finalizada no momento legislativo e os textos precisam ser lidos com relação ao tempo e ao local específico de sua produção. Os textos políticos são o resultado de disputas e acordos, pois os grupos que atuam dentro dos diferentes lugares da produção de textos competem para controlar as representações da política. É nessa perspectiva que se coloca a natureza dos textos inerentes a uma política pública, como instrumentos para a construção de uma "hegemonia discursiva".

---

[67]. As evidências do exercício deste papel podem ser percebidas por meio da mídia local, a qual desde 2005 tem trazido alguns embates entre a Smed e o CME. Tal embate pode ser percebido nas manchetes do jornal Correio do Povo (Ano 110, em 2005) na seção referente à educação: "CME questiona ação da Smed"; "CME defende ação autônoma". A primeira manchete diz respeito a um questionamento feito pela direção do CME a uma ação da Smed de substituir um dos três assessores que auxiliam tecnicamente o CME. O conselho alega que esta é uma escolha da direção do mesmo e não da secretaria. Segundo a direção do CME na época estaria ocorrendo por meio da secretaria de educação um entendimento equivocado de como o conselho funciona. Segundo a direção do conselho a função do mesmo não é prestar assessoria para a Smed, mas atuar no controle social (CP, ano 110, n. 326, 2005). A segunda manchete é uma sequência da primeira e trata de ofício encaminhado à Smed pela Comissão de Educação da Câmara de Porto Alegre. Este ofício tratava do impasse criado entre os dois órgãos públicos (Smed e CME) devido a medida da Smed em determinar a troca de assessoria pedagógica do CME em plena vigência dos mandatos dos conselheiros. O documento (215/2005) aponta a Lei complementar 248/91 que define o CME como órgão autônomo, normatizador e fiscalizador destacando que a nomeação e o mandato dos conselheiros ocorrem conforme a referida lei. Já o Decreto 9.954/91 dispõe que o poder público colocará à disposição do CME quadro funcional e recursos necessários ao desempenho de suas atividades. O ofício da Comissão de Educação da Câmara, que apoiava a autonomia do CME, teve também a participação e apoio do CPERS e da Atempa (CP, ano 110, n.341, 2005).

A política de formação de conselheiros municipais de educação é o desdobramento de uma das diretrizes do Plano de Educação colocado em prática a partir da primeira gestão do governo Lula. Logo, é nesse documento que, no âmbito da ação governamental, se inicia a construção da lógica do discurso da política de formação de conselheiros/as.

2.1 O texto do plano de educação do governo Lula

Em janeiro de 2003 inicia-se a gestão do presidente Luiz Inácio Lula da Silva com novas propostas para a gestão das políticas públicas. Em seu discurso de posse, o presidente Lula enfatiza que seu governo adotaria políticas para enfrentar as questões sociais do país e o desemprego, impulsionando o desenvolvimento sustentável e a democracia[68].

Historicamente os programas e projetos em âmbito do governo federal têm se constituído em moeda de troca (clientelismo) através do favorecimento a determinados estados e municípios, ou mesmo para garantir o domínio e continuidade de determinados órgãos administrativos naquela esfera. Nesta formatação as políticas públicas de âmbito nacional têm mantido um padrão que mais se assemelha a um "balcão de negócios" no qual cada órgão gestor dos programas apropria-se de determinado setor de políticas públicas tornando os programas e projetos estanques entre si e negociáveis (numa relação clientelista) diretamente com os grupos de interesse e/ou estados e municípios.

Já sob as orientações das reformas do Estado brasileiro e a influência de organismos internacionais, os projetos e programas, especialmente para as áreas sociais, que não são empenhados em "negócios", têm tido a marca da focalização, isto é, são direcionados apenas para os estados e municípios mais carentes (especialmente para as regiões Norte e Nordeste) sendo a sua implementação e avaliação de resultados controlada pelo governo federal juntamente com seus parceiros. Nesse contexto, a participação cidadã enquanto estratégia de gestão pública é praticamente nula já que a concentração do poder (avaliação de resultados) é fortemente marcada pelo governo federal.

No governo Lula esse quadro à posto a prova com a proposta de implementação de novas estratégias de gestão para as políticas públicas no sentido de romper com a

---

68. Na perspectiva de Bruno (2007, p. 23), por certo a vitória de Lula representa uma ruptura política: venceu o menino pobre do nordeste. Mas sua vitória não representa uma ruptura política no interior dos grupos dominantes; as divergências, quando existentes, nunca ameaçaram este "bloco" e o que se vê são alianças e acordos continuamente refeitos. Além disso, existem sérios problemas em relação a denúncias de corrupção em seu governo. Para Maria Vitcória Benevides, presidente da Comissão Ética Pública, apesar das transgressões frequentes deste governo, o que o salva é a energia e o empenho que tem demonstrado, maior que o dos governos anteriores, em resolver seus problemas éticos.

centralização das decisões bem como com a visão compartimentada de política educacional até então incorporada nas gestões anteriores do Ministério da Educação.

Inicia-se um processo de construção de políticas para o setor educacional com o objetivo de articular os diversos programas e projetos do Ministério da Educação em função de ofertar uma educação de qualidade considerando os sistemas de ensino em cada esfera administrativa. Para tal, também foram reorganizados os órgãos administrativos internos do MEC, com a nomeação de novos coordenadores/gestores para estes órgãos. Foram estes os principais objetivos expressos no programa de Governo para a educação intitulado "uma escola do tamanho do Brasil", em 2002 e materializado na perspectiva da atual gestão do MEC pelo Plano de Desenvolvimento da Educação (PDE) elaborado em 2007 e cujo plano de ação funda-se no regime de colaboração entre os entes federados para a implementação do Plano de Ações Articuladas (PAR) nos estados e municípios brasileiros.

O texto do Plano de educação de 2002 centra-se basicamente em três diretrizes gerais: 1) democratização do acesso e garantia de permanência; 2) qualidade social da educação; 3) implantação do regime de colaboração e democratização da gestão. O Plano é construído, em contraste com o Plano de governo que o antecedeu, afirmando a proposta de democratizar as relações de poder entre os entes federados, bem como do Estado com a sociedade civil. O texto argumenta que "a descentralização executiva incrementada nos oitos anos do atual governo esteve longe de alcançar uma efetiva e consequente descentralização e democratização do poder" (Plano de Educação, 2002).

No mesmo Plano, ao estabelecer as metas para cada uma das diretrizes citadas, é possível destacar itens que afirmam a abertura da gestão das políticas educacionais para a participação da sociedade civil bem como ao propósito de efetivar dois princípios previstos na LDB/1996 para a relação entre os entes federados: o regime de colaboração e a gestão democrática do ensino público. Neste estudo é dada atenção especialmente à terceira diretriz já que está diretamente relacionada com a política de formação de conselheiros municipais de educação.

Na terceira diretriz (regime de colaboração e gestão democrática), o Plano afirma que no Brasil o poder público central nunca teve responsabilidade relevante na escolarização das maiorias, o que propiciou o crescimento das desigualdades regionais, a pulverização dos sistemas (e redes), a desarticulação curricular ou sua rígida verticalização, e o estabelecimento de ações concorrentes entre as esferas de governo. O poder formulador, normativo e controlador, não foram distribuídos igualmente.

O Plano propõe para a terceira diretriz: 1) encaminhar proposta de lei complementar para regulamentar a cooperação entre as esferas de administração, normatizando o regime de colaboração entre os sistemas de ensino e instituindo as instâncias democráticas de articulação; 2) viabilizar intenso processo participativo rompendo com a cultura de poder tecnocrático nos diferentes aparelhos burocráticos, administrativos e jurídicos; adequar o aparelho administrativo às exigências da democracia numa dinâmica de funcionamento interdisciplinar, horizontal, descentralizada, ágil e com capilaridade exigida pelo processo de participação da sociedade nas diversas instâncias de decisão sobre as políticas públicas para o setor.

É importante salientar que o discurso da política, na maioria das vezes, é construído em contraste com o discurso da política anterior, mas também é a representação de um modelo de gestão pública e de sociedade. Dessa maneira, o texto da política constitui-se em elemento "legitimador" de reformas dando sentidos às políticas públicas, neste caso, às políticas educacionais especialmente voltadas para a gestão dos sistemas de ensino. Mas o discurso da política também pode conter retórica por este motivo deve ser contrastado em suas argumentações e/ou conceitos com outros discursos em outros espaços e circunstâncias.

2.2 Os textos da política de formação de conselheiros municipais de educação

Conforme frisado desde a introdução deste livro, a formação de conselheiros é uma política pública que apresenta como objetivo central fortalecer a gestão democrática dos sistemas municipais de ensino. Tal política é um desdobramento da 3º diretriz proposta no Plano de Educação do governo federal que se iniciou em 2003. Para além do fato de que toda a argumentação de uma política pública se expressa também e principalmente como texto, existe uma especificidade na política ora analisada já que o conteúdo do texto também tem como objetivo formar o gestor democrático. Por esse motivo, é substancial compreender os sentidos que os textos e seus autores imprimem a cerca dos conceitos inerentes à gestão democrática dos sistemas municipais de ensino; afinal de contas, pode-se inferir que existe subjacente a esta política uma proposta de efetivação de um paradigma comum para a gestão democrática da educação.

De uma maneira geral, observa-se que os textos que são utilizados na formação de conselheiros municipais de educação em âmbito nacional possuem dois enfoques fundamentais: um enfoque técnico e um enfoque político. Esses diferentes enfoques, embora com significados sociais, expressam como os sentidos com que as palavras e temas são empregados entram em disputas dentro de lutas sociais mais amplas, uma vez que, "as estruturações particulares das relações entre as palavras e das relações entre os sentidos de uma palavra são formas de hegemonia" (Fairclough apud Shiroma et al, 2005, p. 431).

Conforme já demonstrado, a formação de conselheiros no âmbito do governo federal iniciou-se com Prasem III, no final do governo de FHC. Esse Programa constituído para a formação de secretários municipais de educação possuía um enfoque estritamente técnico. A maioria dos textos foram organizados por técnicos (consultores legislativos e Fundescola). Após a compilação do material de formação do Prasem III composto por cinco cadernos e um Guia de Consulta e organizando-se os mesmos por temas e subtemas, percebe-se que a gestão democrática da educação em nenhum momento aparece como tema central (título). Já nos subtemas (subtítulos) foi possível mapear alguns indícios a partir de sub-temas correlatos à gestão democrática. Mesmo que sob o governo Lula este Programa passasse a ser direcionado especificamente para a formação dos secretários municipais de educação, os textos elaborados no período do Prasem III seguem sendo a base da formação do programa Pró-conselho até a atualidade.

A abordagem da gestão democrática da educação e sua articulação com outros temas e processos, do ponto de vista do Prasem III, é realizada tendo como base a democracia procedimentalista, ou seja, a democracia formal. Para além dos temas e subtemas elencados no quadro 1 (apêndice 2) que demonstram esta assertiva, o sub-tema "autonomia e participação como princípios da gestão democrática" do Caderno 1 igualmente a atesta.

> A autonomia e a participação (LDB, art. 14) são princípios da gestão democrática do ensino público (CF, art. 206, VI). Cabe a cada sistema ou rede de ensino definir graus progressivos de autonomia às escolas públicas de educação básica (art.15), sendo a dimensão pedagógica sua maior expressão e a dimensão administrativo-financeira, condição para concretizá-la. (Prasem III, 2001, p. 39)

Toda a estrutura textual é baseada no ordenamento legal, sendo que o Caderno 5/2001 é somente sobre os marcos legais. Isso revela uma preocupação maior com o procedimento normativo legal, a democracia formal, do que com a democracia participativa a qual se constrói *pari passu* à democracia procedimentalista. É preciso lembrar que o texto é um instrumento que traz subjacente significados para determinados temas, neste caso, a democracia. Logo, é preciso entender que a lógica que dá sentido à noção de democracia, nos textos do Prasem III é a lógica dos técnicos que atuaram na produção dos mesmos e que, de certa forma, refletia o projeto educacional do governo federal daquele período.

O discurso técnico está associado, geralmente, à lógica da eficiência e da eficácia gerencial das políticas públicas. De certa forma esse discurso reflete o caráter controlador e formalístico que a administração pública tem historicamente reverenciado, o qual, muitas vezes, tem igualmente o mérito de mascarar uma gestão mais autoritária e, muitas vezes corrupta, do bem público. Por outro lado, a gestão técnica do bem público é reverenciada como "neutra", ou seja, que suprime a dimensão "política" da gestão pública vista como um aspecto negativo para o "bom" andamento das decisões (racionais) nesta esfera. Segundo Nogueira (2004, p. 55), as políticas implementadas sob a reforma do Estado da década de 1990 continham em seu discurso este teor.

O discurso reformista (...) irá se dedicar intensamente a convencer a audiência de que a proposta de reforma administrativa tinha um caráter eminentemente "técnico", distanciava-se de qualquer polarização política e buscava apenas servir o "bem comum", à ideia de direitos republicanos. Definida como "neutra", vazia de intenções ideológicas, a reforma seria apresentada como eminentemente "progressista", podendo ser aceita por qualquer posição política ou partidária.

O programa que substitui o Prasem em 2003, o Pradime é voltado para a formação de secretários municipais de educação sendo o seu conteúdo constituído por três Cadernos de textos e quatro Cadernos de oficinas os quais dedicam a maior parte da formação a aspectos técnicos e legais da organização dos sistemas municipais de ensino. Sob esse aspecto é preciso chamar atenção ao fato de que o foco na formação técnica dos dirigentes municipais de educação com vistas a estabelecer a gestão eficiente dos sistemas municipais de ensino pode significar uma estratégia retórica que oculta princípios conservadores do gerencialismo público que se utiliza frequentemente do discurso da suposta neutralidade técnica para a administração pública (Borges, 1999). Essa inferência pode ser percebida no depoimento de um dos capacitadores de oficinas do Pró-conselho no RS (professor da Furg/RS), quando questionado sobre a formação de dirigentes municipais de educação e de conselheiros.

> *Diria que, falta uma melhor articulação (pelo que sei) nas proposições e nas concepções no referente aos secretários com a dos conselhos. No Pró-conselho se trabalha no espírito mais democrático e popular e nos secretários mais uma gestão "empresarial". Acredito que a utopia ou o paradigma deveriam ser articulados.* (Depoimento, abril de 2008)

Contudo, é preciso salientar que mesmo predominando no conteúdo do Pradime os textos técnicos, o programa traz no seu elenco de textos a gestão democrática da educação como um tema central. Também o perfil dos autores dos textos, composto por técnicos educacionais, pesquisadores da área educacional e secretários municipais de educação, traz elementos diferenciados daqueles que organizaram o Prasem. Neste aspecto observa-se que as autoras dos textos sobre o tema da gestão democrática da educação do Caderno de textos, v. 3/2006 são ex-secretárias de educação municipal com participação ativa na implementação da gestão democrática nos sistemas municipais de ensino em que atuaram respectivamente em Porto Alegre/RS (1993-1996) e Santo André/SP (1997-2000). No texto são vários os subtemas que abordam a gestão democrática da educação, dentre estes se pode salientar o que se intitula "mecanismos de gestão democrática", pois expressa a relação entre gestão democrática e conselhos.

> Para produzir impactos na qualidade da educação e na alteração das relações Estado/sociedade, é fundamental que a gestão democrática disponha de mecanismos

em dois níveis distintos: em nível dos sistemas – federal, estadual, municipal – e em nível das unidades de ensino. No primeiro caso, entre os mecanismos de democratização, encontram-se os conselhos de educação – nacional, estaduais, municipais. Na escola, estão os conselhos escolares, eleição de diretores e autonomia financeira. Podemos dizer, também, que os planos de educação das três esferas desempenham papel relevante para qualificar e democratizar a educação. (Pradime, 2006, p. 33)

O novo perfil do programa de formação de secretários municipais de educação pode ser atribuído à mudança de governo no âmbito da esfera federal e, decorrente disso, à reestruturação de responsabilidades de órgãos administrativos internos do MEC os quais passam a ser geridos por atores que atuaram em associações da sociedade civil no campo educacional. Conforme o Secretário da Educação Básica do MEC/2006 (SEB/MEC), além do Pró-conselho, foram criados três programas para fortalecer a gestão democrática: o fortalecimento dos conselhos escolares, a formação de diretores de escola (escola de gestores) e a formação de dirigentes municipais de educação (Arcanchy, 2006).

No conteúdo textual organizado pelo programa Pró-conselho percebe-se a gradual penetração de temas diretamente relacionados à gestão democrática da educação inserindo na formação o viés político, visto que a própria natureza dos conselhos é essencialmente política envolvendo relações de poder e produção de consensos entre os diferentes segmentos e interesses representados neste espaço.

O material instrucional do programa, além de incorporar o conteúdo dos textos do Prasem III, é constituído por três Cadernos de referência, três Cadernos de oficinas e dois Guias de consulta, sendo que em 2008 foi incluído o texto com o tema "Educação e direitos humanos: repensando os conselhos enquanto práticas de solidariedade". O mesmo texto traz como subtemas: Educação escolar direitos humanos e conselhos; Vida/convivência direitos humanos, democracia e conselhos de educação; Conselhos de educação como redes associativas e solidárias e novos modos de defesa dos direitos humanos à educação.

No conteúdo do Caderno de referência inserido em 2004 no material instrucional do Pró-Conselho se evidencia a dimensão política que os textos de formação de conselheiros começavam a incorporar. Essa assertiva pode ser observada no tema: "Os conselhos municipais de educação (desafios da gestão democrática)" especialmente nos subtemas "a presença da sociedade civil modifica a concepção de Estado" e "uma noção mais precisa de participação". Nesses textos é desenvolvido um ponto de vista sobre a relação entre Estado e participação cidadã.

> Estado, neste trabalho, é concebido como sendo a gestão da sociedade, gestão que atualmente é feita por representantes governamentais e representantes da sociedade civil. Tem-se, agora, o Estado ampliado, com dois braços, o governa-

mental e o civil. O governo é o braço governamental do Estado e as organizações da sociedade são o civil. As organizações da sociedade civil são, portanto, Estado e têm, consequentemente, uma função estatal de gerir, juntamente com representantes governamentais, as políticas públicas. Os conselhos já seriam um órgão estatal de gestão de políticas, gestão, nesse caso, compartilhada pelo governo e por representantes da sociedade civil. (...) Logo, participar é ter o poder de definir os fins e os meios de uma prática social, poder que se pode ser exercido diretamente ou por meio de mandatos, delegações ou representações. (Caderno de Referência, 2004, p. 27)

Na elaboração dos textos do Pró-conselho ocorre uma mudança no perfil dos autores que passa a ser constituído, na maior parte, por conselheiros de educação e pesquisadores da área de políticas e gestão educacional. Conforme o depoimento de um dos autores dos textos do Pró-conselho concedido ao Boletim Ebulição da Ação Educativa:

O Pró-conselho está ligado ao Plano Nacional de Educação, que diz claramente que o MEC deveria estimular a criação de conselhos municipais para viabilizar a gestão democrática. A diferença mais significativa do Pró-conselho é que ele sai de Brasília e vai para os estados. Tem dupla finalidade: estimular a criação dos conselhos e estimular a formação de conselheiros. Foi além de uma sensibilização, criou consciência da importância dos conselhos. (Cury, 2005, s/p)

No contexto local, o Rio Grande do Sul, os textos elaborados em âmbito nacional dão a diretriz para a formação. Foram poucos os textos produzidos por atores locais para os Encontros de capacitação promovidos pelo MEC em Porto Alegre. Todavia, nos Encontros realizados nas plenárias de formação do Fecme-Uncme/RS a base do conteúdo formativo é a do Pró-conselho, mas existe uma intensa produção paralela de textos que trazem para a formação, temáticas e discussões relacionadas ao contexto local. Uma das formadoras/capacitadoras assessora do CME/POA (ex-vice-presidente da Uncme nacional) que atua nas oficinas de qualificação de conselheiros no RS afirma que há possibilidades de utilização do próprio material e mesmo de utilizar o material do Pró-conselho da maneira que considerar mais produtiva.

Contudo, esclarece que nos primeiros encontros de capacitação para a realização das oficinas de formação em Brasília predominou conteúdos técnicos centrados nas normas legais.

Como disse... os documentos de formação inicialmente vinham todos prontos. Atualmente, o MEC fez este convênio com a Uncme onde ela pode e deve criar seus próprios documentos, instrumentos de formação, de discussão e de uso do material dos próprios consultores para a formação dos conselheiros. (...) Mas na formação em Brasília o material era técnico e legal, não se tratava das formas de organização local. Já no segundo material se contemplava pronunciamentos dos CME e alternativas dos CME para dar conta da educação dos municípios. (Depoimento, março de 2008)

Essa evidência é importante porque o material instrucional produzido pelo MEC para o Pró-conselho traz no seu elenco de conteúdos a formação técnica e política (Cf. conteúdo temático no apêndice deste livro) e, conforme já apontamos, existe uma tendência, no atual contexto mundial de gestão de políticas públicas, para uma maior valorização dos conteúdos técnicos; neste caso, é preciso considerar que esta tendência pode ser corroborada ou não, visto que os capacitadores/formadores possuem autonomia para enfatizar os aspectos que considerarem mais relevantes ou mesmo produzir seus próprios textos e, não é de hoje, que se sabe que quem forma imprime aí a sua visão de mundo. Nesse sentido, é preciso lembrar que os atores que atuam no contexto da prática não enfrentam os textos políticos como leitores ingênuos, eles leem com suas histórias, experiências, valores e propósitos (...). Logo, políticas serão interpretadas diferentemente uma vez que, histórias, experiências, valores, propósitos e interesses são diversos (Ball, 1994).

Em última instância, são esses atores que vão conferir à política nacional o caráter mais técnico ou político da formação de conselheiros municipais de educação ou mesmo oferecer um equilíbrio entre as duas dimensões; isto levando em consideração que a interpretação da política é sempre uma questão de disputa por hegemonia discursiva.

Pode-se então inferir que o depoimento indica, segundo Shiroma et al (2005), que as recomendações presentes nos documentos de políticas educacionais os quais são hoje amplamente divulgados por meios impressos e digitais não são prontamente assimiláveis ou aplicáveis. Sua implementação exige que sejam traduzidas, interpretadas adaptadas de acordo com as vicissitudes e os jogos políticos que configuram o campo da educação em cada país, região, localidade; tal processo implica, de certo modo, uma reescritura das prescrições (...) do texto da política nacional no contexto local.

Os temas e subtemas do programa Pró-conselho apesar de apresentarem elementos para uma formação técnica mais prescritiva centram maior esforço na formação ético-política dos conselheiros uma vez que o espaço de atuação dos mesmos assim o exige e por razões históricas já evidenciadas neste estudo, esta é a dimensão que apresenta maior carência de formação. A inserção do tema de 2008 trazendo à tona a relação entre os conselhos e os direitos humanos e caracterizando os colegiados como espaços de produção de cidadania no espírito do "direito a ter direitos" reforça a dimensão política e cultural da formação de conselheiros municipais de educação.

> As divergências e os conflitos fazem parte da convivência com os outros. Mais ainda, toda relação social é uma relação de poder, depende dos sujeitos sociais, de seus desejos, de seus projetos, de sua posição diante do futuro. Não é fácil a construção histórica da sociedade. Ela tem uma multiplicidade e uma complexidade que se tornam desafios constantes para o nosso mais simples cotidiano. Quando afirmamos que toda a relação social é uma relação de poder, estamos destacando a dimensão política que atravessa nossa vida e as trilhas que podem facilitar ou obstruir a solidariedade, base para qualquer sociedade que se nomeie democrática. (...) Nesse sentido, conselhos são espaços políticos importantes para impulsionar as discussões e alimentar mudanças nas relações de poder que tolhem a afirmação dos direitos humanos, conquista histórica para a abertura e concretização das experiências democráticas. (Rezende et al, 2008, p.17)

A maior parte do conteúdo dos textos do material instrucional do Pró-conselho elaborados até 2008 aponta para a inserção dos critérios de efetividade política, visto que estabelece o conselho como espaço de relações de poder, e de relevância cultural, já que salienta aspectos relativos à diversidade humana e cultural ao apontar a relação entre conselhos e direitos humanos, para a gestão dos sistemas municipais de ensino. Nesse sentido, pelo menos no conteúdo textual do Pró-conselho, há nas representações da política uma submissão dos critérios de eficiência e da eficácia relacionadas a uma formação mais técnica e instrumental aos critérios de efetividade política e de relevância cultural (Sander, 2007), relacionados à formação ético-política e cultural para a gestão da educação no âmbito dos municípios.

Assim, se entendermos como Ball (1994) que os textos são representações codificadas de maneiras complexas, é possível inferir que os textos da política de formação de conselheiros municipais de educação apresentam uma pluralidade de leitura em razão da pluralidade de leitores e de produção de textos sobre gestão democrática da educação.

Nesse universo, é preciso considerar também o espaço da Coneb (Conferência Nacional da Educação Básica) como instância produtora de discursos e representações sobre política educacional que tem influenciado na formação de gestores educacionais e, dentre estes, os conselheiros. Na Conferência de 2008, a gestão democrática da educação é um dos temas que entra na pauta de discussões sendo que no "Documento final" é tema central do Eixo II. No texto intitulado "Democratização da gestão e qualidade social da educação" a Coneb apresenta a gestão democrática da educação como importante elemento para a concretização de sua principal bandeira: a constituição de um sistema nacional de educação.

> O fundamento da gestão democrática se dá na constituição de um espaço público de direito, que deve promover condições de igualdade, garantir estrutura material para um serviço de qualidade, criar um ambiente de trabalho coletivo que vise à

superação de um sistema educacional seletivo e excludente e, ao mesmo tempo, que possibilite a inter-relação desse sistema com o modo de produção e distribuição de riqueza, com a organização da sociedade, com a organização política, com a definição de papéis do poder público, com as teorias de conhecimento, as ciências, as artes e as culturas. (...) Com isso, cabe enfatizar a necessidade de: democratizar a gestão da educação e da escola, garantindo a participação efetiva de estudantes, funcionários, pais, professores, equipe gestora e comunidade local na definição das políticas educacionais, garantindo o pleno funcionamento dos conselhos da área educacional, com a ampliação da participação da sociedade civil e a formação de seus membros; estabelecer mecanismos democráticos – inclusive eleição direta de diretores de escola –, para todos os sistemas de ensino, como forma de provimento/função de diretor; e implantar formas específicas de gestão colegiada de gestão de escola como lei específica. (Coneb, 2008, p. 34)

Assim, mesmo existindo uma produção de textos como diretriz nacional para a formação de conselheiros, eles são lidos e confrontados com outros textos e outras circunstâncias e contextos. Desse modo, os dados indicam que os textos da política de formação de conselheiros são o produto das múltiplas influências de atores sociais e agendas governamentais (de governos federais, de governos locais e em diferentes períodos) envolvendo intenções e negociações no processo de formulação da política na arena estatal.

Por outro lado, as configurações e (re)configurações de atores que atuam nos espaços de produção de sentidos para o campo educacional apresentam indícios consideráveis à construção de um paradigma comum para a gestão democrática dos sistemas municipais de ensino. Afinal, conforme afirma Santos (1997), para redemocratizar a democracia, nos moldes de uma democracia participativa, é preciso constituir premissas comuns, e tais premissas não podem ser perdidas num universo sem limites de concepções e práticas ditas democráticas. Para a construção dessas premissas não existe uma receita, apenas possibilidades inseridas em um processo de práticas emancipatórias.

3. Apontamentos finais do capítulo

Finalmente se pode considerar que existe uma argumentação sobre gestão democrática da educação, comum a todos os atores e textos, que reconhece os conselhos de educação como importantes instrumentos democráticos. Este argumento está fortemente estruturado no discurso jurídico, centrando-se especialmente na legislação sobre a organização dos sistemas de ensino bem como sobre os instrumentos de gestão democrática apontados pelo ordenamento normativo legal.

É de considerar, nessa perspectiva, que manter o argumento no plano racional-legal permite uma aproximação menos controversa da discussão subjacente à política nacional de formação de conselheiros municipais de educação, qual seja, a do Estado democrático cujo sentido, no contexto sociopolítico pós-década de 1980, no Brasil, é ressignificado ao incorporarem-se aos direitos de cidadania os direitos sociais e de participação política, exigindo uma reflexão sobre o conceito de democracia muito além da democracia procedimentalista e/ou representativa. Trata-se de refletir sobre democratização do poder no processo de tomada de decisões sobre o bem público.

É preciso ainda lembrar que, no Brasil, as representações de poder dominantes ainda são permeadas por relações sociais orientadas por valores autoritários oriundos do Estado patrimonialista e de práticas clientelistas no trato da "coisa pública". Com essa referência, é preciso lembrar que em um sistema patrimonialista (Carvalho, 2007) não há cidadãos, mas sim súditos envolvidos num sistema de trocas com o Estado regidos pelo favorecimento pessoal do governante, de um lado, e pela lealdade pessoal do súdito, por outro. É preciso considerar, também, que o clientelismo e o nepotismo são resíduos do patrimonialismo oriundos do espaço doméstico, ainda marcantes na sociedade brasileira especialmente no setor público.

Contudo, conforme o demonstra a organização das associações que lutam por melhores condições para a educação pública neste espaço elencadas, houve ao longo das três últimas décadas um fortalecimento das práticas democráticas cuja materialidade tem se expressado na luta por ampliação dos direitos repondo, sobretudo, o espaço público e a reabertura da sociabilidade política, na qual está embutida possibilidades de desdobramentos.

Capítulo 5

O CONTEXTO DA PRÁTICA: MAPEANDO A TRAJETÓRIA DA IMPLEMENTAÇÃO DA POLÍTICA DE FORMAÇÃO DE CONSELHEIROS MUNICIPAIS DE EDUCAÇÃO

> As decisões em educação – mas não só neste campo, naturalmente – são sempre ideologicamente informadas, sejam elas formuladas diretamente pelo centro do sistema – de acordo com uma política geral resultante das opções feitas – ou por aqueles que se encontram na periferia do sistema (técnicos, burocratas, professores e pais). As decisões em educação são, também, situadas dentro de um dado quadro teórico e desenvolvem-se de acordo com diferentes procedimentos e objetivos, sejam eles implícitos ou explícitos.
> (Stephen R. Stoer e António M. Magalhães)

Conforme visto no capítulo anterior, as associações da sociedade civil têm exercido influência direta na produção de significados para a política de formação de conselheiros municipais de educação. Mas se essas influências se manifestam em argumentos reproduzidos em intervenções textuais, é preciso reconhecer, então, que a política como texto é por um lado, carregada de limitações materiais, mas, por outro lado, apresenta elementos e possibilidades reais de mudança social que só podem ser identificadas no contexto da prática. Com efeito, é no contexto da prática, quando a política é implementada, que ocorre, segundo Bowe; Ball; Gold (1992), a sua interpretação e (re)criação e onde ela produz consequências que podem representar mudanças e transformações significativas na política original.

Neste capítulo serão analisadas as estratégias de implementação da política de formação de conselheiros municipais de educação, a partir de dois aspectos: a operacionalização das ações e a descentralização da política. Num segundo momento, empreende-se a compreensão dos sentidos que orientam as concepções e práticas dos diferentes atores que atuam na gestão da política especialmente no âmbito local.

São utilizadas como principais fontes, dentre outras: as entrevistas (Fecme/Uncme, Conseme/Undime, capacitadores/formadores), os relatórios e cartas de fechamento de plenárias do Fecme/Uncme bem como material textual produzido pelo MEC e publicados. Como se pode perceber, os contextos de construção de uma política pública (de influência, de produção do texto e da prática) são circulares e, por vezes, se interpenetram ressignificando constantemente a política.

É importante ainda salientar que o referencial normativo de gestão democrática centra-se em concepções baseadas numa articulação entre democracia representativa e democracia participativa com perspectiva de "complementaridade", exigindo práticas sociais norteadas pela ação de sujeitos democráticos. Segundo Santos (2005), um dos conflitos centrais da sociedade contemporânea resulta do confronto entre democracia representativa e democracia participativa, que só terá solução quando se admitir a complementaridade entre ambas as formas de democracia e aprofundando-as.

Como o modelo institucional-legal é o de gestão democrática, é natural que o discurso oficial dos gestores públicos o afirme; no entanto, é nas estratégias de implementação que os esquemas interpretativos aparecem mais explicitamente, evidenciando as contradições e as incoerências entre o texto da política e a prática.

1. As estratégias de implementação da política nacional de formação de conselheiros municipais de educação

A política nacional de formação de conselheiros municipais de educação, embora com origem no programa Prasem III, começa a ser implementada em 2003 iniciando-se como uma política de capacitação e efetivando-se com ações de educação continuada onde a formação e a capacitação (Nogueira, 2004) se complementam. Essa política, segundo argumento dos gestores oficiais, foi colocada em ação com o objetivo de efetivar o princípio constitucional de gestão democrática do ensino público (art. 206, inciso VI) regulamentado na LDB/1996 e, de forma mais incisiva, na lei 10.172/2001 (PNE) a qual estabelece como meta (no cap. Financiamento e Gestão, na meta 21) "estimular a criação dos conselhos municipais de educação com o apoio das diferentes instâncias da federação, União, Estados, distrito Federal e Municípios".

Assim, o Programa Nacional de Capacitação de Conselheiros Municipais de Educação (Pró-conselho) constitui-se na principal medida do MEC, em âmbito nacional, para fortalecer a gestão democrática em todos os entes federados e assegurar o desenvolvimento de uma educação sintonizada com uma sociedade democrática. Para tal, o Programa visa com a qualificação de conselheiros incentivar o fortalecimento dos CME já existentes e apoiar a criação de novos conselhos com base nos princípios da democracia representativa e participativa fomentando a sua legitimidade e autonomia (MEC, 2006). Desde o início da implementação do Pró-conselho foram realizados Encontros nacionais de capacitação na maioria dos estados brasileiros.

Para colocar em ação a política nacional de formação de conselheiros tendo como objetivo o fortalecimento da gestão democrática dos sistemas municipais de ensino, o MEC reestrutura alguns órgãos administrativos internos.

1.1 A organização intrainstitucional no âmbito do Ministério da Educação

A partir de 2003, sob o Plano de Educação do novo governo, inicia-se uma reestruturação administrativa nos órgãos internos do MEC. Cria-se o Departamento de Articulação e Desenvolvimento dos Sistemas de Ensino (Dase) com o objetivo de contribuir com a Secretaria de Educação Básica (SEB) na formulação de políticas públicas para a melhoria da qualidade da educação básica nos sistemas de ensino estadual e municipal. Compete a esse Departamento estimular o aperfeiçoamento da gestão dos sistemas estaduais e municipais de ensino; bem como subsidiar o processo de tomada de decisões quanto ao apoio financeiro do MEC a programas e projetos educacionais[69].

Junto ao citado Departamento constitui-se, em 2004, a Coordenação Geral de Articulação e Fortalecimento Institucional dos Sistemas de Ensino (Cafise), no espaço institucional da Secretaria da Educação Básica, com atribuições vinculadas ao desenvolvimento de políticas nacionais de gestão democrática da educação e de fortalecimento institucional das escolas e dos sistemas de ensino (Cafise, 2007).

No âmbito da organização interna do Ministério da Educação, a Cafise tem como competência subsidiar o desenvolvimento institucional dos sistemas de ensino e de fortalecimento da gestão democrática visando: 1) apoiar e incentivar dirigentes educacionais, gestores, conselheiros e trabalhadores da educação básica no seu papel de formular, planejar, gerir, normatizar, acompanhar e avaliar as políticas educacionais; 2) incentivar a modernização da estrutura das secretarias de educação, visando ao desenvolvimento de tecnologias participativas e simplificadas; 3) incentivar a mobilização de entidades da sociedade civil com vistas à garantia do efetivo direito à educação, ampliação e consolidação de mecanismos de gestão democrática da política educacional; 4) subsidiar as escolas com instrumentos que promovam o fortalecimento institucional e a gestão democrática, em termos de assegurar a participação da comunidade na gestão da escola, no acompanhamento do desenvolvimento da aprendizagem do estudante, no incentivo ao aproveitamento significativo do tempo escolar e na valorização do patrimônio cultural do aluno como ponto de partida para a otimização do saber produzido no âmbito escolar (Cafise, 2007).

A criação da Cafise no Ministério da Educação está respaldada pelo art. 211 da Constituição Federal que estabelece que a União, os Estados, o Distrito Federal e os Municípios organizarão em regime de colaboração seus sistemas de ensino. Desde a sua criação, em 2004, o foco da Cafise é a gestão democrática da educação, o que implicou num novo formato de administração que superasse os problemas hierárquicos da burocracia, pautando-se pelo diálogo, a transparência e a participação democrática. A Cafise expressa, em certo sentido, uma intenção do MEC de superar a tensão histórica existente entre burocracia e democracia:

---

69. O Dase é constituído pela Coordenação Geral de Monitoramento de Planos, Programas e Projetos Educacionais (Cogepe), pela Coordenação Nacional de Valorização dos Trabalhadores em Educação, e pela Coordenação Geral de Articulação e Fortalecimento Institucional dos Sistemas de Ensino (Cafise).

A noção de gestão democrática se funda no Estado democrático de direito, o qual reconhece "explícita e concretamente o poder popular, considerando-o como componente dos processos decisórios mais amplos de deliberação pública e de democratização do próprio Estado". A gestão democrática pressupõe processos decisórios baseados na participação e na deliberação pública, proporcionado o desenvolvimento dos indivíduos, dos cidadãos e da democracia. (Cafise, 2007, p. 13)

Tendo como foco o princípio constitucional da gestão democrática, a Cafise desenvolveu uma política de gestão democrática da educação e de fortalecimento institucional dos sistemas de ensino, estruturada sob a forma de programas destinados às diferentes instâncias que constituem a gestão dos sistemas de ensino estaduais e municipais: secretarias de educação, conselhos municipais de educação, escolas e conselhos escolares. Do ponto de vista da Cafise, o exercício da gestão democrática é compreendido a partir de processos coletivos e participativos de decisão. Por esse motivo, a formação dos diversos gestores educacionais – dirigentes e técnicos da educação estadual e municipal, conselheiros municipais de educação, conselheiros escolares e diretores de escolas – para atuarem de acordo com os princípios da gestão democrática deve ser a base de seus programas.

A Cafise procurou fazer uso de distintas estratégias de formulação e operacionalização de seus programas. Em comum, o fato de que todas foram formuladas e articuladas com base no estabelecimento de parcerias, com a criação de grupos de trabalho, compostas por diversas instituições representativas do campo educacional – universidades, órgãos governamentais, instituições não governamentais, fóruns e organismos internacionais. Dentre os programas desenvolvidos pela Cafise[70] está o Programa Nacional de Capacitação de Conselheiros Municipais de educação (Pró-Conselho).

Partindo do pressuposto de que os conselhos municipais de educação ocupam posição fundamental na efetivação da gestão democrática dos sistemas de ensino assim como na consolidação da autonomia dos municípios no gerenciamento de suas políticas educacionais, o Dase cria o Programa Nacional de Capacitação de Conselheiros Municipais de Educação – Pró-Conselho (Portaria Ministerial nº 3.272/2003). Seu objetivo central é incentivar e qualificar a participação da socieda-

---

70. Enquanto alguns programas foram executados diretamente pela própria Cafise, como o Pró-Conselho, o Programa Nacional de Fortalecimento dos Conselhos Escolares e o Programa de Apoio aos Sistemas de Ensino para Acompanhamento e Avaliação do Plano Nacional de Educação e Planos Estaduais e Municipais Decenais correspondentes, outros tiveram modelos alternativos de operação. No caso do Programa de Fortalecimento Institucional das Secretarias Municipais de Educação do Semiárido, a coordenação da execução ficou a cargo da Undime em parceria com Centros Universitários. No Programa Nacional Escola de Gestores da Educação Básica, a coordenação geral é da Cafise e a operacionalização é descentralizada, sob a responsabilidade de Instituições Federais de Ensino Superior (IFES) e colaboração de outras instituições (Cafise, 2007).

de na tarefa de avaliar, definir e fiscalizar as políticas educacionais do município. O Pró-Conselho, a partir de 2004, passa a ser gerido pela Cafise.

A criação desta Coordenação dentro do Dase é coerente com o Plano de Educação do governo Lula na sua 3ª Diretriz: "fortalecer fóruns, conselhos e instâncias de educação". No entanto, até a atualidade, os estudos sobre políticas públicas para a gestão democrática da educação pouco ou nada têm apontado sobre o papel desta organização interna do MEC como fator importante para a efetividade de uma política nacional para a gestão democrática da educação. Contudo, é preciso salientar que pesquisas tem apontado (Silva et al, 2006), corretamente, o aspecto negativo da rotatividade de Ministros de Educação (3 até 2006) no início do governo Lula para a implementação de uma efetiva política de gestão democrática da educação; há que se considerar que a cada troca de Ministro, ocorre, quase sempre, novas "acomodações" no quadro de coordenadores/gestores dos órgãos e departamentos administrativo-burocráticos do MEC.

Entretanto, chamo atenção ao seguinte fato: desde que foi criada a Cafise, o coordenador, até início de 2008, permaneceu o mesmo, sendo este um ator de reconhecida atuação em associações do campo educacional (CNTE) que lutaram/ lutam nos vários espaços públicos de embate, delineados no capítulo anterior, para a produção de sentidos à gestão democrática da educação[71]. Possivelmente este tenha sido um fator que favoreceu, mesmo com a rotatividade de ministros da educação, a continuidade da política nacional de formação de conselheiros municipais de educação no formato em que foi planejada.

Desse modo, pode-se inferir que a Cafise constitui-se, no âmbito interno da organização dos órgãos do MEC, em estratégia fundamental para garantir um contraponto à gestão pública patrimonialista bem como aos avanços do gerencialismo no setor público. Isto se considerarmos, como Oliveira et al (2007), que as reformas educativas implementadas no Brasil revelam uma contradição expressa entre as tentativas de adesão e ajuste dos sistemas públicos de educação às exigências atualmente impostas pelo desenvolvimento do capitalismo e as demandas de maior acesso à educação e a cultura baseada em um reconhecimento efetivo das diferenças como fatores indispensáveis para o pleno exercício da cidadania. Tudo isso perfilado às recomendações de organismos internacionais de cunho financeiro (especialmente o BM e o FMI) à contenção e corte do gasto público bem como a implementação de

---

71. A Cafise tem coordenado Encontros em âmbito nacional e internacional nos quais o tema central é a gestão democrática da educação. Em 2006 promoveu em Brasília o "Seminário Internacional Gestão Democrática e Pedagogias Participativas". O Encontro foi realizado em parceria com a Espanha sendo que participaram do evento países como: Argentina, Bélgica, Chile, Colômbia, Finlândia, Honduras, Japão, México, Portugal, Venezuela. Os parceiros foram: CNTE, Consed, FNCE, Unicef, Pnud, Uncme, Ubes, Undime, Câmara dos Deputados (MEC, 2006).

programas de políticas sociais de corte eminentemente assistencialista (Bolsa Escola) e focalizado em segmentos específicos da população.

É preciso ainda ressaltar que o Pradime, que é o programa nacional para a formação de secretários municipais de educação, não esteve e não esteja sob a coordenação da Cafise uma vez que esta foi criada para fortalecer a gestão democrática da educação nos municípios. A formação conjunta de conselheiros e secretários de educação é elemento fundamental para a gestão democrática dos sistemas municipais de ensino já que estes são atores centrais neste processo. Sem uma referência comum corre-se o risco de desconexão ou inconsistência.

Cabe aqui, ainda, a consideração de que o MEC, assim como os outros ministérios, organiza-se, de fato, numa relação burocrático-administrativa hierárquica no contexto intra-institucional. Neste estudo não levantamos como se dá esta relação, quer dizer, qual o nível de autonomia ou de articulação do Dase/Cafise para exercer sua função frente aos outros órgãos, departamentos e autarquias (especialmente o FNDE que tem como objetivo prover recursos e executar ações para o desenvolvimento da educação e, mais recentemente, disseminador de políticas educacionais) do MEC.

O principal argumento para se concentrar esforços no melhor entendimento da organização administrativo-burocrática é que, além do jogo político de alianças e negociações de cargos, os servidores tomam rotineiramente decisões que afetam a vida das pessoas, com elas se relacionam diretamente e têm grande espaço para tomar decisões que muitas vezes contrariam os objetivos da política pública colocada em ação (Souza, 2005). Considerada a estrutura organizativa e burocrática interna do MEC, bem como a "visão de mundo" de cada gestor destes espaços, mesmo que orientados pelo mesmo Plano de Educação, resta, então, uma pergunta: a criação do Dase/Cafise possui possibilidades reais de constituir-se em estratégia do MEC para fortalecer a gestão democrática dos sistemas municipais de ensino por meio de uma política pública como o Pró-conselho?

1.2 A operacionalização das ações

As ações para a implementação do Pró-Conselho são justificadas pelo MEC como sendo fundamentais para um país no qual o sistema educacional é descentralizado, com implicações e com prioridades de ações diversas para os diferentes entes federados. Justifica que o fortalecimento e criação de conselhos municipais de educação constituem-se em importante elemento para o estabelecimento de políticas que considerem e cumpram as diretrizes políticas nacionais e ao mesmo tempo formulem políticas peculiares e próprias das regiões, estados, municípios e unidades escolares vinculadas a estes sistemas (MEC, 2006).

1.2.1 Os objetivos e as principais ações

Os objetivos do programa Pró-conselho foram delineados a partir de ações para a capacitação de conselheiros já existentes no âmbito do Ministério da Educação, mais especificamente no programa Prasem III, mas que ainda estavam muito focalizadas em determinadas regiões (norte, nordeste e centro-oeste) e, conforme já observado no capítulo anterior, bastante centradas na formação técnica.

Desde a implementação do Pró-Conselho, em 2003, os objetivos do programa não sofreram grandes alterações, o que, de certa forma, pode apontar que o retorno das ações (*feed back*) de implementação nos municípios para a esfera central está se processando conforme o esperado. Quer dizer, é comum que avaliações realizadas durante a implementação de políticas públicas possam corrigir e propor reformulações e/ou seu redesenho considerando a realidade encontrada no âmbito da prática. Se isto for pensado em termos de eficácia administrativa (Sander, 2007), compreendida como desempenho e consecução dos objetivos institucionais, pode-se dizer que esta evidência atesta que a política estaria tendo eficácia administrativa. O quadro apresentado no no apêndice 4 aponta os objetivos do programa desde sua implementação em 2003.

Os objetivos do Prasem III, conforme já apontado anteriormente e no quadro apresentado no apêndice, estavam direcionados para a formação técnica de dirigentes municipais de educação. Não havia no momento da formulação do programa uma preocupação de que o mesmo fosse articulado à formação de conselheiros municipais de educação. Todavia, segundo uma das Consultoras do Prasem III e também do Pró-Conselho (Depoimento, abril de 2008), *"foi sob a vigência deste programa que se percebeu a necessidade de que os conselheiros municipais de educação também recebessem capacitação técnica".*

Apesar de o material instrucional do Prasem III ser utilizado pelo Pró-conselho, na gestão do MEC a partir de 2003, os conselheiros e secretários passam a ser formados por diferentes programas, respectivamente, o Pró-Conselho e o Pradime. Há que se perguntar, nesse sentido, se não seria mais coerente a formação unificada de secretários e conselheiros já que a proposta central do Dase/Cafise é fortalecer a gestão democrática dos sistemas municipais de ensino. Certamente, para que isto aconteça, a relação entre conselheiros e secretários, importantes atores na construção deste processo na esfera municipal, precisa estar apoiada em um paradigma comum sobre a gestão democrática dos sistemas de ensino nos municípios.

Cabe ainda salientar no quadro de objetivos do Pró-Conselho, o fato de que fica visível a preocupação com uma formação que incorporasse, além da dimensão técnica trazida pelo Prasem III, a dimensão política. Essa dimensão é importante porque, como já foi visto, a gestão técnica de políticas públicas é estratégia central do novo gerencialismo público, o que vem despolitizando as práticas administrativas dos gestores públicos, como se o elemento político não fosse parte constitutiva da sua tarefa. Não se pode esquecer ainda a herança técnica dos conselhos de educação em âmbito nacional e estadual (Leher, 2005), que precisa ser equilibrada entre o papel técnico e político dos conselhos. Os objetivos do Programa apontam (vide quadro 3 do apêndice 4: Doc 2 objetivos 3, 4, 6; Doc 3 objetivos 1, 6; Doc 4 objetivos 1, 2, 3; Doc 5 objetivos 2, 6; Doc 6 objetivo 2) claramente uma relação intrínseca entre conselhos e gestão democrática dos sistemas municipais de ensino. Embora, provavelmente, a influência das associações Uncme e Undime na formulação da política tenha interferido no delineamento dos objetivos do Programa, especialmente a Uncme como ator social que representa os conselheiros municipais de educação.

Em relação às ações estabelecidas para colocar em prática os objetivos do programa Pró-conselho, pode-se citar três principais ações: 1) a assinatura e distribuição da revista Documenta do Conselho Nacional de Educação; 2) a constituição de um sistema de informações dos conselhos municipais de educação; 3) encontros estaduais de capacitação de conselheiros municipais de educação.

A primeira ação diz respeito à distribuição da *Revista Documenta* para todos os conselhos municipais de educação "em funcionamento", bem como para os conselhos estaduais de educação. Esta revista, editada desde 1962, é publicação oficial do Conselho Nacional de Educação (CNE) e tem por objetivo divulgar pareceres, resoluções, indicações e portarias do CNE, bem como a legislação federal concernente à educação (Pró-Conselho, 2004). Na perspectiva dos gestores oficiais da política esta seria uma forma – foram distribuídas, até 2008, mais de 4 mil exemplares – de articular substantivamente os conselhos de educação dando atenção às suas funções e atribuições tendo como parâmetro o CNE (Pró-Conselho, 2004). Não se pode deixar de notar, no entanto, uma contradição de origem nacional. Trata-se do próprio papel do atual CNE e sua relação com o MEC.

Segundo o Plano de Educação do governo Lula, uma de suas primeiras medidas seria a de implantar um novo Conselho Nacional de Educação, normativo e deliberativo com representação social das três esferas da administração e das instituições representativas de educadores e estudantes. Esta proposta estava permeada por uma visão de democracia participativa[72]. No entanto, a postura do MEC foi a de manter a estrutura encontrada, a qual se baseia no conceito meritocrático de representação. Conforme avaliação da Ação Educativa:

---

72. A proposta do Plano de Educação do governo Lula estava de acordo com o projeto de LDB discutido com o Fórum Nacional em Defesa da Escola Pública que propugnava que o CNE deveria ser um órgão de Estado. Isto significava que o governo não poderia interferir na nomeação dos representantes da sociedade que teriam funções deliberativas. Ao poder executivo caberia "executar" as políticas, e não defini-las. No entanto, o projeto que foi aprovado resultou numa LDB (lei 9.394/96) que ratificava novamente o conselho como órgão de governo, e não como órgão de Estado. Neste sentido, o CNE era visto como órgão de assessoramento do Ministro de Estado da Educação (Leher, 2004).

A ação do governo foi direcionada para conseguir uma maioria naquele espaço. Contudo, ele não promoveu nenhum debate sobre a sua reformulação, seja no próprio conselho, seja na sociedade civil. Em 2006, tivemos novamente a renovação de membros do CNE. Há um total silêncio governamental sobre o caráter antidemocrático deste órgão. (Silva, 2006, p. 24)

Apesar dessa avaliação constar de 2006, até hoje ao visitarmos o site do CNE é possível ainda identificar as suas funções e atribuições conferidas pela lei 9.131/1995, a qual, segundo o Plano de Educação do governo que entrou em 2003, seria rompida. Contudo, a Portaria nº 42 de janeiro de 2008 já indica algum avanço em termos de democratização da representatividade da sociedade civil no CNE ao apontar a relação de entidades que indicarão os nomes serem considerados para a recomposição da Câmara de Educação Básica e da Câmara de Educação Superior. Dentre estas entidades (num total de 30) pode-se encontrar a União Nacional dos Conselhos Municipais de Educação (Uncme), a União Nacional dos Dirigentes Municipais de Educação (Undime) bem como entidades representantes de estudantes secundários, graduação e pós-graduação.

A segunda ação refere-se a constituição de um banco de dados sobre os CME, o Sicme (Sistema de Informações sobre CME). O banco de dados é alimentado pelos conselhos e secretarias municipais de educação permitindo a construção de uma base de dados nacional oferecendo as condições para que o Ministério da Educação elaborasse o perfil dos conselhos municipais de educação no Brasil. O sistema permite que representantes dos municípios informem seus dados e o interesse em constituir o conselho, caso ainda não o tenham criado. O sistema permitiu a publicação do Perfil dos Conselhos Municipais de Educação (2004, 2005, 2006) fornecendo subsídios para estudos e pesquisas no campo da gestão democrática da educação.

O Sicme funciona também como fonte de informações atuais sobre a situação de organização e funcionamento dos conselhos municipais de educação no Brasil. Além disso, o Sistema permite o monitoramento do Programa, identificando o seu impacto na organização e no funcionamento dos conselhos nos municípios. Mas a coleta de dados é feita por adesão. Os formulários são enviados aos municípios e também disponibilizados via internet no site do Pró-conselho/MEC. A partir das informações acumuladas no Sicme é possível conhecer o perfil dos conselhos municipais de educação, focalizando a instituição e organização dos CME por estado.

Conforme Lobo (1990), a estruturação de sistemas de informação disponíveis a todos, de acessibilidade garantida e atendendo às peculiaridades dos programas sociais, é fundamental para um mínimo de factibilidade da avaliação, tanto por parte dos implementadores quanto por parte dos pesquisadores. Sistemas de informações, bem montados e em uso desde o início do programa, possibilitam aos implementadores estratégias de avaliação mais condizentes com seus objetivos.

No entanto, é preciso considerar que a melhor forma de obtermos dados seguros é fazendo comparações e cruzamentos entre fontes de informações. Neste caso, mesmo o banco de dados do Sicme necessita ser questionado e comparado. Segundo, o ex-presidente do Fecme/Uncme no RS gestão 2005-2006 (Depoimento, março 2008), os dados referentes ao indicador "CME em funcionamento"[73] podem ser contestados no caso do Rio Grande do Sul. Afirma que "no RS, o número apresentado no Sicme não condiz com a realidade local", pois considera que o número de conselhos em funcionamento no RS, se forem considerados outros indicadores, é maior do que os que são apresentados pelo Sicme.

A terceira ação do programa Pró-conselho diz respeito à capacitação de conselheiros municipais de educação. Esta ação é apresentada e discutida, por ser central neste estudo.

1.2.2 A parceria com a Uncme e a Undime e o desenho das ações de capacitação

O programa Pró-Conselho foi implementado tendo em vista o regime de colaboração, cooperação e corresponsabilidade com as entidades representativas dos sistemas de ensino e da sociedade civil. A partir da Portaria Ministerial n° 3272, de novembro de 2003, foi constituído o grupo de trabalho com o objetivo de discutir, analisar e propor as medidas para a implementação do Programa. Os principais parceiros foram e são até a atualidade a Uncme, Undime, Unicef, Fncee, CNE e Pnud. Dentre eles, destacam-se especialmente a Uncme e a Undime por serem estes os principais parceiros na implementação do Programa nos municípios.

A esse respeito é preciso salientar os argumentos de Luce; Farenzena (2007, p. 9) sobre o regime colaboração intergovernamental.

> Descentralização e regime de colaboração são termos que têm sido recorrentemente utilizados em anos recentes como caracterizadores da política educacional brasileira, seja aquela enunciada no ordenamento constitucional-legal, seja a traçada em programas, projetos e ações governamentais. Podem ser consideradas expressões de plural e controversa definição uma vez que se inscrevem na análise de campos por natureza expostos a profundas contendas: a política e as políticas públicas.

Desse modo, as autoras, citando Afonso (2004), chamam atenção ao fato de que, assim como a opção política pela descentralização no Brasil, consagrada na

---

73. Este indicador está baseado no título "funcionamento dos conselhos municipais de educação" onde se elaborou a tabela nomeada de "situação de funcionamento dos CME" com base nos seguintes itens: municípios onde o CME funciona regularmente; município onde o CME ainda não funcionou; município onde o CME já funcionou.

Constituição de 1988, vincula-se à estrutura conferida à educação brasileira e não de opções políticas de um governo, o regime de colaboração é um princípio relacional constituinte do complexo federativo que deve garantir os direitos dos cidadãos à educação e os interesses da sociedade nessa matéria, a saber, o projeto nacional de educação. Contudo, essa relação institucional-legal entre os entes federados (União Estados e municípios) não exclui a possibilidade de implementação de políticas setoriais que, concebidas na esfera federativa tomada como "centro", submeta ou induza estados e/ou municípios à sua execução. Ao que tudo indica, o Pró-Conselho é uma política do MEC desenhada com este conceito.

Os gestores oficiais da política, em parceria com a Uncme e a Undime, num primeiro momento, dimensionam o público-alvo, os conselheiros/as municipais de educação. A partir desta consideração foi prevista a realização de 28 encontros estaduais para o período de 2003-2006. Nesse período, foram cadastrados no banco de dados (Sicme) 4.052 municípios. Os encontros de capacitação foram estendidos a todos os estados do Brasil. Na primeira etapa do Programa (2003-2005) realizaram-se 28 encontros com a participação de 2.137 municípios e 5.311 conselheiros (38% dos municípios brasileiros). Na segunda etapa (2006), foram cinco encontros de capacitação onde participaram 472 municípios e 1.048 conselheiros. Já em 2007, foram realizados mais cinco encontros com a participação de 1.256 municípios e 1.185 conselheiros, mais as formações realizadas especificamente em polos (municípios), que apontaremos adiante. Assim, foram realizados 38 encontros em âmbito nacional com a participação de 3.865 municípios e 7.615 conselheiros/as.

Em outro momento deste estudo (capítulo 4), observa-se que a formação de conselheiros/as municipais de educação – dadas as circunstâncias do campo de forças em que a política se constitui – pode ser descrita como objeto de disputa por hegemonia discursiva. O dado acima revela, quantitativamente, o elevado grau de abrangência da capacitação, quer dizer, é possível estimar que a continuidade desta política possa de fato efetivar um paradigma para a gestão democrática, em âmbito nacional, a partir do fortalecimento dos conselhos municipais de educação por meio da qualificação dos conselheiros. Esse tem sido motivo suficiente para tornar a formação de conselheiros objeto de disputa entre os atores que atuam na construção de significados para a gestão da educação dos municípios.

Seguindo a trajetória de implementação do Pró-conselho, no final de 2006 o MEC (SEB/Dase/Cafise) inicia uma discussão com os parceiros do Programa, especialmente a Uncme e a Undime, com vistas à realização de formação continuada em todos os estados do país através de convênio com o Fundo Nacional de Desenvolvimento da Educação (FNDE). Assim, em 2007, segue-se com a capacitação nacional e, ao mesmo tempo, inicia-se a formação continuada sob a gestão da Uncme, com a participação da Undime, junto aos municípios com os CME em efetivo funcionamento.

Para que isto se concretizasse, a estratégia principal foi a de atuar junto aos estados e seus municípios com os CME associados à Uncme e com coordenadores estaduais. A formação continuada nos estados ficaria por conta das coordenações estaduais da Uncme. Estabeleceu-se, depois de reunião da Uncme com todos os coordenadores regionais e a diretoria da Undime, que a formação continuada deveria acontecer nos estados com maior número de CME em funcionamento. A partir do banco de dados (Sicme/2005), foram destacadas como categorias que comprovam o funcionamento do conselho: a lei municipal criando o CME, periodicidade das reuniões, apoio aos conselheiros e condições materiais de funcionamento (Pró--Conselho, 2006).

Essa estratégia, validada pelos gestores oficiais do Programa, dá considerável poder de decisão à Uncme. Além de sugerir os temas a serem inseridos na formação continuada nos estados, passa a gerenciar os recursos financeiros (convênio com o FNDE nº 832006/2006 disposto pela Resolução 35 de setembro de 2006) destinados a esta formação, que vai de novembro de 2006 a outubro de 2007.

A coordenação técnica e operacional dos encontros bem como a escolha de capacitadores/formadores ficou a cargo dos coordenadores estaduais da Uncme[74] e o acompanhamento da realização dos encontros de formação ficou por conta da Presidência da Uncme, que executava o pagamento da hospedagem e alimentação dos participantes, produção de material e contratação de palestrantes. Já aos municípios polo, atuando em colaboração, cabia a responsabilidade de oferecer o local dos encontros e o apoio logístico, como o fornecimento dos equipamentos necessários e o local para o Encontro. A formação de 2007 aconteceu em 43 polos (municípios), distribuídos em 22 estados, com um gasto nacional de R$ 545.748,00, conforme indica a tabela 1.

Tabela 1 - Recursos financeiros para a formação continuada de conselheiros municipais de educação nos estados brasileiros – 2007

Nº	Estado	Nº de Polos	Nº de Cme	Nº de Conse-lhei-Ros	Nº de Capaci-Tadores	Valor Disponível
01	Paraíba	01	30	60	02	R$ 12.430,00
02	Tocantins	01	18	36	02	R$ 8.312,00
03	Alagoas	01	07	21	02	R$ 5.732,00

---

74. Cada coordenação estadual da Uncme teve que elaborar um projeto específico para o estado informando os municípios (ou o município) que seriam sede dos encontros. No projeto definiam data para execução, os temas a serem discutidos, a metodologia e a programação. Também, juntamente com os capacitadores elaboraram o material a ser utilizado na formação. Acompanhavam o projeto os custos levantados em pelo menos 3 orçamentos de despesas para o encontro (Bueno, 2009).

04	Maranhão	01	16	32	02	R$ 7.624,00
05	Piauí	01	06	18	02	R$ 5.216,00
06	Ceará	01	26	52	02	R$ 11.064,00
07	Sergipe	01	07	21	02	R$ 5.732,00
08	Bahia	04	93	186	08	R$ 40.472,00
09	Mato Grosso	04	18	36	08	R$ 14.672,00
10	Para/Amapá/Roraima	01	11	33	02	R$ 7.796,00
11	Amazonas	01	06	18	02	R$ 5.216,00
12	Goiás	04	59	118	08	R$ 28.776,00
13	Pernambuco	01	30	60	02	R$ 12.440,00
14	Santa Catarina	04	157	314	08	R$ 62.488,00
15	São Paulo	04	293	586	08	R$ 109.272,00
16	Espírito Santo	01	43	86	02	R$ 16.914,00
17	Minas Gerais	04	156	312	08	R$ 62.144,00
18	Paraná	01	36	72	02	R$ 14.504,00
19	Rio de Janeiro	01	45	90	02	R$ 17.600,00
20	*Rio Grande do Sul*	04	184	368	08	*R$ 71.776,00*
21	Mato Grosso do Sul	01	12	24	02	R$ 10.720,00
22	Rio Grande do Norte	01	37	74	02	R$ 14.848,00
	Total	**43**	**1.290**	**2.617**	**86**	**R$ 545.748,00**

Tabela elaborada por Bueno (2009)

A estratégia de gestão do Programa, iniciada no final de 2006, evidencia ações fundamentais que trazem à cena muitos elementos inerentes ao que denomino de "rede de gestão democrática". Dentre estes elementos pode-se citar a participação efetiva na gestão da política dos atores que estão diretamente envolvidos com a educação nos municípios. Esse elemento pode ser traduzido como uma relação de poder horizontal onde o mesmo é partilhado entre sujeitos dotados de autonomia. Essa relação só pode ser conseguida quando os atores governamentais concebem a sociedade civil organizada em sua fração de Estado.

Cabe ainda salientar na estratégia dos gestores oficiais da política de formação de conselheiros, a descentralização dos recursos financeiros para a gestão da Uncme. Sob a consideração de que estamos falando de uma política educacional, portanto, uma política social, esta ação aponta, mesmo que o recurso liberado não seja de grande expressão, em certa medida, a importância que o governo federal atribui à área social e isto é relevante visto que já há algum tempo os organismos internacionais, especialmente o Banco Mundial e o FMI, vêm orientando os Estados nacionais à contensão e redução dos gastos públicos, com impacto imediato sobre o corte de recursos financeiros para os programas sociais.

Ainda referente aos recursos financeiros, há que considerar também que tem sido comum nas decisões dos gestores públicos (Lobo, 1990), quando da alocação de recursos para cumprir objetivos de determinados programas, sacrificar outros. No caso da política de formação de conselheiros, o investimento nas ações de formação continuada descentralizadas não comprometeu os recursos financeiros destinados aos Encontros de capacitação nacional. Também não se pode deixar de anotar que o recurso financeiro encaminhado pelos governos para uma política social fornece indicações sobre o caráter redistributivo da mesma. Caráter este que expressa, em última instância, a possibilidade de que a política incorpore elementos de equidade social.

As estratégias implementadas em 2007 constituíam-se em ações previstas no planejamento da Cafise/Pró-conselho para o quadriênio 2007-2010, sendo as seguintes (Cafise, 2006, p. 29):

* Realização de 20 encontros estaduais de conselhos municipais de educação;
* Cadastramento de municípios no Sicme;
* Publicação e distribuição do Perfil dos Conselhos Municipais de Educação;
* Instalação de computadores e conexão de banda larga nos conselhos ativos cadastrados no Sicme;
* Criação de e-mails institucionais para os conselhos municipais de educação;
* Distribuição da Revista Documenta;
* Implantação de uma rede de informações e de tecnologias sociais. No desenvolvimento deste projeto deverá ser contemplada a criação de um ambiente on--line para dar suporte ao desenvolvimento de uma rede de formação entre os conselhos municipais de educação. O objetivo contemplará diversos módulos, permitindo sua posterior implantação, por meio de um plano;
* Celebração de convênio com a União Nacional dos Conselhos Municipais de Educação (Uncme);
* Formação à distância para aproximadamente 10.000 conselheiros municipais de educação.

É importante observar que o planejamento do Pró-conselho fecha exatamente com o final do segundo mandato do governo federal, em 2010. Cabe aqui uma inferência, por se saber da prática política de descontinuidade de programas com as trocas de governo; o fato de continuar o mesmo projeto político parece ter favorecido a continuidade e os novos desdobramentos do programa Pró-Conselho.

Em 2008, o Pró-conselho passa por novos arranjos, visando melhor adequar as metas estabelecidas em 2006. No início de 2008, a Secretaria de Educação Básica (SEB) envia o Ofício Circular n° 5 para todos os municípios que possuíam CME em funcionamento (com base no Sicme 2006). Nesse Ofício colocava à disposição dos CME computadores e impressoras, por meio de um Acordo de Cooperação entre a SEB e a Prefeitura Municipal. Para a assinatura do Acordo seria preciso atender a pelo menos um dos seguintes critérios: a) municípios novos que foram cadastrados no Sicme em 2007, que estão ativos e fazem parte da relação dos municípios que apresentaram o menor Índice de Desenvolvimento da Educação (Ideb); b) os municípios novos das regiões norte e nordeste que foram cadastrados no Sicme em 2007 e que estão ativos.

Com essa medida, a SEB coloca em prática duas intenções do Pró-Conselho cuja realização estava prevista pela Cafise desde 2006. A primeira é a de equipar os CME com recursos técnicos de informática (computador, impressora, internet) para efetivar a continuidade da formação na modalidade a distância; já a segunda intenção está relacionada com o desdobramento do Pró-Conselho com a principal política do MEC na atualidade, o Plano de Desenvolvimento da Educação (PDE), colocado em ação a partir de 2007.

2. A interface da política de formação de formação de conselheiros municipais de educação com o Plano de Desenvolvimento da Educação (PDE)

A partir de 2007, com o início da implantação do Plano de Desenvolvimento da Educação (PDE), a proposta do MEC é que os programas de transferência voluntária[75] passem a ser acessados por meio da elaboração do Plano de Ações Articuladas (PAR) nos municípios brasileiros. O PAR é uma ação integrante do Plano de Metas Compromisso Todos pela Educação[76] ao qual aderiram os 5.563 municípios brasileiros até o final de 2008. O PDE é considerado pelos seus gestores como o plano executivo do MEC.

---

75. Existe um conjunto de programas do MEC (por exemplo, alimentação, PDDE/Programa Dinheiro Direto na Escola, transporte escolar) que podem ser chamados de universais por atingirem todas as escolas ou redes do Brasil e que são previstos em lei ou medida provisória. Todos os outros programas que não são obrigatórios por força da norma legal, podem ter o seu acesso condicionado à elaboração do PAR; ou seja, pelo que é divulgado pelo MEC, a assistência técnica e financeira envolvendo os programas de transferência voluntária do MEC só acontecerá para os estados e municípios pela via do Plano de Ações Articuladas (PAR).
76. O movimento Todos pela Educação começa a ser articulado em 2005, por iniciativa de lideranças empresariais, educadores, economistas, comunicadores e gestores públicos, os quais se reuniram em São Paulo para discutir caminhos alternativos para a construção de um grande projeto nacional de melhoria da qualidade da educação brasileira. O lançamento nacional aconteceu no dia 6 de setembro de 2006 no Museu Ipiranga em São Paulo. Constitui-se de uma "aliança da sociedade civil envolvendo gestores públicos, organizações sociais, educadores e iniciativa privada". O movimento foi lançado com o objetivo de garantir o direito de todas as crianças e jovens brasileiros a uma educação básica de qualidade, objetivo este a ser alcançado até 2022, bicentenário da Independência (Movimento Todos pela Educação. Disponível em: <http://www.unicef.org.br>. Acesso em: janeiro de 2009.

No escopo do PDE, foi lançado no primeiro semestre de 2007, pelo Ministério da Educação (MEC), o "Plano de Metas Compromisso Todos pela Educação". O Plano de Metas, cujas linhas gerais estão dadas pelo Decreto 6.094/2007, está pautado em 28 diretrizes (ver no anexo 2) e supõe a adesão voluntária por parte de estados e municípios. As 28 diretrizes constituem-se na base para a elaboração do Plano de Ações Articuladas (PAR) nos municípios brasileiros. O PAR, segundo os atuais gestores do MEC, visa à melhoria da qualidade da Educação Básica – em que pese o fato de não existir ações e/ou subações no PAR para a etapa do ensino médio – nos estados e municípios brasileiros a partir da consideração da evolução positiva do Índice de Desenvolvimento da Educação (Ideb).

O Ideb é um indicador objetivo que permite o monitoramento da evolução da situação educacional, compreendendo metas intermediárias (a cada dois anos) e finais (até 2022)[77]. Segundo o art. 3º do Decreto 6.094/07, o Ideb será obtido a partir dos dados sobre rendimento escolar, combinados com o desempenho dos alunos, constantes do censo escolar e do Sistema de Avaliação da Educação Básica – Saeb, composto pela Avaliação Nacional da Educação Básica – Aneb e a Avaliação Nacional do Rendimento Escolar (Prova Brasil). Dentre os 5.563 municípios brasileiros, aqueles com o Ideb mais baixo (menos de 3,8), receberam assistência técnica do MEC para elaboração do PAR. No que diz respeito ao acesso a programas do MEC, a política prevê que tenham prioridade os municípios de mais baixo Ideb.

Os municípios brasileiros considerados prioritários (1240) receberam até o final de julho de 2008, esta assistência técnica do MEC para a elaboração do Plano de Ações Articuladas (PAR) em dois momentos inter-relacionados: no primeiro, elabora-se o diagnóstico da situação educacional da rede municipal de ensino e, no caso do estado, da rede estadual de ensino; e num segundo momento, com base no diagnóstico, planejam-se as ações (que são em colaboração entre Estados, Municípios e União) para quatro anos[78].

A orientação do MEC foi a de que o PAR fosse elaborado por uma equipe local com representação de segmentos do governo, dos professores, técnicos das secretarias de educação e da sociedade civil local e, com o apoio técnico de consultores do MEC[79]. As dimensões educacionais abordadas pelo PAR são: a) gestão educacional; b) formação de professores e dos profissionais de serviço e apoio escolar; c) práticas pedagógicas e avaliação; d) infraestrutura física e recursos pedagógicos.

---

77. A média nacional do Ideb em 2005 foi de 3,8 nos primeiros anos do ensino fundamental. Em 2007, essa média subiu para 4,2. A meta é a de atingir até 2022 a média 6,0. A fixação da média 6,0 a ser alcançada considerou o resultado obtido pelos países da Organização para a Cooperação e o Desenvolvimento Econômico (OCDE). A nota seis foi a média obtida pelos países desenvolvidos que ficaram entre os 20 mais bem colocados no mundo.
78. Os instrumentos que compõe o PAR ("instrumento de campo" para a realização do diagnóstico bem como o "guia prático de ações" para o planejamento) são elaborados pelo MEC e acessados on line pelos municípios e estados via o sistema operacional chamado Simec (Sistema Integrado de Monitoramento do Ministério da Educação).
79. É importante ressaltar que atuei em doze municípios do Rio Grande do Sul como consultora do MEC/UFRGS para a elaboração do PAR.

Pode-se dizer que no início da implementação do Plano de Metas, dadas as prioridades traçadas pelo MEC – tanto em termos de assistência para elaboração do PAR quanto de atendimentos das ações planejadas – a política atingiu com maior intensidade os municípios considerados prioritários. Hoje praticamente todos os municípios brasileiros aderiram ao Plano de Metas e elaboraram ou estão elaborando o seu Plano de Ações Articuladas com vistas a acessar também os programas não universalizados e oferecidos voluntariamente pelo MEC; com isso, percebe-se o raio de ação desta política.

As principais críticas ao PDE foram elaboradas ainda em 2007 quando a Ação Educativa realiza um seminário[80] para discutir a política que estava sendo apresentada pelo MEC. Na época, criticava-se bastante o fato de o PDE ter sido elaborado sem um debate público, sequer com as associações de profissionais ligados à educação. Agregada a esta crítica observava-se que os gestores do MEC vinham apresentando o Plano em diferentes locais, para diferentes públicos, sem entregar um documento-base que permitisse análises mais definitivas sobre política (Graciano, 2007).

Contudo, este debate sobre o PDE ganhou força e ocupou espaço na mídia por outra vertente. Entre março e junho de 2007, os jornais ficaram repletos de declarações elogiosas que atribuíam ao PDE um esforço de melhorar a qualidade do ensino mediante um sistema de recompensas e/ou punições ao desempenho dos educadores. Houve quem saudasse o Plano como chegada da "gestão empresarial" à educação. A reação da mídia ao PDE provoca muitas críticas entre os pesquisadores presentes no evento organizado pela Ação Educativa. Conforme Graciano (2007, p. 7) alguns participantes do seminário apresentaram evidências para suas críticas ao que estava sendo vinculado na mídia:

> Pesquisas produzidas por fundações empresariais e realidades de outros países foram tomadas como exemplo para comprovar que os problemas da educação no Brasil não estão vinculadas à falta de recursos, mas sim a falhas na gestão. Na mesma toada, afirmam que artigos e análises foram publicados para anunciar que o professorado não é mal remunerado e que seu desempenho é ruim, por falta de mecanismos de avaliação e punição.

Nesse contexto, as ações de avaliação, acompanhamento e assessoria previstas no PDE foram interpretadas como mecanismos de controle que visariam, sobretudo, premiar os profissionais cujos índices de aproveitamento dos alunos fossem satisfatórios, considerando-se a falta de recursos educacionais como uma forma de punição aos demais. O MEC refuta essa interpretação afirmando que tais mecanismos têm por objetivo identificar dificuldades e atuar em colaboração com os educadores locais para a superação dos problemas educacionais.

É importante sublinhar o que apontava Ramos (2007) neste mesmo seminário. A autora, fazendo uma avaliação do processo de formulação do PDE, afir-

---

80. Que reuniu 200 pessoas de 35 municípios de 7 estados do Brasil. Estiveram presentes principalmente gestores municipais de educação, pesquisadores e professores universitários.

ma que não houve momentos específicos, públicos, de construção de debate das ideias orientadoras. Não foram ouvidos os representantes dos profissionais de educação, conforme documento da Confederação Nacional dos Trabalhadores em Educação (CNTE); da União Nacional dos Conselhos Municipais de Educação (Uncme); da União Nacional dos Estudantes (UNE) ou a União Brasileira dos Estudantes Secundaristas. Afirma que sequer as articulações acadêmicas ligadas à formação como Associação Nacional de Formação de Professores (Anfope) bem como a Campanha Nacional pelo Direito à Educação ou o Movimento Interfóruns de Educação Infantil do Brasil (Mieib) foram consideradas no processo de formulação da política.

De modo geral, todos os participantes do seminário terminaram por concordar que, naquele momento, era difícil avaliar o Plano do MEC porque o mesmo ainda não tinha um documento-base, mas era consenso entre eles o fato de que aquele era um momento histórico para a educação brasileira; momento este em que o MEC assume a responsabilidade de atuar de forma mais incisiva na indução de uma educação básica de qualidade.

Não é foco deste estudo analisar o PDE e seus desdobramentos como política pública educacional, mas é pertinente apontar como os programas do MEC, dentre estes o Pró-conselho, são incorporados e desdobrados por meio da política executiva do MEC[81]. Naturalmente que hoje, 2009, o PDE como ação pública, com documento-base elaborado e ações sendo implementadas, já se presta a uma análise mais profunda de seu processo de construção e projeções de continuidade como

---

81. Todavia, é importante salientar que no segundo semestre de 2008 o Núcleo de Estudos de Políticas e Gestão da Educação da Universidade Federal do Rio Grande do Sul iniciou uma pesquisa, coordenada pela professora Nalú Farenzena (PPGEDU), que analisa uma das principais ações do PDE, o Plano de Ações Articuladas (PAR) e sua implementação em municípios do Rio Grande do Sul. O grupo de pesquisa, do qual faço parte, se divide para analisar vários aspectos do PAR. Neste sentido, nesta pesquisa trabalho com mais dois colegas os indicadores da dimensão da gestão educacional na área "Gestão Democrática: articulação e desenvolvimentos dos sistemas de ensino" nos 28 municípios que apresentaram o Ideb abaixo de 3,5 e que foram os primeiros a serem atendidos com a colaboração técnica do MEC por meio de consultoria via parceria MEC/UFRGS/SEC/RS; posteriormente foram atendidos mais 117 municípios com Ideb abaixo de 3,8. As primeiras evidências deste trabalho apontam que os indicadores conselhos escolares, conselhos municipais de educação e critérios de escolha dos diretores/as de escola, são os que apresentam maiores problemas no âmbito dos municípios. No que diz respeito ao primeiro indicador, os conselhos escolares praticamente não existem sequer formalmente; o segundo indicador aponta que os CME existem formalmente na maioria dos municípios, mas não possuem autonomia nas deliberações mesmo nos municípios que instituíram o sistema municipal de ensino com o conselho como órgão normativo; neste indicador a subação mais solicitada foi a capacitação de conselheiros; já o terceiro indicador, os critérios de escolha de diretor aponta que no RS, pelo menos nos 28 municípios investigados, a livre nomeação do prefeito como critério central ainda é uma prática (clientelista) bastante reproduzida. Além disso, estão sendo desenvolvidas duas teses de doutorado sobre o PDE no âmbito do Núcleo de Estudos sobre políticas e gestão da educação, quais sejam: Lúcia Camine. *Compreender a política de gestão do Plano de Desenvolvimento da Educação na perspectiva da gestão democrática do ensino*. Porto Alegre: Faculdade de Educação (UFRGS/PPGEDU/Núcleo de Estudos de Políticas e Gestão da Educação) – Projeto de Tese de Doutorado. Patricia S. Marchand. *Implementação do Plano de Metas Compromisso Todos pela Educação no RS: uma nova regulação entre União e Municípios?* Porto Alegre: Faculdade de Educação (UFRGS/PPGEDU/Núcleo de Estudos de Políticas e Gestão da Educação) – Projeto de Tese de Doutorado.

política nacional, visto que todos os municípios brasileiros aderiram ao "Plano de Metas Compromisso Todos pela Educação" e já estão com o PAR concluído ou em andamento. Neste caso cabe salientar ao que chamamos a atenção, logo no início deste capítulo; o fato de que, no contexto da prática (Bowe; Ball; Gold, 1992), a política está sempre sujeita à interpretação e (re)criação produzindo efeitos ou consequências que podem provocar mudanças significativas na política original.

No caso do Pró-conselho, a partir de 2008, depois de alguns encontros entre a SEB com a Uncme e a Undime, novas estratégias de continuidade da política de formação de conselheiros são dimensionadas considerando o Plano de Desenvolvimento da Educação (PDE). No início de 2008, a SEB/MEC solicita às coordenações regionais da Uncme bem como da Undime que, tendo como base os municípios prioritários (Ideb abaixo de 3,8), produzissem um projeto de formação continuada à distância respectivamente para conselheiros municipais de educação e secretários municipais de educação tendo em vista o Plano de Ações Articuladas (PAR) realizado nos municípios de cada estado.

O projeto de formação das coordenações estaduais da Uncme deveria ser enviado para a SEB, ficando sob a responsabilidade da Diretoria de Fortalecimento Institucional e de Gestão Democrática da Educação Básica, nova designação dada ao Dase (Pró-Conselho, 2008). Com essa mudança, também a Cafise tem sua designação modificada para Coordenação Geral de Articulação e Fortalecimento Institucional e Gestão Democrática dos Sistemas de Ensino, e, no final de 2008, sofre mudança de coordenador, que era o mesmo desde 2003. Estas mudanças na trajetória da política nacional de formação de conselheiros geram desconfianças sobre os seus desdobramentos e possibilidades de continuidade. Segundo o coordenador do Fecme/Uncme-RS na gestão 2005-2006 e capacitador/formador do Pró-Conselho:

> *Vejo que se a formação dos conselheiros ficar somente à distância e não houver a participação da Uncme na formatação desta capacitação, corre-se o perigo de voltar a ser uma formação apenas técnica (como já aconteceu antes). Mesmo que seja a distância ela terá que possibilitar encontros de estudos e discussões nos municípios, nas regionais, no estado... Pois, além da formação técnica deverá haver a formação política, com discussões de temáticas atuais da educação brasileira. Ou seja, a formação política do conselheiro para desempenhar principalmente as suas funções de mobilizador e fiscalizador que não tem como ser de forma isolada, deverá ser em grupo com troca de experiências, estudo com fundamentação teórica e sua relação com a prática. A Uncme deverá estar atenta para que não se perca o que já foi conquistado: decisões e formações descentralizadas.*
> (Depoimento, janeiro de 2009)

As novas orientações do MEC/SEB solicitam que os coordenadores estaduais da Uncme e da Undime elaborem, a partir do PAR dos municípios, um projeto de formação a distância tendo como base, no caso da Uncme, o número de conselheiros elencados para a formação pelo Pró-conselho na dimensão 1 (Gestão educacional) na área 1 chamada de "gestão democrática: articulação e desenvolvimento do sistemas de ensino" no indicador nomeado de "existência, composição e atuação do CME". Já a Undime deve levar em consideração a mesma dimensão, porém, a formação de secretários, por meio do Pradime, consta na área 5 chamada de "gestão de finanças" no indicador "cumprimento do dispositivo constitucional de vinculação dos recursos da educação" (Pró-Conselho, 2008).

No mês de maio de 2008, o MEC por meio da Secretaria Executiva Adjunta, tendo como secretário o ex-coordenador da Cafise, realiza um Encontro com os conselheiros municipais e estaduais de educação. O objetivo do Encontro é apresentar e discutir os mecanismos de consolidação das metas instituídas no Plano de Desenvolvimento da Educação (PDE). Segundo o documento (MEC, 2008) enviado para os conselhos:

> O Ministério da Educação tem como objetivo neste Encontro incentivar um controle social participativo, mediante uma ampla mobilização dos conselheiros municipais e estaduais de educação cujos mandatos os qualificam para o exercício legítimo do controle social nos estados e nos municípios por meio de um conjunto de ações articuladas entre Estados da União. Com a execução do PDE, o MEC aprimorará o apoio técnico e financeiro aos entes federados e, sobretudo, irá articular organicamente as diversas demandas para o atendimento, que vão desde a garantia da energia elétrica e infraestrutura adequada nas escolas à valorização dos profissionais da educação, mediante incentivo à profissionalização, instituição o piso salarial e definição das diretrizes de carreira.

O documento afirma que é de suma importância que os conselhos estaduais e municipais participem ativamente no processo, tanto no que diz respeito à fiscalização da garantia do direito de todos à educação como na cooperação técnica com a comunidade escolar. Na abertura do Encontro, com duração de três dias, estavam presentes o presidente da Uncme e seus coordenadores estaduais, o presidente do Fórum dos conselhos estaduais, conselheiros estaduais e o Ministro da Educação, que abre o evento com a palestra: "Concepção do PDE e qualidade da educação". Pode-se depreender do texto do MEC que os conselhos não são ali concebidos como órgãos gestores dos sistemas de ensino; pelo contrário, ressalta-se com bastante ênfase o seu papel de instrumento de controle social e mobilizador da sociedade, como se o mesmo estivesse separado do "governo da educação" no âmbito dos sistemas de ensino.

As funções destacadas pelo MEC são de suma importância para os conselhos; contudo, há que se ter o cuidado para que os mesmos não se transformem em órgãos de governo com funções de controle sobre as políticas educacionais com vistas a minimizar custos com a educação municipal. Neste sentido, é coerente o argumento do coordenador do Fecme/Uncme-RS, anteriormente citado, de que é preciso mais do que a capacitação técnica do conselheiro, visto que as funções citadas pelo MEC, para que não sejam esvaziadas de seu sentido político, exigem que o conselheiro tenha uma formação crítica sobre as suas funções e atribuições.

Quanto à função mobilizadora da sociedade, é preciso que se redobre a atenção para que o conselho não se constitua em um agente de governo com a função de promover a passagem de responsabilidades do Estado com a educação, para entidades privadas da sociedade civil com uma visão de educação mercadológica e cuja finalidade (lucro e acumulação) é diferente daquela que é precípua do Estado: gerir o bem comum.

O Encontro realizado em Brasília é também divulgado em nota no site do MEC (26 de maio de 2008), a qual noticia que os conselheiros estaduais e municipais de educação foram orientados sobre a forma de atuação no regime de colaboração pela melhoria da educação básica brasileira tendo como base a concepção do Plano de Desenvolvimento da Educação (PDE). A nota assinada por Letícia Tancredi afirma que:

> Na visão do ministro, o papel dos conselhos é **auxiliar** escolas e redes que não conseguem melhorar seus indicadores educacionais na elaboração de estratégias e verificar se as diretrizes do PDE estão sendo cumpridas, entre outras atribuições. "O regime de colaboração só fará sentido se o MEC e suas autarquias, com estados, municípios, conselhos, diretores, professores, pais e toda a sociedade ajudarem a construir os arranjos educativos locais", afirmou Haddad.

Este Encontro demarca novos rumos para a política de formação de conselheiros municipais de educação que tem sua continuidade atrelada ao Plano de Desenvolvimento da Educação (PDE) e ao Plano de Metas/PAR. Em junho de 2007, o MEC começa a colocar em prática o Plano de Metas através da implementação do Plano de Ações Articuladas nos estados e municípios. Desde então, a Uncme perde considerável espaço na gestão da política de formação de conselheiros já que deixa de dar direcionamento às ações de formação onde gerenciava, inclusive, uma parcela dos recursos financeiros. Além do mais, é possível perceber na nota emitida pela assessoria de imprensa do MEC certo "retorno" ao conceito de conselho educacional como órgão auxiliar dos dirigentes dos sistemas de ensino.

O PAR, como já dissemos, é composto por quatro grandes dimensões: Dimensão 1- Gestão Educacional; Dimensão 2- Formação de professores e dos profissionais de serviço e apoio escolar; Dimensão 3- Práticas pedagógicas e avaliação; Dimensão 4- Infraestrutura física e recursos pedagógicos. Destas, a gestão democrática da educação é uma área da Dimensão 1, composta pelos seguintes indicadores: 1) Existência de conselhos escolares (CE); 2) Existência, composição e atuação do conselho municipal de educação; 3) Composição e atuação do conselhos de alimentação escolar (CAE); 4) Existência de projeto pedagógico (PP) nas escolas e grau de participação dos professores e do CE na elaboração dos mesmos; de orientação da SME, e de consideração das especificidades de cada escola; 5) Critérios para escolha da direção escolar; 6) Existência acompanhamento e avaliação do plano municipal de educação (PME), desenvolvido com base no plano nacional de educação- PNE; 7) Plano de carreira para o magistério; 8) Estágio probatório efetivando e outros profissionais da educação; 9) Plano de carreira dos profissionais de serviços e apoio escolar.

No indicador 2, referente aos CME, uma das subações está relacionada à qualificação de conselheiros municipais de educação por meio do programa Pró-Conselho. Quer dizer, quando o município elabora o seu Plano de Ações Articuladas (PAR) já propõe a formação de conselheiros por meio do Pró-Conselho na modalidade a distância. Assim, em todo o ano de 2008 foi se construindo uma outra estratégia de continuidade da política de formação de conselheiros municipais de educação.

De uma forma geral, o conjunto dos indicadores apontados expressa, entre os 52 indicadores do PAR, os elementos que o MEC considera importantes para que se concretize a gestão democrática do ensino público. Chamo atenção ao fato de que a formação de secretários municipais de educação não seja elencada como ação, ou mesmo subação, dentro da área intitulada "gestão democrática: articulação e desenvolvimento do sistema de ensino", já que estes, conforme argumentamos em outros momentos, são atores de grande importância no processo construção da gestão democrática dos sistemas municipais de ensino.

Por outro lado, se tomamos o Decreto 6.094/2007 como base para elaboração do PAR nos municípios, pode-se colocar em xeque o papel do CME para a gestão democrática dos sistemas municipais de ensino, vinculada pelo próprio MEC, isto considerando os objetivos do Pró-Conselho expostos no quadro 3 do apêndice (vide doc 2, especialmente objetivo 3, e doc 5 objetivo 2) bem como os objetivos dos órgãos internos (Dase-Cafise) da Secretária de Educação Básica (SEB), criados especialmente para fortalecer a gestão democrática nos sistemas de ensino. Estes colocam o CME como órgão gestor do sistema. Conforme a coordenação geral da Cafise (2006, p. 20) "os CME ocupam posição fundamental na efetivação da gestão democrática dos sistemas de ensino, assim como na consolidação da autonomia dos municípios no gerenciamento de suas políticas educacionais".

No Decreto, as metas XX, XXI, XXIII estabelecem atribuições para os conselhos de educação nomeadamente de: acompanhar e avaliar as políticas públicas na área de educação; zelar pela transparência na gestão pública na área de educação; elaborar plano de educação. Já a meta XXII afirma o seguinte: promover a gestão participativa na rede de ensino (grifo meu). Nas metas para os conselhos são salientadas as atribuições de controle social e avaliação das políticas públicas. Não são destacadas outras atribuições dos conselhos, especialmente a de órgão gestor do sistema, visto que esta meta é colocada sem situar quais são os atores envolvidos na gestão participativa. Se os conselhos de educação são espaços institucionalizados com representação de atores da sociedade civil e do governo, é de sua natureza a atribuição de órgão gestor dos sistemas de ensino (Bordignon, 2000). A perspectiva que salienta "outras funções", especialmente aos CME já se encontra presente no Projeto de formação continuada enviada pela Secretaria de Educação Básica (SEB/MEC) aos coordenadores estaduais da Uncme no início de 2008.

> Assim, nesta direção, é indispensável que os conselhos municipais de educação superem as suas funções tradicionais. Para além dos papéis consultivo, deliberativo, normativo e fiscalizador, é imprescindível que eles, respondendo às exigências da atual dinâmica, assumam funções inovadoras. Trata-se de propor, de mobilizar a sociedade e de participar efetivamente dos desafios na organização da educação. Isto significa construir uma gestão democrática, capaz de considerar os atuais desafios de universalização do atendimento e de qualidade social do ensino na educação básica. (Pró-Conselho, 2008, p. 6)

Alguns problemas podem ser destacados em relação a essa argumentação. O primeiro está relacionado ao fato de que as funções chamadas de "tradicionais" para os CME ainda são muito novas para os mesmos, que incorporam estas funções, em sua integralidade, somente a partir da LDB de 1996. Pesquisas (Souza; Vasconcelos, 2006) na área de gestão democrática com foco nos conselhos têm apontado as muitas dificuldades práticas para que os CME assumam suas funções, mesmo as "tradicionais", para além do aspecto formal. Outro problema que pode se levantar é se as funções chamadas de "inovadoras" não são na verdade uma forma de retirar do CME e da formação de conselheiros a sua dimensão política, já que as novas funções parecem não explicitar o conflito e a divergência de opiniões e interesses inerentes a qualquer espaço de discussão sobre a gestão pública.

Novas atribuições são bem-vindas, desde que essas não venham a suplantar o papel fundamental do Conselho, segundo propõe um dos elaboradores do material de formação de conselheiros municipais de educação do Pró-conselho no Encontro de Capacitação de Conselheiros Municipais de Educação no RS:

> Embora o conselho de educação esteja inserido no Estado, ele não é um órgão para satisfazer as vontades do governo. Ele é a voz da sociedade na estrutura do Estado. Se ele representa a sociedade ele é permanente, porque a sociedade é permanente. Somente os governos são provisórios; o conselho existe para falar em nome da sociedade ao governo. (Bordignon, 2006, s/p)

Especialmente, se considerarmos a gestão democrática como um processo que exige não só o rompimento com paradigmas autoritários historicamente cristalizados na gestão pública brasileira, mas, principalmente, a construção de novos paradigmas para que então a gestão democrática se transforme em "novo senso comum", no sentido afirmado por Santos (2004). Quer dizer, como uma racionalidade feita de racionalidades que privilegia ações cujos efeitos produzam rupturas significativas no real.

3. A implementação da política nacional de formação de conselheiros no RS

No contexto do Rio Grande do Sul, os atuais desdobramentos da política nacional de formação de conselheiros municipais de educação precisam ser considerados a partir da relação desenvolvida entre o nacional e o local na perspectiva da política como ciclo que pode provocar efeitos na trajetória da mesma tanto no âmbito local quanto no âmbito nacional. Conforme já demonstrado no capítulo anterior, no estado do Rio Grande do Sul, a formação de conselheiros municipais de educação está bastante implicada com o modo de organização dos municípios e da atuação de atores diretamente envolvidos com a formação de conselheiros/as. É neste sentido, que no RS as associações da sociedade civil local têm desenvolvido ações coletivas com objetivos claros e implicações com a gestão pública dos municípios, exercendo influências, sobretudo, nas estratégias de governança local.

3.1 O Fórum estadual dos CME e a construção de um paradigma para a gestão democrática dos sistemas municipais de ensino

Pode-se dizer que, no Rio Grande do Sul, a formação de conselheiros/as municipais de educação é uma preocupação (e problematização) que precede a política nacional de capacitação de conselheiros – o Pró-Conselho. Desde 1995, o Fórum Estadual dos Conselhos Municipais de Educação (Fecme), mais tarde designado como Fecme/Uncme-RS, tem atuado no sentido de oferecer qualificação para os conselheiros do CME do RS. No entanto, essa tarefa é mais fortemente incorporada pelo Fecme no período posterior a LDB de 1996, quando são regulamentadas as responsabilidades dos sistemas de ensino (municipal, estadual e federal) em relação à educação básica.

Desse período em diante os municípios passam a organizar seus próprios sistemas de ensino e, na mesma medida, onde não havia conselho de educação ocorre a necessidade de criá-lo bem como de reorganizar os conselhos já existentes, uma vez que estes passam a incorporar a função de órgãos normativos dos sistemas municipais de ensino, em que pese o fato de os mesmos não serem reconhecidos explicitamente como tal na citada Lei[82]. Esse fato já foi discutido em artigo sobre os

---

82. Em 1996 a nova LDB (Lei 9.394/96) fixa em seu artigo 18 a abrangência do sistema municipal de ensino, neste artigo fica subentendido a necessidade de um órgão administrativo e outro normativo.

Conselhos Estaduais de Educação por Vilaboin (1998) cuja análise faz um resgate sobre o papel histórico dos conselhos de educação. Afirma que a Lei 9.394/96, por não ter especificado a função normativa dos CEE e dos CME, acabou por abrir espaço para que os sistemas de ensino prescindissem desses colegiados.

Esse movimento vai exercer forte influência nas discussões sobre o papel dos conselhos municipais de educação na gestão dos sistemas municipais de ensino. Nesse sentido, muitas pesquisas sobre o tema (Gohn, 2001; Teixeira, 2002; Souza; Vasconcelos, 2006) apontam que a emergência dos conselhos das áreas de políticas públicas, pós-década de 1980, dentre estes os CME, se dá sob um processo de lutas sociais e de apropriação pela sociedade civil do espaço público estatal.

É nesse cenário que o Fecme emerge no Rio Grande do Sul. Todavia, como já demonstramos em capítulo anterior, num contexto de organização social em que os atores locais têm tido importante papel na construção de uma efetiva democratização da gestão da educação nos municípios.

No caso do Fecme-Uncme, as Cartas elaboradas desde os primeiros encontros dos conselhos municipais de educação do RS evidenciam suas principais discussões e preocupações com a formação dos conselheiros/as, conforme aponta o quadro 4 (no apêndice 5) deste trabalho. As Cartas e os posicionamentos e discussões nelas expressas, desde os primeiros encontros dos conselhos municipais de educação (1995-2008) − com o objetivo de mobilizar, capacitar, (in)formar os conselheiros sobre o seu papel na gestão dos sistemas municipais de ensino −, podem ser lidas a partir do esquema de Callon (apud Muller: Surel, 2002), quando o autor se refere aos elementos necessários para a construção de um paradigma, quais sejam: a problematização; a estimulação; o recrutamento; a mobilização.

O primeiro elemento, o da **problematização**, pode ser percebido no cenário do ordenamento legal (CF/1988; LDB/1996) que institui nova relação entre os entes federados, regulamentando a autonomia dos municípios para a gestão dos sistemas municipais de ensino. Nesse período, inicia-se no RS um processo de alianças entre os conselhos municipais de educação (inicialmente constituída pelos municípios de Agudo, Bento Gonçalves, Canoas, Porto Alegre e Santana do Livramento) levada a cabo especialmente pelo conselho municipal de educação de Porto Alegre, criado em 1991 sob o contexto do "orçamento participativo" da cidade.

Constituído o Fórum, este passa a fazer proposições de temáticas a serem discutidas e problematizadas pelos conselhos e conselheiros. Nas Cartas, este processo pode ser percebido a partir das temáticas discutidas na plenária de 1995, período que antecede a promulgação da LDB de 1996; a Emenda constitucional nº 14 que cria o Fundef neste mesmo ano e que aborda o tema da gestão democrática do ensino e o plano de desenvolvimento do ensino fundamental e de valorização do magistério. Nesse documento, o Fecme posiciona-se criticamente em relação ao governo federal, colocando em xeque a atuação do MEC diante da elaboração da nova LDB e das políticas para os profissionais da educação. Na mesma medida posiciona-se contrariamente à forma como foi elaborada a lei de gestão democrática do ensino no Rio Grande do Sul aprovada em 1995.

Já os elementos relacionados à **estimulação**, encontram-se expressos na organização dos Encontros anuais na forma de plenárias (organizado pelo coordenador/a estadual do Fecme/Uncme) e pela inter-relação mantida entre os conselhos durante o ano por meio de uma rede de comunicação on-line e encontros nas regionais. O Rio Grande do Sul, conforme já explicitado no capítulo anterior, organiza os municípios em 25 regionais, sendo que cada uma delas possui especificidades próprias e, dessa forma, também os conselhos municipais de educação são considerados por suas características próprias que vão desde a dificuldade de acesso à internet até a de locomoção aos locais de encontros. Assim, as Cartas dos encontros anuais expressam não só os elementos e conteúdos discutidos e apropriados pelos conselheiros, mas, principalmente, são a expressão de um espaço cognitivo e normativo no qual se construiu e se (res)significa a cada Encontro uma identidade social para os conselhos e conselheiros cujo resultado é uma visão comum sobre o papel do CME na gestão democrática dos sistemas municipais de ensino.

O **recrutamento** relaciona-se a ampliação de alianças, para além dos próprios conselhos em âmbito regional e nacional, junto a outras associações e/ou grupos que compartilham da problemática da educação pública, especialmente dos municípios. No entanto, o compartilhamento da problemática da gestão democrática dos sistemas municipais de ensino, recolocada pelo Fórum a cada plenária anual, não é necessariamente marcado por alianças com afinidades e convergências imediatas conforme demonstraremos adiante; o consenso é continuamente produzido a partir de relações de conflitos e divergências de interesses. Considerando tais aspectos é que o Fecme/Uncme delineia o seu espaço de atuação e de produção de identidade a partir de um processo que inclui alianças com o Conselho Estadual de Educação (Ceed), com o Conselho dos Secretários Municipais de Educação(Conseme-Undime), com a Federação das Associações de Municípios do Rio Grande do Sul (Famurs).

A **mobilização** é o momento em que há consolidação de um paradigma; constitui-se uma identidade social para o grupo que é legitimada por suas ações e práticas sociais. Cabe aqui lembrar o que já frisamos em outro momento deste trabalho: "quando os indivíduos introjetam o 'certo' prescrito pela concepção de mundo, a 'verdade' é afirmada pela ação concreta" (Ruiz, 1998, s/p). O Fecme-Uncme é reconhecido pela sociedade local como ator social que representa os conselhos municipais de educação do Rio Grande do Sul. Esse reconhecimento consolida o papel do conselho municipal de educação como instrumento da gestão democrática dos sistemas municipais de ensino. Neste sentido, as Cartas dos encontros são representativas desta legitimidade concedida num primeiro momento pelos próprios conselhos e conselheiros do RS e, num segundo momento, pelos governos municipais e por associações e grupos locais. O quadro 6 expressa a síntese do esquema aplicado ao Fecme/Uncme.

Quadro 6 - A construção do paradigma da gestão democrática dos sistemas municipais de ensino Fecme/Uncme-RS

PROBLEMATIZAÇÃO	ESTIMULAÇÃO	RECRUTAMENTO	MOBILIZAÇÃO
Inicia-se um sistema de alianças, ou seja, de associações entre conselhos municipais de educação; surge o Fecme que passa a definir tanto a "identidade social" dos conselheiros- bem como os problemas que se interpõem entre as funções e atribuições dos CMEs e o que eles querem para a educação no âmbito dos municípios. Em última instância coloca-se o problema da gestão democrática dos sistemas municipais de ensino.	O Fecme/Uncme constitui-se em ator que dá identidade aos conselheiros/as por meio da circunscrição de um espaço cognitivo e normativo; as plenárias e suas discussões, deliberações e posicionamentos sobre os problemas da educação. A regulamentação do Fórum em Estatuto e Regimento com objetivos estabelecidos pelo grupo.	O Fecme baseado em sua problematização sobre educação busca ampliar alianças, que na hipótese em que elas são "aceitas", se situam em relação à identidade e aos valores circunscritos pela problematização original: a gestão democrática dos sistemas municipais de ensino.	São estruturadas e legitimadas as relações e ações efetivas do Fecme/Uncme no contexto social em que se inserem. Consolida-se um paradigma para a gestão democrática dos sistemas municipais de ensino no âmbito dos conselhos municipais de educação do RS.

Com base em Muller e Surel, 2002

Como se pode perceber, a implementação da política nacional de formação de conselheiros (Pró-conselho), no caso do Rio Grande do Sul, se dá em um contexto local no qual os conselhos municipais de educação e os conselheiros estão organizados e já possuem uma interpretação própria de seu papel na construção da gestão democrática da educação em âmbito nacional e nos municípios.

3.2 A formação de conselheiros municipais de educação no RS e o programa Pró-Conselho

Logo após a promulgação da LDB de 1996, intensifica-se no RS o processo de instituição dos sistemas municipais de ensino movimentando os atores locais ligados à educação municipal no sentido de orientar e (in)formar conselheiros, secretários e técnicos. Atuaram neste processo o Fecme/Uncme, o Conseme/Undime, a Universidade Federal do Rio Grande do Sul (UFRGS/Faculdade de Educação) e a Famurs. Esta construção, no entanto, envolve relações de conflito já que era um momento crucial para a produção de sentidos para a educação municipal, dentre estes se pode destacar o papel que se daria ao CME que, pelas novas atribuições engendradas passa a ser considerado órgão colegiado que assume funções relacionadas à gestão do sistema de ensino juntamente com a secretaria de educação.

Nesse período, o Fecme/Uncme já marcava na sua 3ª Plenária (1997) um posicionamento sobre o papel do CME junto aos sistemas municipais de ensino. Já a Famurs juntamente com o Conseme/Undime organiza material de (in)formação para os municípios do RS nos anos de 1997 e 1998, intitulados respectivamente "subsídios para a instituição do sistema municipal de ensino do Rio Grande do Sul" e "caderno de subsídios sobre o temário".

Para a produção desse material textual foram convidados especialistas da área de educação dentre estes uma professora da Universidade Federal de Pelotas (UFPEL) que desenvolve pesquisas sobre os CME e que atuará, mais adiante, na coordenação dos capacitadores/formadores do Pró-conselho no RS; também são convidadas duas professoras da Faculdade de Educação/UFRGS especialistas em políticas e gestão da educação as quais desenvolvem os seguintes temas "financiamento da educação no município" e "planejamento, gestão e avaliação" e que constantemente atuam como palestrantes tanto nas plenárias do Fecme/Uncme quanto nos Encontros de capacitação do Pró-conselho. Entre 1997 e 1998 são realizadas formações em grande parte das regionais da Famurs. É interessante destacar que o material produzido no RS, mais tarde, é incorporado pelo programa nacional Prasem II e III (1999 e 2001) e, por este motivo, também ao Pró-Conselho (2003).

Outra questão relacionada à influência do local no nacional é o fato de que em 1998 se adiciona ao material textual uma perspectiva sobre a construção de "conselhos regionais de educação". Sob a alegação da UEC/Famurs e do Conseme-Undime de que vários municípios tinham dificuldade para organizar os seus CME com competências normativas, se propõe a criação de conselhos regionais de educação[83], que logo é contestado por especialistas que alegavam que as regionais não se constituem em esferas administrativas da federação e, por consequência, não poderia um conselho regional de educação exercer a função normativa e com caráter deliberativo.

O Fecme/Uncme, além de concordar com os especialistas, argumentava que já existia uma organização regional para os CME via Fórum e ainda corria-se o risco

---

83. Criou-se uma comissão para realizar estudos sobre esta possibilidade constituída por: Mercedes Rodrigues (Unidade de Assessoria Jurídica/Famurs), Maria Beatriz Luce (Faculdade de Educação/UFRGS), Marisa Timm Sari (Unidade de Educação e Cultura/ Famurs), Mariza Vasques Abreu (Assessora da Câmara de Deputados), Marleide Lorenzi (Conseme/Undime) e Sônia Nogueira Balzano (Ceed/RS). Esta equipe apresenta uma proposta para a organização dos conselhos regionais de educação prevendo suas competências, composição e funcionamento.

de que estes conselhos viessem a ser dirigidos pelos secretários municipais de educação, retirando-se a autonomia do órgão normativo do sistema e enfraquecendo a organização própria dos CME (Bueno, 2009).

O argumento do Fórum faz sentido se for considerado sob a perspectiva de que ele foi um ator que teve a "voz" excluída da Comissão que produziu o texto propositivo dos conselhos regionais de educação. O reconhecimento e legitimidade de um ator social podem ser percebidos no jogo entre calar (impedir a fala) e silenciar (afastar sentidos indesejáveis, no ato mesmo de estimular as falas desejadas). Se o Fórum era o representante legítimo dos CME do RS, era de se esperar que participasse da Comissão que produziu "significados" aos conselhos regionais de educação.

Contudo, a ideia subjacente na proposta dos conselhos regionais de educação, de construir normas comuns aos CME, ao que tudo indica, teve influência junto à elaboração da meta 20 do PNE (lei 10.172/2001), a qual trata da colaboração entre redes e sistemas de ensino municipais prevendo "apoio técnico a consórcios intermunicipais e colegiados regionais consultivos, quando necessário". Com efeito, na meta 20 do PNE fica claro que os colegiados devem ter função apenas consultiva.

Assim, o Fecme/Uncme, ciente do seu papel na formação de conselheiros, dá continuidade ao processo. Desde a plenária de 2000 propõe uma formação teórico--técnica para os conselheiros que fosse além dos Encontros anuais e da capacitação recebida nos períodos de 1997 e 1998; especialmente para aqueles conselheiros cuja atuação se dava onde já havia sistema municipal de ensino instituído, pois era lá que as relações de confronto entre conselhos e secretarias se davam mais explicitamente. A partir da plenária de 2000, o Fórum passa a defender a criação de sistemas municipais de ensino com a participação dos CME e de todos os segmentos da sociedade local; e a orientar que os CME (re)avaliem sua estrutura e funcionamento buscando junto ao governo municipal a definição, no orçamento do município, da dotação orçamentária para a manutenção do órgão normativo dos sistemas municipais de ensino(Fecme/Uncme, 2000).

Em agosto de 2001 utilizando o espaço da Famurs em Porto Alegre, o Fórum realiza o "I Seminário de Formação" para conselheiros que atuam em municípios com sistema de ensino instituído. Neste seminário, a partir do tema central "conselhos municipais de educação – órgão normatizador do sistema", foi discutida uma metodologia que privilegiou a troca de experiências entre os conselhos com ênfase nas seguintes questões:

> O que motivou o seu município a criar o sistema municipal de ensino? Qual o estágio que se encontrava o CME antes da criação da lei do sistema? Quais foram os primeiros passos, após a aprovação da lei do sistema? Quais são as maiores

dificuldades enfrentadas? O que poderia ser feito para fortalecer as ações do CME como órgão normatizador? Quais os avanços na educação do município com a criação do sistema? (Bueno, 2009, s/p)

Esse seminário, para além de propor o conhecimento técnico da estrutura e funcionamento dos conselhos municipais de educação, começa a fixar mais fortemente a identidade dos conselheiros em torno de uma orientação teórica e prática comum. Considerando que o Fecme inicia a formação de conselheiros a partir das plenárias com início em 1995, este foi um momento marcante para o início da produção de objetivos comuns no espaço dos conselhos.

Em 2002, o Fórum não promove seminário de formação, mas constitui uma aliança, juntamente com a Uncme nacional, com o Programa de Apoio aos Secretários Municipais de Educação (Prasem III)[84], de âmbito nacional, cuja implementação estava sendo ampliada para além da formação dos secretários municipais de educação, incluindo a capacitação de conselheiros municipais de educação. Atuaram na organização do seminário de formação, em Porto Alegre, o Fecme, o Conseme e a Famurs. As direções dessas três entidades discutiram e definiram em conjunto a data da realização, o número de participantes, palestrantes e capacitadores.

O público-alvo definido para a participação no seminário foram os de secretários de educação e conselheiros/as (sendo que entre os conselheiros deveriam participar na mesma proporção representantes do executivo e da sociedade civil). Também ficou definido que os conselheiros e secretários de educação de municípios onde não havia sistema instituído poderiam participar da formação, limitada em 400 pessoas. O material instrucional, indicado pelo MEC era o do Prasem III, já exposto no capítulo anterior, tendo sido reproduzido pela Confederação Nacional dos Municípios (CNM) para os cinco estados selecionados. Os temas (organização do CME; natureza dos CME; os conselhos de saúde como referência para a (re) organização dos CME) foram trabalhados a partir de oficinas temáticas com a apresentação de vídeos produzidos pelo Fundescola e com a realização de exercícios práticos e discussões.

É importante destacar que os Encontros de formação são momentos importantes para dar significados e sentidos a um determinado tema ou temáticas. Nessa mesma proporção se coloca a relação de autonomia entre os atores que participam na organização, tanto dos temas e seus conteúdos, quanto da seleção do público-alvo. Nesse sentido, pode-se destacar a efetiva articulação entre os atores locais

---

84. Com a aproximação da mudança de governo e, para garantir os recursos financeiros necessários, o Programa seleciona para este ano (2002) cinco estados de diferentes regiões do país. Um dos critérios de seleção para esta capacitação de conselheiros foi a de existir no âmbito local uma organização dos conselhos que favorecesse a realização do seminário de formação. No Rio Grande do Sul existia esta organização, motivo pelo qual foi selecionado.

tanto na determinação das regras de organização do evento quanto na definição do público-alvo. Houve aqui a concretização de uma formação comum entre atores fundamentais para a efetivação de uma gestão democrática dos sistemas municipais de ensino: os secretários de educação e os conselheiros municipais de educação.

Contudo, é conveniente lembrar que neste período a formação em âmbito nacional (com parte do material produzido por especialistas do RS) estava centrada em conteúdos com características que salientavam a formação técnica, conforme já demonstrado no capítulo anterior. Mesmo com a possibilidade de os atores locais poderem indicar os capacitadores e palestrantes, estes eram os mesmos que atuavam na elaboração de material instrucional para o Prasem e que atuavam também como consultores e capacitadores. Isso deu à formação de 2001 um tom mais prescritivo do texto da política nacional legitimado por um argumento de autoridade "central", já que a mesma deixou pouca margem a novas interpretações textuais, elementos essenciais para a atribuição de novos significados e sentidos à política original.

Vale ainda ressaltar que os sentidos dados a determinados temas, embora sociais, podem e são empregados no contexto de disputas de "lutas sociais mais amplas" visto que as estruturações particulares – imprimidas no processo de formação tanto pelo capacitador quanto pelo elaborador do texto da política – das relações entre os temas e destes com o seu sentido são expressões de formas de hegemonia e, como tal, de controle sobre a representação da política. Quer dizer, a formação de conselheiros municipais de educação, dada a sua natureza, é elemento de disputas por sentidos para a gestão democrática dos sistemas municipais de ensino.

Essa assertiva se torna mais coerente se for considerada no âmbito das pesquisas sobre gestão democrática da educação nos municípios (Souza; Vasconcelos, 2006; Werle, 2006, 2007), as quais têm apontado que um dos maiores problemas para o compartilhamento do poder na gestão dos sistemas municipais de ensino tem sido a relação de confronto entre secretarias de educação e os conselhos municipais de educação.

Em 2003, com a mudança do governo federal, o Prasem começa a ser reestruturado e não ocorrem capacitações de conselheiros conduzidas ou promovidas pelo MEC no Rio Grande do Sul. Assim, o Fecme/Uncme retoma o seu papel de condução da formação de conselheiros municipais de educação. Realiza em julho de 2003 o II Seminário de Formação com o tema: "Conselho municipal de educação e seu papel na construção de políticas para uma educação de qualidade". Participaram desta formação 250 conselheiros. A metodologia de trabalho foi organizada a partir de palestras e discussões sobre as "competências do CME" e "o papel do CME na construção dos planos municipais de educação". Os palestrantes convidados para o seminário eram membros do Conselho Estadual de Educação.

A preocupação do Fórum em demarcar o papel do conselho como órgão gestor de políticas e de planejamento educacional é tema reforçado na plenária do Encontro anual no mês de outubro do mesmo ano. Conforme a IX Carta do Fórum de outubro/2003:

> Elaborar planos de educação é, sobretudo, produzir políticas educacionais que estabelecerão diretrizes para a educação de nosso país, seja no âmbito da União, dos Estados e dos Municípios. Devem garantir a participação efetiva de toda a sociedade, ser democráticos na sua construção e emancipadores nas suas consequências, tendo como primeira referência a Constituição Federal e consolidando na prática o Regime de Colaboração, bem como a autonomia e responsabilidades dos entes federados.

Já o III Seminário de Formação foi organizado em julho de 2004 e teve como tema central "o CME de educação e seu papel na gestão da educação". Esse seminário reafirma a concepção do Fecme/Uncme sobre o papel dos conselhos na gestão dos sistemas municipais de ensino. Nessa formação participaram de um painel de discussão o presidente da Undime bem como o presidente da Uncme. Ou seja, este foi um momento fundamental para a construção da gestão democrática dos sistemas municipais de ensino, já que os atores protagonistas deste processo discutem num mesmo espaço de produção discursiva, em que ambos se colocam no mesmo patamar de relações de poder e tendo um objetivo comum, a qualidade da educação nos municípios.

Todavia, é preciso ter presente que esta construção é conflitual e apresenta avanços e recuos. Neste mesmo ano não ocorre o Encontro anual do Fecme/Uncme, justamente porque a sede do Fecme/Uncme é sempre no município do conselheiro que assume a presidência da entidade; logo, as despesas e o local da realização do Encontro anual ficam por conta de negociação entre o CME do município com a secretaria municipal de educação. Neste ano houve divergências entre o CME e a secretaria de educação do município em relação ao Encontro anual do Fecme/Uncme[85]. Isto vem a demonstrar o que Silva (2001), tomando por base o referencial teórico de administrações com tendência conservadora e progressista, já apontava em sua pesquisa sobre "estilos" de administrações municipais, ou seja, que os estilos de administração dos secretários municipais de educação (dos municípios analisados – três no estado de São Paulo), são de tendência conservadora no sentido de que foi observada a ausência de incentivo à participação do CME nos rumos da educação municipal.

Em 2005, o Fecme/Uncme-RS, orientado pela Uncme Nacional, fecha parceria com o programa Pró-Conselho para a continuidade da formação de conselheiros municipais de educação. A formação em parceria com o Pró-Conselho tem como público-alvo os conselheiros que atuam em municípios com ou sem sistema de ensino instituído. A tabela 2 aponta a situação do RS, neste período, em relação à existência de conselho, sistema e plano municipal de educação:

---

85. Por este motivo, em 2005 são realizados dois Encontros, um no início do ano e outro no final do mesmo.

Tabela 2 - Existência de SME, CME e PME criados em Lei no RS

ANO	Total de Municípios	Municípios cadastrados		Municípios com Lei que cria CME CME		Municípios com Lei que cria SME SME		Municípios com Lei que cria PME	
		N	%	N	%	N°	%	N°	%
2004	497	291	58%	269	92%	106	36%	29	10%
2005	497	371	75%	349	94%	152	40%	104	28%
2006	497	432	87%	409	94%	212	49%	173	40%

Tabela elaborada com base no Sicme/MEC 2004-2005-2006 e Fecme/Uncme-RS em 2006

Embora a formação de conselheiros por meio do programa Pró-Conselho só tenha chegado ao RS em 2005, existia a orientação e estímulo da Uncme para que as coordenações estaduais orientassem os CME a se cadastrarem no Sicme fornecendo informações. Nesse sentido, os dados da tabela apontam que na medida em que há o aumento dos cadastros também há o aumento de municípios que instituem conselhos, sistemas e planos indicando a existência de uma provável correlação entre a implementação do Pró-Conselho e o aumento de leis que criam conselhos, sistemas e planos no RS. Contudo, não se pode desconsiderar o fato de que no RS a institucionalização dos sistemas de ensino nos municípios está muito mais relacionada com a organização sociopolítica local.

O Encontro de Capacitação de 2005 ocorre com a presença de conselheiros de 163 municípios (32% dos municípios do RS). O Fórum, em parceria com o Conseme/Undime e o Ceed, responsabilizou-se pelas inscrições e a coordenação do encontro. Por orientação do MEC foram realizadas inscrições somente para conselhos cadastrados no Sicme e com CME em funcionamento. Estes, no RS, conforme os indicadores elencados pelo Sicme, eram 184; já segundo os dados do Fórum, estavam em funcionamento 409 conselhos municipais de educação no RS. O dado colhido pelo Fórum não conferia com os 184 destacados pelo Sicme porque no RS o Fecme/Uncme usa critérios diferentes daqueles elencados pelo MEC para estabelecer que um CME esteja em funcionamento.

A metodologia do Encontro (de três dias) funcionou por meio de palestras e oficinas pedagógicas que discutiram e analisaram os temas: a) desafios do Regime de Colaboração e da gestão democrática da educação; b) a importância do CME na elaboração, implantação e acompanhamento e execução do PME. Os temas expressam o resultado de avaliações do Sicme coletadas nos municípios de 2003 a 2005.

Nessa formação, o programa Pró-Conselho e os seus textos foram bastante prescritivos, inexistindo interação com textos produzidos no âmbito local. Participaram da formação os palestrantes e capacitadores indicados pelo MEC, todos profissionais de reconhecida atuação na defesa da gestão democrática da educação em âmbito nacional. Segundo o coordenador do Fecme/Uncme 2005-2006, "neste ano (2005) esta formação do Pró-Conselho era mais técnica e ainda não aprofundava o papel político do conselho na gestão do sistema municipal de ensino. Os textos e o conteúdo da formação ainda estavam bastante baseados na formação de secretários municipais de educação, que é bastante técnica". O papel do Fecme/Uncme em relação à formação ficou restrito à organização da estrutura do Encontro.

Já no Encontro de capacitação pelo Pró-conselho, que ocorre em 2006, quando os temas centrais foram "a educação no contexto da política de desenvolvimento local com igualdade social" e "direito à educação com qualidade social", nota-se um enfoque temático que foge daqueles que vinham sendo trabalhados na formação de conselheiros pelo Fórum, centrado no papel dos conselhos na gestão do sistemas municipais de ensino. O Fórum, articulado com o Conseme/Undime-RS e o Ceed, enviou à Uncme, encarregada de coordenar a escolha de capacitadores, a lista dos oficineiros/capacitadores sugeridos e estes participaram de uma capacitação em Brasília, com a duração de quatro dias.

No Encontro de Capacitação de 2006 (com a participação de 350 conselheiros/as), mesmo que o material instrucional utilizado tenha sido elaborado pelo MEC, impossibilitando o uso de textos produzidos no âmbito local, os capacitadores/formadores foram indicados pelo Fórum e seus parceiros. Isso indica uma possibilidade de interpretação e recriação da política, pois, conforme Bowe, Ball e Gold (1992), no contexto da prática os autores do texto não podem controlar seus significados, uma vez que a interpretação do texto é sempre uma questão de disputa. No caso, os oficineiros/capacitadores não são leitores ingênuos; eles interpretam o texto a partir de suas histórias como sujeitos reais, concretos e contextualizados. Entretanto, não se pode negar que a capacitação dos oficineiros/capacitadores realizada em Brasília pode ser considerada uma estratégia para controlar os significados da política no contexto da prática.

Um momento importante nessa capacitação do Pró-conselho foi a elaboração, pelos conselheiros juntamente com os oficineiros/capacitadores, de um Plano de continuidade para a formação. O Plano recebeu o nome de "rede de colaboração entre conselhos de educação e entidades parceiras" incorporando perguntas e respostas. O planejamento da continuidade da formação foi orientado pelas seguintes perguntas: 1) O que fazer? 2) Com quem fazer? 3) Qual o primeiro passo? 4) Quando fazer? 5) Onde fazer? 6) Com quem contar? 7) Quem coordena?

Basicamente, as respostas (ver quadro 1, no anexo) concretizavam o que já vinha sendo discutido na formação do Fórum bem como nas plenárias anuais e retoma a discussão sobre a organização dos sistemas de ensino e o fortalecimento dos conselhos. Na discussão se previa a fortificação das alianças já existentes e a concretização de novas alianças com os atores no âmbito municipal, estadual e nacional atuantes na educação municipal.

Essa ação, realizada durante a capacitação do Pró-Conselho em Porto Alegre, põe em evidência um aspecto importante na gestão da política de formação de conselheiros. Os gestores oficiais articulados com os atores locais promovem um momento de "equilíbrio de forças". Há no processo de implementação da política uma consideração do contexto local, de suas formas de organização social, política e cultural. Ocorre nessa estratégia de implementação da política a escolha de critérios de efetividade política e relevância cultural que submetem os critérios de eficiência e eficácia gerencial. Eficiência e eficácia gerencial, entendidas respectivamente como critérios administrativos que utilizam recursos (financeiros, tecnológicos e humanos) com o objetivo de produzir o máximo de resultados com o mínimo de recursos, energia e tempo sem considerar o contexto da implementação.

Já efetividade política e a relevância cultural, entendidas respectivamente como a ação organizada e articulada entre todos os atores participantes no Encontro de capacitação e a consideração dos valores, das características políticas e sociais dos atores no contexto local. A estratégia de gestão da política pública que submete os dois primeiros critérios administrativos aos dois últimos incorpora à tomada de decisão a consideração sistemática do contexto. É uma decisão de longo prazo (do tipo gerir) que recorre a estratégias para confrontar problemas; é típica de uma gestão de política pública voltada para a mudança social (Stoer; Magalhães, 2005; Sander, 2007).

Em 2007, com a capacitação de conselheiros descentralizada para a coordenação da Uncme, realiza-se a capacitação pelo Pró-conselho no RS em quatro cidades polos: Caxias do Sul, Capão da Canoa, Santa Maria e Erechim. Os municípios polos foram selecionados pelo Fecme/Uncme utilizando como critério de escolha os municípios localizados em diferentes regionais. O objetivo era o de favorecer o acesso de conselheiros de todas as regiões do RS. A tabela 3 expressa a organização regional, conforme organização dos municípios pela Famurs, da formação de conselheiros no RS em 2007.

Tabela 3 - Polos de formação continuada de conselheiros no Rio Grande do Sul - 2007

POLO	Regionais	N° de CMEs	N° de Conselheiros
Caxias do Sul	AMESNE, AMSERRA, AMVAT, AMUCSR	46	92
Capão da Canoa	AMLINORTE, GRANPAL, AMVARC, AMZCS, ASMURC, AMVRS	46	92
Santa Maria	AMUPLAM, AMM, AMCSERRA, AMCENTRO, AMVRP, AMFRO, ASSUDOESTE, AZONASUL	46	92

Erechim	AMAU, AMASBI, AMAJA, AMU-NOR, AMZOP, AMUCELEIRO, AMGRS	46	92
TOTAL		**184**	**368**

Fonte: Bueno, 2009

Participaram da formação os 184 conselhos em respectivo funcionamento, conforme indicadores do Sicme (2005) já destacados anteriormente, e 368 conselheiros. O tema central para a formação em todos os polos foi elaborado a partir das discussões nas plenárias anuais do Fecme/Uncme-RS e versava sobre "o papel dos CME na construção da gestão democrática do ensino". A formação durou dois dias tendo como base para o tema central, outros dois temas: "sistema municipal de ensino e o papel dos conselhos de educação na democracia" e "gestão da educação municipal: aspectos políticos pedagógicos e aspectos administrativos financeiros". Nessa formação o Fecme/Uncme teve total autonomia tanto na escolha dos temas a serem trabalhados quanto na escolha dos textos. Também foi o Fórum que indicou quem seriam os oficineiros/capacitadores.

Neste caso, os textos produzidos pelo MEC foram utilizados para consulta e os oficineiros/capacitadores elaboraram em conjunto seus próprios textos bem como a metodologia das oficinas. Os textos foram produzidos por duas capacitadoras que atuam no CME de Porto Alegre, respectivamente a presidente do Conselho e a assessora pedagógica, abordando os seguintes temas: "os CME como órgãos de representação da sociedade civil" e o "financiamento da educação no Brasil e os CME". Nesse formato de organização da formação ocorre o reforço da identidade social dos conselhos e dos conselheiros, consideradas as especificidades locais. Ocorre o equilíbrio de forças entre o local e o nacional. Neste ano, pode-se dizer que a gestão da política nacional de formação de conselheiros municipais de educação aproxima-se consideravelmente das características inerentes a uma "rede de gestão democrática".

Em 2008, a política nacional de formação de conselheiros municipais de educação começa a ser remodelada sendo incorporada aos planos e programas atendidos por meio do Plano de Desenvolvimento da Educação (PDE). O resultado deste desdobramento da política é que no ano de 2008 não houve formação nem em polos e nem nacional. Há uma paralisação das ações de formação em âmbito nacional até que a mesma se operacionalize por meio da elaboração do Plano de Ações Articuladas (PAR) nos municípios. Todavia, o Sistema de Informações sobre CME (Sicme) segue operante bem como a entrega da *Revista Documenta* aos conselhos.

No RS, em 2008, o Fecme/Uncme realiza sua plenária anual compreendendo que o PDE é uma política nacional que precisa ser mais conhecida e discutida no âmbito local. O Fórum, na Carta da XIV plenária, apresenta os seguintes objetivos em relação ao PDE:

> Promover discussões sobre o PDE/Plano de Metas/PAR e demais proposições de todas as esferas de poder, que visem a qualificação do ensino, com a participação efetiva dos CME; participar ativamente da discussão, elaboração, implementação e avaliação do PDE/PAR/Plano de Metas, desenvolvendo, quando necessário, ações políticas para a sua efetivação, por meio dos Conselhos Municipais de Educação; atuar no sentido de aperfeiçoar a política pública PAR/PDE reconhecendo os aspectos relevantes, buscando superar os seus limites; estabelecer parcerias com novos governos municipais, a fim de garantir, na construção do Plano Plurianual do município, as metas, ações e subações do PDE/PAR.

Para esta plenária foram convidados a coordenação e os consultores da UFRGS/ Núcleo de Estudos de Políticas e Gestão da Educação que atuaram junto aos municípios do RS assessorando na elaboração do PAR. O trabalho desenvolvido pelos consultores e conselheiros teve o seguinte roteiro: 1) socialização objetiva das experiências dos CME presentes na construção do PAR do seu município; 2) o papel do CME na elaboração do diagnóstico na construção do PAR bem como na implementação, acompanhamento e controle social do mesmo; 3) discussão sobre as quatro dimensões do Plano de Metas;.4) discussão e entendimento sobre o comprometimento dos CME como órgãos de mobilização, acompanhamento e controle social das políticas emanadas do Plano de Metas Conforme se pode notar, o Fecme/Uncme não pretende atuar como coadjuvante no processo de implementação desta política, mas sim como um de seus protagonistas, do mesmo modo que tem sido na implementação do Pró-Conselho.

Contudo, é preciso salientar que ao se firmar parceria para a implementação de ações do PDE/MEC/FNDE no RS se constituiu um projeto designado como "apoio ao desenvolvimento da educação básica na rede estadual e em redes municipais de ensino do RS", coordenado pela Universidade Federal do Rio Grande do Sul (UFRGS) através do Núcleo de Estudos de Políticas e Gestão da Educação e com a parceria do Conseme/Undime, da Secretaria de Educação do estado e as secretarias municipais de ensino.

É de se questionar sobre a ausência do Ceed/RS e do Fecme-Uncme-RS já que o primeiro é o órgão normativo do sistema estadual de ensino e o segundo, representa os conselhos municipais de educação do RS que órgãos normativos dos sistemas municipais de ensino. Diante desse fato, percebe-se outra nuance da política nacional como discurso, a qual estabelece limites sobre o que é permitido pensar e tem o efeito de distribuir "vozes", uma vez que somente algumas vozes serão ouvidas como legítimas e investidas de autoridade (Shiroma et al, 2005). Mais uma vez, como já aconteceu em outras circunstâncias, a "voz" do Fecme/Uncme parece ter sido "silenciada".

Até o momento em que foi realizada essa análise (fevereiro/2009), as ações do MEC buscando parceria com a Uncme e seus coordenadores estaduais estava restrita a três providências: o encontro com os conselhos estaduais e municipais, em Brasília, já discutido neste capítulo; participação do MEC no XVIII Encontro Nacional da Uncme em Florianópolis-SC, discutindo o papel do PDE no desenvolvimento da educação; e a solicitação da SEB/MEC aos coordenadores estaduais da Uncme de projeto de formação continuada de conselheiros municipais de educação na modalidade a distância.

Não se pode, ainda, deixar de observar o fato de que a Cafise, órgão criado para implementar programas com o objetivo de fortalecer a gestão democrática dos municípios, em 2009, já com outra denominação e mudança de coordenador, pode ter enfraquecido diante das demandas do Plano de Desenvolvimento da Educação (PDE), o qual, muito provavelmente por sua amplitude, não tem como objetivo central a gestão democrática dos sistemas municipais de ensino.

Em que pesem todos esses questionamentos, não se pode deixar de reconhecer que a política nacional de formação de conselheiros municipais de educação tem sido um instrumento que qualifica os conselheiros/as para atuar em um espaço de conflitos e produção de consenso e, como tal, um espaço em que se necessita construir diálogos a cada momento, motivo pelo qual também a formação necessita ser continuada e constante.

Considerando a trajetória do processo de implementação da política nacional de formação de conselheiros, pode-se questionar sobre a sua continuidade, pelo menos no formato em que ela vinha sendo implementada até 2007. Da mesma forma, se questiona, sob as circunstâncias até este momento apontadas e a propósito da indagação inicial deste estudo, sobre a possibilidade de a política nacional de formação de conselheiros constituir-se em ação pública que induz ao fortalecimento da gestão democrática dos sistemas municipais de ensino.

4. Os limites e as possibilidades da política nacional de formação de conselheiros constituir-se em ação pública indutora do fortalecimento da gestão democrática dos sistemas municipais de ensino no RS

É importante salientar que a construção da política pública ora analisada vincula-se à própria estrutura da organização da educação nacional a qual, segundo a CF/1988, art. 211 e a LDB/1996, art. 8º, deve organizar em regime de colaboração os respectivos sistemas de ensino. Isto significa que a implementação de uma política educacional pode ser induzida a partir de qualquer uma das esferas federativas (União, Estados, Distrito Federal e Municípios) para os seus respectivos sistemas de ensino em regime de colaboração com as demais esferas, respeitadas as atribuições de cada ente no âmbito da federação. Neste estudo, examino a implementação de uma política educacional que, vinculada à esfera federal, quer atender ao princípio de gestão democrática do ensino público (LDB/96, art. 3º, VIII) articulando-o a uma política de âmbito nacional em regime de colaboração.

A indução da política oriunda da esfera federal, por sua natureza, não pode ser pensada como imposição "desde cima" aos sistemas municipais de ensino, mas como ação pública que pode ser materializada como um projeto de "mudança social", no sentido em que Stoer e Magalhães (2006) pensaram, ou seja, de que "a construção de políticas e a decisão política constituem projectos de mudança social"; isso se as interpretações dos atores no contexto da prática são consideradas no processo de construção da política.

Até aqui se analisou a trajetória da política nacional de formação de conselheiros municipais de educação dando foco à sua gestão. Por este motivo, é fundamental entender e captar a significação conferida à gestão democrática dos sistemas municipais de ensino desde o ponto de vista dos atores que participam deste processo. Ao final de contas, são eles que alimentam e realimentam a rede de significados do ciclo da política (Bowe; Ball; Gold, 1992). Desta maneira, a continuidade (ou descontinuidade) e o desenho da implementação de uma política é sempre o resultado da lógica de ação e de sentidos dada pelos atores que atuam na sua construção (Muller; Surel, 2002).

No Rio Grande do Sul, conforme já demonstrado, existe um paradigma consolidado para a gestão democrática dos sistemas de ensino no âmbito dos CME, mas, isto não significa que a "mobilização" não deva ser constante e ativa. Afinal, a democracia necessita ser constantemente (re)significada em cada espaço de relações sociais e a todo tempo. Além disso, no contexto local, nacional e global há outros atores que constantemente entram em conflito na também constante luta por hegemonia, quer dizer, pela produção de sentidos para a gestão dos sistemas de ensino.

4.1 O papel do CME na gestão dos sistemas municipais de ensino

Um dos elementos que constantemente tem sido objeto de disputa, especialmente entre as secretarias de educação e os conselhos, diz respeito ao papel do CME como um dos órgãos gestores dos sistemas municipais de ensino. No RS essa disputa tem se constituído a partir de embates no âmbito dos municípios, entre as secretarias de educação e os conselhos municipais de educação; e, no âmbito do estado, entre o Conseme/Undime e o Fecme/Uncme. Este embate, no entanto, não é algo novo na história da educação do Rio Grande do Sul. Segundo Werle (2008), o RS registra a existência de colegiado em nível municipal desde 1954, mas com forte marca do poder político. Em 1954, um Decreto estadual criou em cada município do estado um conselho escolar municipal, constituído por cinco a sete membros.

Contudo, este era um espaço de poder do secretário de educação e cultura do estado que intervinha, inclusive fixando o número de componentes, escolhendo-os diretamente e definindo o seu regimento. Assim, o conselho escolar municipal era compreendido como um espaço de confiança e de controle da educação nos municípios apropriado pelo secretário de educação e cultura do estado.

Além do mais, remetendo ao contexto nacional, outros pesquisadores informam sobre o precedente histórico nestes embates. Martins (2002) aponta que o forte papel do Poder Executivo e a restrição da participação da sociedade civil na escolha e nomeação dos membros do conselho federal de educação tornava a relação de poder entre o executivo e o conselho desigual, com o primeiro submetendo o segundo. Já Leher (2005) chama atenção ao fato de que, no período em que se instalou a ditadura militar, os conselhos de educação estaduais e federal transformaram-se em espaços de "colóquios de especialistas e técnicos ligados ao governo", não ultrapassando os estreitos limites da ordem conservadora patrimonialista. Reis (2005) afirma que, na história da educação brasileira, os conselhos, em qualquer uma das instâncias administrativas, têm sido meramente assessores de secretarias e governos. E, para finalizar, Wittmann (1996) afirma que a tradição brasileira de competência concorrente e não solidária entre conselhos e executivo traz consequências à gestão dos sistemas de ensino como a malversação do dinheiro público e o estímulo ao clientelismo político.

No RS, mesmo que o Conseme/Undime e o Fecme/Uncme em muitos momentos estejam atuando em conjunto para discutir os problemas da educação nos municípios, frequentemente há disputas e embates relacionados diretamente com a concorrência entre atribuições e competências das secretarias de educação e dos conselhos para a gestão dos sistemas de ensino. Esta relação de disputa pôde ser observada objetivamente em 2006, quando o Conseme/Undime participou da Plenária anual do Fecme/Uncme que discutiria a instituição dos sistemas municipais de ensino e o papel dos CME.

A presidente do Conseme/Undime da época era uma secretária municipal de educação[86] que havia reestruturado o CME de seu município por discordar da forma como o mesmo estava organizado. Esse posicionamento foi logo levado, através do

---

86. É importante salientar que a Secretária de Educação do município de Caxias do Sul na época (2006), hoje é Secretária de Educação do estado do RS. Seguindo a linha de raciocínio adotada neste trabalho, de que os sujeitos são históricos, reais e concretos e, como tal, compactuam com um projeto político, a secretária em questão foi uma das elaboradoras dos textos do Prasem, durante a gestão FHC, para a formação de secretários municipais de educação depois utilizados na formação de conselheiros municipais de educação pelo Pró-conselho. Na gestão do sistema de ensino estadual do RS, de acordo com o projeto político do Partido Social Democrata do Brasil (PSDB), a secretária segue o receituário do novo gerencialismo introduzido na gestão pública pelo governo de FHC (contratos de gestão, prêmios às melhores escolas, enturmação, contenção de gastos públicos com a educação) criando uma situação de constante confronto com os professores estaduais.

Conseme/Undime, para todos os municípios criando uma situação de embate com o Fecme/Uncme. Por não concordar com as orientações da Carta plenária de 2006 elaborada pelo Fórum, o Conseme/Undime produz um documento ("orientações aos municípios sobre os CME") para orientar os prefeitos e secretários municipais de educação do RS no sentido de uma reorganização dos CME em municípios com sistema de ensino instituído e também daqueles que os viessem a instituir (Bueno, 2009). O Conseme/Undime apontava, dentre outras orientações, o seguinte:

> A partir da institucionalização do Sistema Municipal de Ensino a criação ou reorganização dos CME, devem ser tomadas decisões relativas à sua composição, relação com o Executivo e autonomia de forma a evitar que se torne apêndice da administração pública, apenas funcionando como referendo do que o Poder Executivo já deliberou ou constitua-se em espaço de oposição sistemática ao Executivo ocupado por representantes de forças políticas vencidas nas eleições gerais[87], ou ainda transforme-se em instrumento de reivindicações corporativas, notadamente dos professores, as quais seguidamente se confrontam com os interesses gerais da sociedade. (Apud Bueno, 2009, p. 86)

No documento produzido pelo Conseme/Undime, as competências dos CME resumem-se em: aprovar o seu regimento definindo as condições de funcionamento, normatizar o ensino no âmbito do sistema. Atribui ao CME, o papel de espaço de participação social na formulação e acompanhamento da execução da política municipal de educação. Considera que os atos do CME devem ser homologados pelo Executivo. Já a Carta do Fecme/Uncme de 2006 especifica em detalhes quais são as competências dos CME e ainda:

> Que haja a obrigatoriedade de pronunciamento dos CME nas decisões referentes a todos os projetos educacionais dos respectivos municípios, sejam eles emitidos pelo poder Executivo ou Legislativo e que qualquer transferência de serviços educacionais aos municípios, bem como os convênios ou parcerias a serem estabelecidos pelos governos municipais sejam analisados e aprovados pelos CME.

Como se pode perceber, há explicitamente uma disputa em torno do papel do CME para a gestão do sistema. Contudo, é preciso salientar que o discurso do Conseme/Undime apresenta um argumento que, mesmo sem negar a função do CME como órgão normativo do sistema, salienta a necessidade de homologação de suas

---

[87]. Esta ênfase, de certa forma, reflete o confronto que estava ocorrendo em Porto Alegre entre a secretaria municipal de educação e o CME. Com a mudança de governo (2004) a secretaria decide trocar os assessores do CME. O conselho não aceita, pois considera que esta seria uma manobra da secretaria municipal de educação para enfraquecê-lo. O CME de Porto Alegre, por sua história junto à criação do Fecme/Uncme e por sua atuação em âmbito municipal, estadual e até nacional, recebe o apoio do Fórum que assume posicionamento contrário às medidas da secretaria municipal de educação de POA na Carta da plenária de 2006.

decisões pelo Executivo. Essa é uma estratégia discursiva que encobre uma relação de poder histórica de centralização das decisões pelas secretarias de educação e seus secretários na gestão dos sistemas de ensino. Ao produzir a orientação para os municípios, deslegitimando as orientações do Fecme/Uncme como instância articuladora dos conselhos municipais de educação no RS, reitera a tradição de concorrência entre as duas instâncias, caindo por terra a colaboração entre os órgãos gestores dos sistemas municipais de ensino.

Em 2007, já sob outra gestão[88], o Conseme/Undime tenta retomar os espaços de diálogo com o Fecme/Uncme no sentido de produzir "alguns consensos" em torno da gestão democrática dos sistemas municipais de ensino. Segundo a atual presidente do Conseme/Undime:

> *Existem alguns consensos entre a Undime e a Uncme que precisam ser construídos; retomar a discussão que se tem sobre a homologação dos atos do conselho é uma delas. A Undime vai ter que retomar esta questão porque esta é uma visão que tinha, particularmente, a secretária que presidia a Undime no RS. Na época (2006) havia um tensionamento para que os atos dos conselhos fossem homologados pelos prefeitos. Nós, enquanto Undime nacional, não fizemos esta discussão. Nós combinamos (Undime e Uncme) que vamos discutir sobre isso para que a gente consiga fazer um trabalho articulado, estabelecer alguns consensos; até para que nós possamos estar dando as mesmas orientações...* (Depoimento, abril de 2008)

O depoimento demonstra que há desse período em diante, uma positiva evolução na construção de alguns consensos mesmo que ainda exista e continue existindo conflitos. Isto pode ser percebido na argumentação da atual presidente do Conseme/Undime para a construção do diálogo com o Fórum quando afirma que "o conselho, às vezes, quer fazer um 'poder paralelo', quer estabelecer algum tipo de confronto com a secretaria". Contudo, observa-se uma abertura maior para o diálogo entre Fecme/Uncme e Conseme/Undime com o objetivo comum de construir uma educação de qualidade para o município atuando em colaboração.

Com efeito, em 2006 o Ceed emitia o Parecer nº 257 reconhecendo a necessidade de que se constituísse uma comissão para trabalhar em regime de colaboração os problemas da educação nos municípios do RS. O parecer apontava o seguinte:

> Deve-se instituir, no prazo de seis meses, um grupo de estudos e debates permanente com os Conselhos municipais de educação e com as Secretarias Municipais de Educação, por meio de suas representações estaduais, a fim de efetivar a cooperação e a colaboração previstas tanto na Carta Constitucional como na LDBEN. (Ceed/RS, Parecer 257)

---

88. A secretária de educação que preside atualmente o Conseme/Undime começa a ter uma atuação político-partidária com o ingresso na administração pública no ano 2000. Atualmente é secretária municipal de educação do município de Esteio/RS, exercendo o segundo mandato.

Este grupo de estudo vai ser instalado oficialmente em 2007. Todavia, só terá funcionamento efetivo a partir de 2008 (Portaria Ceed nº 79) com a participação da Secretaria de Educação do estado (SEC), Conseme/Undime, Fecme/Uncme e o Ceed. Intitulado "grupo de estudos e debates do regime de colaboração", aborda os temas em debate a partir da norma legal. Em 2008, foram discutidas questões sobre educação especial e a vaga em escola pública de educação infantil ou ensino fundamental mais próxima da residência da criança a partir de quatro anos de idade[89].

Apesar da iniciativa do Ceed ser ainda bastante incipiente e com enfoque apenas técnico, o regime de colaboração está bem alicerçado. A base é a vinculação com a gestão democrática do ensino como também a uma concepção de democracia política. Não se pode negar sua importância como a abertura de uma possibilidade de construir, no âmbito do estado, objetivos comuns entre conselhos e secretarias para a gestão democrática dos sistemas de ensino.

4.2 O Pró-Conselho e a gestão democrática dos sistemas de ensino nos municípios do RS: o ponto de vista dos atores

Como se pode ver há, no Rio Grande do Sul, atualmente, possibilidades reais para que se efetive um paradigma para a gestão democrática da educação envolvendo todos os atores diretamente implicados com a gestão dos sistemas municipais de ensino. Resta saber em que medida esta possibilidade é estimulada pelos atores locais e pelo próprio Pró-Conselho. Isso significa dizer que as ações do Pró-Conselho e seus efeitos no RS só podem ser consideradas a partir da realidade local. Isto é, no RS a organização dos CME e a formação de conselheiros é uma realidade que precede a própria implementação do programa Pró-Conselho.

No plano do ordenamento legal, em que pese a pressão da Uncme com suas coordenações estaduais para que se reconheça explicitamente na LDB o CME como órgão normativo do sistema municipal de ensino, pode-se reconhecer avanços significativos no que tange à gestão democrática da educação no território nacional. Disso resulta a própria construção de uma política nacional de formação de conselheiros municipais de educação. A política pública, como se sabe, desdobra-se em textos e daí em ações concretas sobre a realidade que se pretende atuar, "mudar".

No texto do programa Pró-Conselho e daqueles que são produzidos para além dos textos oficiais, que, certamente, influenciam nos desdobramentos da política nacional, pode-se vislumbrar com maior clareza a tendência discursiva dos atores, suas convergências e divergências. Assim, o papel do CME na gestão do sistema

---

89. Ressalta-se que o Rio Grande do Sul foi o primeiro estado do Brasil a regulamentar o regime de colaboração juntamente com a sua lei de gestão democrática do ensino em 1995. No âmbito nacional, na época, nenhum outro estado apresentava o regime de colaboração como componente da gestão democrática do ensino público.

municipal de ensino pode ser percebido por meio das funções que lhes são atribuídas. Segundo o relatório do Pró-Conselho:

> Os CMEs se inserem no contexto educacional como órgão colegiado de caráter normativo, consultivo, deliberativo, propositivo, mobilizador e de controle social que visa democratizar a gestão da educação e buscar sua qualidade social; por meio deste canal de comunicação e participação, a sociedade civil pode intervir e contribuir na formulação das políticas educacionais em nível local. (Pró-Conselho, 2004, p.10)

O Pró-Conselho, conforme é possível observar, deixa claro o papel do CME como órgão normativo do sistema de ensino e ainda lhe acrescenta as outras funções, tanto aquelas que em outro momento deste trabalho foram chamadas de "tradicionais" quanto as que foram chamadas de "inovadoras". Já o Fecme/Uncme aponta o seguinte:

> Os conselhos Municipais de Educação são órgãos de Estado com representação da sociedade, com funções normativas, deliberativas, mobilizadoras, propositivas e de acompanhamento e controle social de seus respectivos Sistemas de Ensino considerando que as mesmas tenham assegurado os direitos à autonomia administrativa e financeira, tornando os CME ordenadores de despesas garantido em lei. (Fecme/Uncme, 2008)

Ocorre, como se pode ver, uma convergência de concepções entre o programa Pró-Conselho e o Fecme/Uncme quanto às funções do CME. Isto é importante para a gestão democrática da educação nos municípios porque das funções do conselho derivam as suas atribuições e competências. Nesse sentido, as atribuições dimensionam as responsabilidades do conselho, configuram seu campo de ação, possibilidades de transformação, formas de relacionamento com outros componentes do poder político administrativo tanto da esfera municipal como das demais instâncias do Estado. Já as competências do CME conferem o grau de autonomia do órgão em relação à educação dos munícipes. Assim, as atribuições e competências são uma forma de explicitação do espaço institucional dos CME e de suas relações para com as demais estruturas administrativas das instâncias municipal, estadual e federal (Werle, 2008).

Contudo, é preciso salientar que no RS das leis que criam CME (409) apenas 28,75% delas reconhecem explicitamente, por exemplo, as funções normativa e fiscalizadora do mesmo (Werle, 2008, p. 222). Esse fato justifica, plenamente, a pressão da Uncme para que os CME sejam reconhecidos explicitamente na LDB como órgãos normativos dos sistemas municipais de ensino. No caso do Conseme/Undime, a atual presidente afirma que o CME é órgão gestor do sistema junto com a secretaria de educação, mas, considera que este é um processo em construção e ainda com muitos conflitos.

> *Eu acho que esta é a grande construção que a gente tem para fazer. Enquanto o CME achar que ele é soberano... nem a secretaria é soberana! Eu acho que esta é uma questão que tem relação com o conceito de autonomia. Eu acho que a gente tem que respeitar estas instâncias que tem como função organizar os sistemas. Se a secretaria é órgão executor da política educacional e tem toda uma responsabilidade... a gente tem dito que tem que fazer a gestão da educação de forma articulada e conjunta.* (Depoimento, abril de 2008)

Para a atual presidente do Fecme/Uncme, não se pode pensar a gestão democrática da educação nos municípios sem discuti-la com todos os atores envolvidos no processo; "só assim se explicita os papéis de cada ator na gestão do sistema".

> *Para que a qualidade exista é preciso conhecer a realidade. Só podemos pensar a política educacional com a participação da comunidade. Só o CME não consegue expressar esta participação, que ainda é muito frágil. Para dar conta das disparidades entre estado e municípios a gente faz parcerias com a Undime e o Ceed, não temos muita abertura com Secretaria de Educação do estado. Então, gerir democraticamente o sistema é organizá-lo e administrá-lo de forma conjunta, porque a lei nacional existe. Para nós a lei municipal que cria o sistema deve estabelecer o CME como órgão normativo para que os dois órgãos, o normativo e o executivo, estejam no mesmo patamar, que nenhum se sobreponha ao outro.* (Depoimento, abril de 2008)

Notadamente, existe um conflito de ordem legal (os CME ainda não estão reconhecidos explicitamente em lei no âmbito nacional como órgãos normativos do sistema) e político. Quer dizer, as funções do CME e dentre estas a de ser o órgão normativo do sistema, são uma decisão política que passa pelas instâncias de decisão municipal (executivo e legislativo) sempre dependente das correlações de forças locais. Não se deve esquecer que no RS, assim como em outros estados brasileiros, os municípios ainda sofrem forte influência de práticas políticas e sociais oriundas da gestão patrimonialista do Estado, as quais, aliadas à lógica do novo gerencialismo público, tem se constituído em um entrave para a gestão democrática da educação.

Então, consideradas essas circunstâncias, se pode questionar em que medida o Pró-conselho constitui-se em uma ação pública que pode induzir ao fortalecimento da gestão democrática dos sistemas municipais de ensino. A concepção dos atores que participam diretamente na gestão da política e/ou na formação dos conselheiros converge, em sua maioria, em um ponto: o Pró-Conselho no RS exerceu um papel de incentivador da gestão democrática dos sistemas municipais de ensino, mas isto só aconteceu porque já havia no RS uma organização e formação tanto dos CME quanto dos secretários municipais de educação. Desse argumento, se pode deduzir que no contexto local, a política nacional de formação de conselheiros terá diferentes efeitos. O local e o nacional mesmo que inter-relacionados possuem especificidades próprias. O quadro 7 expressa o posicionamento dos atores sobre o papel do Pró-conselho no fortalecimento da gestão democrática da educação nos municípios do RS.

Quadro 7 - Os atores e o Pró-conselho

ATORES	DEPOIMENTOS
Presidente do Fecme/Uncme-RS Professora da rede municipal de Cachoeirinha/RS Abril/2008	"Se nós temos um crescimento na atuação da Uncme nacional, foi a partir do Pró-Conselho. Antes, a maioria dos conselhos era criada para receber verbas. O Pró-Conselho foi uma grande injeção no fortalecimento dos CME. Mas ainda temos muito trabalho pela frente. Foi construído um Projeto de Lei para que os CME fossem considerados órgãos normativos dos sistemas, mas não foi aprovado. Hoje temos um movimento para que seja incluído na LDB, pois, os conselhos só serão garantidos se forem efetivados em lei nacional. No RS o Pró-Conselho funcionou como estímulo, pois, já tínhamos a formação pelo Fecme. Eles (Pró-Conselho) buscam muito pela experiência do RS, da nossa organização da nossa capacitação".
Presidente do Conseme/Undime Secretária de Educação de Esteio/RS Abril/2008	"No RS as capacitações já estavam sendo realizadas pelo Conseme e o Fecme quando entra a capacitação do Pró-Conselho. O Conseme/Undime já atuava na formação de secretários municipais de educação que era realizada nas 25 regionais bem como o Fecme/Uncme na capacitação de conselheiros. Desde as últimas gestões estamos tentando construir alguns consensos (...) antes estávamos trabalhando separados. Então, o que existia eram os gestores municipais com uma discussão sem um diálogo com os conselhos. Hoje, isto está mudando... Então, quando a política nacional caminha na mesma direção fortalece ainda mais o relacionamento (Conseme e Fecme) porque a gente sabe que à nível nacional o Pró-Conselho e a política de formação como um todo, tem buscado articular os atores. Nós já vínhamos nessa caminhada no RS mas é bastante diferente. Os próprios gestores municipais, eles têm uma outra visão quando a política nacional caminha na mesma direção dos movimentos que a gente vem fazendo no estado, repercute positivamente".
Coordenadora dos capacitadores/formadores-Pró-conselho no RS Professora da Faculdade de Educação da Universidade Federal de Pelotas (UFPEL/RS) Janeiro/2009	"O Pró-Conselho proporciona avanços na gestão democrática dos sistemas de ensino, mas, em parte; o projeto é importante porque atende uma necessidade e, também, por ser de nível nacional, valoriza a instituição dos CME e contribui, embora de forma ainda muito incipiente, para o desenvolvimento da gestão democrática dos sistemas municipais de ensino muito mais pelo que representa como princípio e reconhecimento dessa instituição, do que por resultar em uma efetiva participação dos CME na gestão da educação no município. O fato de ser um programa de nível nacional oferece aos participantes, condições para discussões de nível macro associada a casos particulares. Por ser presencial, permite ter uma visão extensiva e concreta do perfil e das diferentes situações vividas pelos CME, assim como para a troca de experiências e conhecimentos de realidades semelhantes ou experiências exitosas".

Ex vice-presidente da Uncme nacional e capacitadora/formadora – Pró-conselho no RS Assessora do CME de POA/RS Março/2008	"A formação de conselheiros já acontecia no RS, a organização dos conselhos em regionais que além de um processo anual de formação continua ao longo do ano sendo realimentada independente do Pró-conselho. Então, eu acho que o processo de gestão democrática dos sistemas de ensino avançou bastante no RS porque existe o Pró-conselho e também pelo investimento que o Fecme vem fazendo na formação de conselheiros. Eu não acredito que o processo de formação só do Pró-conselho, uma vez por ano, surtiria tanto efeito, como está surtindo, se ele não fosse casado com o Fecme congregando todos os CMEs em regionais e sempre alimentando as regionais, os coordenadores regionais neste processo".
Capacitador/formador do Pró-conselho e presidente do Fecme/Uncme-RS (2005-2006) Professor da rede municipal de Não Me Toque/RS Janeiro/2009	"Acredito que o programa Pró-conselho contribuiu e contribui no avanço da gestão democrática no RS. Começando pela própria operacionalização do programa que foi elaborado, implementado e acompanhado em regime de colaboração e cooperação com entidades representativas dos sistemas e sociedade. No RS contou com a parceria do Fecme/Uncme, Conseme/Undime e Ceed. As dinâmicas diferenciadas (palestras, oficinas pedagógicas, relatos de experiências, trabalho em grupo) oferecidas nos Encontros, na minha opinião, na formação de conselheiros a fim de desempenharem melhor suas funções, principalmente a normativa e de controle social".

Conforme é possível perceber há uma perspectiva positiva, no sentido de afirmar o Pró-Conselho como uma ação pública que estimulou, pelas várias razões destacadas, a gestão democrática dos sistemas municipais de ensino no RS. Contudo, a maioria dos atores que participam no processo de construção da política nacional de formação de conselheiros municipais de educação reconhece esse Programa menos como protagonista do fortalecimento da gestão democrática dos sistemas municipais de ensino do RS e mais como uma ação pública que se agrega a um processo que já estava ocorrendo no estado.

Além disso, existe o fato de que o Pró-conselho ao estabelecer parceria com os atores envolvidos diretamente com os seus objetivos como estratégia de construção da política, favoreceu uma relação de diálogo, no caso do RS, entre o Fecme/Uncme e o Conseme/Undime. Afinal, conforme declara a presidente do Conseme/Undime, "não dá para estabelecer uma relação de diálogo só no momento do conflito; tem que se estabelecer estratégias de diálogo permanente e nisto, o Pró-conselho tem ajudado".

5. Comentários finais do capítulo

A implementação do Pró-Conselho, sem dúvida, tem apresentado bons resultados no que tange ao que se colocou como objetivos a serem alcançados. Contudo, pode-se dizer que seus maiores efeitos, no contexto local, não estavam previstos, ou seja, não estavam elencados como objetivos do Programa.

De fato, no Rio Grande do Sul, o Pró-Conselho é uma ação pública cuja maior contribuição tem sido, além da assistência técnica aos CME, a de fortalecer a colaboração, especialmente, entre o Conseme/Undime e o Fecme/Uncme. Como se pode observar, ao implementar a política nacional de conselheiros municipais de educação considerando a organização local, chama para o mesmo espaço atores que ocupam um papel central no desenvolvimento da educação nos municípios. Nesse sentido, pode-se afirmar que a proposta inicial do Pró-conselho de fortalecer a gestão democrática nos sistemas municipais de ensino, do RS, observada sob o aspecto salientado, está sendo efetivada.

Todavia, é preciso considerar esse aspecto tendo em vista a trajetória da política até o ano de 2008. Mesmo que não tenha ocorrido capacitações neste último ano, não se pode negar que houve uma disposição do MEC no sentido de dialogar com os referidos atores sociais sobre a continuidade da política nacional, o Pró-conselho, por meio do PDE/PAR. Este novo desdobramento da política vislumbra novas estratégias para a sua continuidade, as quais, muito provavelmente, exigirão dos atores envolvidos com a sua construção novas negociações, diálogos e embates. Não se pode esquecer que a política é um constructo social e, como tal, em constante processo de (res)significação.

CONSIDERAÇÕES FINAIS

A investigação empreendida tendo como unidade de análise a política nacional de formação de conselheiros municipais de educação buscou focar a atenção sobre a gestão da política mapeando a sua construção e os atores, contudo, sem deixar de lado uma reflexão sobre a formação do gestor democrático. No trabalho, com a perspectiva de "rede de gestão democrática" ficou estabelecido que os atores que participam diretamente da gestão da política, são também gestores públicos.

Com base no princípio da participação considerou-se que o gestor público está inserido no contexto da formação do sujeito democrático, cuja concepção relacional de homem (mulher) não pode reduzir o indivíduo a um simples produto do social. Assim, homens e mulheres são tomados como sujeitos reais da história e não como instrumentos passivos de determinações materiais ou espirituais (Semeraro, 1999; Ragazzine, 2005). Dessa forma, os atores que participam da gestão da política são impensáveis fora da história das relações sociais e das transformações operadas pelo trabalho organizado socialmente bem como da luta pela ampliação dos direitos no espaço de construção da cidadania, a esfera pública.

Cabe no espaço destas considerações finais retomar o problema de pesquisa cuja investigação resultou no presente livro. Mas antes convém lembrar que o estudo foi permeado por dois pressupostos concebidos como entraves para a gestão democrática da educação e daí para a gestão democrática dos sistemas municipais de ensino, quais sejam: a herança política do Estado patrimonialista constantemente reativada na gestão pública; e a inserção do modelo gerencialista na gestão pública, o qual administra o bem público tendo como base a racionalidade da gestão empresarial cuja finalidade (lucro e acumulação) é diferente daquela que é precípua da gestão publica: o bem comum.

O programa Pró-conselho, conforme visto, foi criado com o objetivo central de fortalecer a gestão democrática nos municípios tendo como principal ação a formação de conselheiros municipais de educação. Esse é um programa que, pela natureza de seus objetivos, repousa em uma lógica que pressupõe um processo democrático norteado pelo compartilhamento do poder na gestão da própria política. Afinal, uma política que se quer democrática, mas não é construída democraticamente, já nasce com vício de origem. E isso sem apartar a concepção de que as estruturas sociais citadas como entraves à gestão democrática são constantemente atualizadas nas representações sociais.

Com base nesse argumento, tratou-se de trazer à tona o contexto dos pressupostos em que se insere a construção de uma política nacional que se pretende indutora do fortalecimento da gestão democrática da educação dos municípios. Num primeiro momento, coube citar a construção da esfera pública brasileira e as dificuldades inerentes à gestão pública no sentido de estabelecer o que é bem público e o que é bem privado, já que esta traz ainda um forte traço do Estado patrimonialista, de onde deriva práticas clientelistas, centralizadoras e autoritárias, constantemente reativadas nas políticas públicas do Estado brasileiro.

Num segundo momento, coube citar a influência de políticas globais nas agendas dos Estados nacionais. Essas orientações globais emergem na agenda do Estado brasileiro ainda na primeira gestão de FHC, com a implementação do modelo de gestão pública que fica conhecido como "novo gerencialismo". Este modelo passa a ser integrado à gestão pública em geral alcançando a gestão da educação na década de 1990, de modo a concorrer com o modelo de gestão democrática do ensino público reivindicado pela sociedade civil organizada e reconhecido na Constituição Federal de 1988 e na LDB de 1996.

Em meio a essas variáveis de ordem estrutural e de outros elementos que evidenciam a complexidade do objeto de estudo, foi construído o seguinte problema de pesquisa: em que medida a política nacional de formação de conselheiros municipais de educação se constitui em ação pública que induz ao fortalecimento da gestão democrática dos sistemas municipais de ensino?

Já a hipótese de trabalho foi concebida com a afirmação de que os diferentes atores que participam no processo de construção da política nacional de formação de conselheiros municipais de educação enredam-se em disputas por lógicas de poder e de sentidos para a gestão da educação dos municípios de tal forma, que terminam por impossibilitar um sentido comum que estabeleça os conselhos municipais de educação como espaços e instrumentos da gestão democrática dos sistemas municipais de ensino.

No estudo foi definido que, visando responder o questionamento central, a gestão da política pública não poderia ser analisada apenas em função de sua eficiência e eficácia gerencial com vistas a medir o quanto esta atingira o máximo de objetivos propostos com o mínimo de recursos materiais, financeiros e humanos. Nesse sentido, aos citados critérios de gestão foram acrescentados os critérios de efetividade política e relevância cultural (Sander, 2007), por se considerar que somente uma tomada de decisão que submetesse os dois primeiros critérios aos dois últimos poderia orientar a decisão para a "mudança social".

Por essa razão a política nacional de formação de conselheiros municipais de educação foi analisada tomando-se por base as suas matrizes cognitivas e normativas (Muller; Surel, 2002). Quer dizer, diferentemente da abordagem linear e estanque de política pública, que toma a análise da formulação, da implementação e dos seus efeitos com base em sua eficiência e eficácia gerencial, a abordagem cognitiva e normativa buscou levar em consideração os mecanismos globais de sistemas de sentido que determinam a percepção dos atores, articulando, assim, uma abordagem pelos atores a uma abordagem pelas estruturas cognitivas, entendidas estas como as representações sociais. Assim, antes de focar sobre os determinantes intrínsecos das decisões se considerou as diferentes variáveis (contexto, espaços de poder, correlações de forças) que enquadram e determinam as escolhas dos atores.

A abordagem das estruturas cognitivas e normativas da política de formação de conselheiros, na perspectiva das representações sociais, significou considerar no estudo da ação pública uma modalidade particular de conhecimento do mundo; o saber do senso comum (Gramsci, 1981; Minayo, 1994). Com efeito, as representações sociais orientam os paradigmas, pois estes se constituem em elementos identitários entre indivíduos, grupos e/ou classes sociais, dando contorno e corpo às identidades sociais, conforme demonstrado no caso do Fecme/Uncme.

Com base nesta fundamentação de política pública se procedeu ao estudo da política nacional de formação de conselheiros municipais de educação como um constructo social e local. Para tal, foi de grande valia a análise da política a partir do estudo dos contextos, ou seja, da política como um ciclo contínuo e contextualizado (Bowe; Ball, Gold, 1992). Este modelo heurístico possibilitou identificar em cada contexto a estrutura social, os atores e suas interações no âmbito da ação pública.

Assim, no contexto da influência e da produção do texto apontaram-se os atores que atuam direta ou indiretamente na produção de sentidos para a gestão democrática da educação, pois, daí resulta os diversos pontos de vista sobre a gestão democrática dos sistemas municipais de ensino. A investigação indicou que a produção de sentidos está diretamente relacionada com um campo de forças que foi se constituindo ao longo da história da educação brasileira. Sob este aspecto se analisou a política no contexto nacional e local, considerando-se que estes contextos estão inter-relacionados entre si e com o contexto global. Este arranjo analítico demonstrou que o nacional e o local, o Rio Grande do Sul, por estarem inter-relacionados podem na mesma medida modificar ou reproduzir as práticas organizacionais e políticas de um ou de outro.

Em resposta ao questionamento de pesquisa se pode inferir que, no contexto da influência e da produção do texto da política nacional de formação de conselheiros municipais de educação, existe uma forte argumentação textual sobre gestão democrática da educação comum a todos os atores que produzem sentidos para o campo da educação na área da gestão educacional estruturada fortemente no ordenamento legal. Quer dizer, não há, em âmbito nacional, uma discussão direta e contextualizada sobre as relações de poder inerentes ao conceito de gestão democrática que demarque um paradigma comum sobre o tema: isto é, que determine quais são os espaços e instrumentos da gestão democrática da educação dos municípios.

No geral, pode-se dizer que no âmbito nacional, existe, na esfera pública, um campo de forças historicamente demarcado e constituído por associações da sociedade civil, cujo papel tem sido fundamental nos embates e lutas pela gestão democrática da educação no Brasil. Já no âmbito local, o Rio Grande do Sul, as associações estão articuladas com o movimento nacional, porém, possuem características específicas no que tange ao processo de construção da gestão democrática da educação nos municípios. Há, no contexto local, uma "tradição" na organização dos CME que antecede a instituição de sistemas municipais de ensino, conferindo ao contexto local possibilidades efetivas à construção de um paradigma comum para a gestão democrática dos sistemas municipais de ensino, que incorpora claramente o CME como um espaço e instrumento de gestão democrática dos sistemas de ensino.

Todavia, é possível identificar algumas contradições no que diz respeito aos gestores oficiais da política. Entre essas, se pode mencionar especialmente a constatação de que na atualidade grande parte dos programas do MEC são financiados pelo Fundescola em parceria com o Banco Mundial. Conforme apontamos, os organismos internacionais, nomeadamente os de cunho financeiros, são os principais agentes de disseminação do paradigma do gerencialismo, modelo de gestão que compete com a gestão democrática.

Outra questão a ser retomada neste espaço diz respeito à formação de conselheiros e secretários de educação em Programas (Pró-Conselho e Pradime) separados. Se a proposta da política nacional de formação de conselheiros é fortalecer a gestão democrática da educação dos municípios, é contraditório que os gestores do sistema municipal de ensino (conselheiros e secretários) sejam formados/capacitados por diferentes programas com diferentes abordagens da gestão da educação. Cabe ainda salientar que o Programa destinado aos dirigentes municipais de educação sequer faz parte da Coordenação do MEC (Cafise) responsável por articular os programas criados com a finalidade de fortalecer a gestão democrática da educação.

Já no contexto da prática, examinou-se a trajetória de implementação da política no período de 2003 a 2008, suas estratégias de ação e desdobramentos no ciclo da política; tendo como foco central a relação entre os gestores oficiais e os atores que atuam diretamente na construção da mesma. Conforme visto, foi analisado o desenho nacional da política, suas estratégias de ação e a sua implementação no estado do Rio Grande do Sul. Nessa perspectiva, observou-se a implementação da política nacional de formação de conselheiros municipais de educação considerando-se a inter-relação entre o nacional e o local.

No contexto da prática foi possível perceber, a partir da trajetória da política, os seus avanços, recuos e possibilidades de constituir-se em ação pública que induz ao fortalecimento da gestão democrática dos sistemas municipais de ensino. No contexto da prática se demarcaram mais claramente as relações de poder inerentes a política que se propõem a colocar em prática, nos municípios, a gestão democrática da educação. No âmbito local explicitou-se concretamente na relação entre secretarias de educação e conselheiros de educação, o conflito histórico em relação ao compartilhamento do poder na gestão dos sistemas municipais de ensino.

Há uma relação de poder entre os atores locais, por engendrar as circunstâncias da transitoriedade das direções das associações que representam tanto os secretários quanto os conselheiros, respectivamente Conseme/Undime e Fecme/Uncme, que pode tender ora para o confronto, ora para o diálogo. Existe, neste caso, um embate constante e persistente por hegemonia no âmbito da educação dos municípios; e neste contexto a formação dos conselheiros municipais de educação torna-se objeto de disputa, tanto no âmbito local quanto nacional.

Contudo, é preciso destacar que no Rio Grande do Sul foi possível perceber a existência de um paradigma já consolidado para a gestão democrática dos sistemas municipais de ensino, pelo menos no âmbito dos CME organizados por meio do Fecme/Uncme. Nessa unidade federativa, a formação de conselheiros acontecia antes mesmo da implementação da política nacional; já existia no RS uma atividade representativa de sujeitos que partilhavam uma mesma condição ou experiência social, as quais expressas em suas representações davam sentidos à sua experiência no mundo social servindo-se dos sistemas de códigos e interpretações fornecidas pela sociedade e projetando valores e aspirações sociais (Alvez-MazzottI, 1994). Isto é, já existia uma identidade social consolidada entre os conselheiros municipais de educação que fixava o seu papel na gestão dos sistemas municipais de ensino.

Quanto ao questionamento inicial, pode-se inferir que no RS a política nacional de formação de conselheiros municipais de educação constituiu-se em ação pública que promoveu a articulação entre os atores responsáveis pela gestão dos sistemas municipais de ensino, representados pelo Conseme/Undime e o Fecme/Uncme. Todavia, essa política não pode ser considerada como a protagonista do processo de construção da gestão democrática dos sistemas municipais de ensino porque no RS este processo precede a própria política nacional. Neste caso, a política nacional funcionou como uma ação pública que se agrega a um processo local (promovido por atores sociais locais), ampliando a possibilidade de ampliar os critérios administrativos de efetividade política e relevância social na gestão dos sistemas de ensino dos municípios do RS. Com destaque, confere mais visibilidade aos CME e à importância das funções e da capacitação dos conselheiros; dá mais legitimidade aos CME e aos atores que os estudam e promovem.

Então, quanto a hipótese, se pode dizer que a mesma se confirmou em parte. Ainda são grandes os confrontos nas arenas de produção de sentidos para a gestão democrática da educação, tanto no âmbito nacional quanto local. Contudo, conforme o mapa de capacitação/formação nacional, até 2008, se a política continuar a promover na mesma proporção a formação de conselheiros municipais de educação juntando a estes também os secretários municipais de educação – visto que, conforme Nogueira (2004), formar é fixar uma perspectiva, parâmetros intelectuais, éticos e políticos –, existe a possibilidade real de se constituir um paradigma comum para a gestão democrática dos sistemas municipais de ensino. Ficou evidente, ao longo do estudo, a defesa de que a formação conjunta de conselheiros e secretários é elemento importante para a consolidação da gestão democrática da educação dos municípios pela via da qualificação dos gestores dos sistemas de ensino.

No Rio Grande do Sul, sob as atuais gestões do Conseme/Undime e Fecme/Uncme, já existe um diálogo nessa direção. Com isso se quer também chamar atenção ao fato de que a existência de diretrizes comuns estabelecendo os espaços e instrumentos para a gestão democrática dos sistemas de ensino, cujo alcance perpasse a transitoriedade dos governos, bem como das direções das associações que representam os atores que atuam na gestão dos sistemas, é de suma importância para a consolidação da gestão democrática da educação dos municípios.

Nestas considerações finais gostaria ainda de fazer menção à trama de relações sociais envolvidas no estudo da política nacional de formação de conselheiros municipais de educação. Assim, a análise da política, em uma interpretação mais ampla, teve como pano de fundo a relação entre Estado e sociedade civil sob o regime democrático de gestão pública. Nesta relação, o regime democrático é tomado como forma de gestão do Estado e concebido a partir da perspectiva de que os governos são organizações cujo objetivo central é atender as necessidades públicas e gerir o funcionamento do país com vistas a promover o bem-estar social. Como as necessidades e prioridades da agenda governamental são definidas pelo "jogo político" (*politics*), pode-se dizer que os princípios clássicos (inspirados em Max Weber) que regem a administração pública – impessoalidade, hierarquia, regras estabelecidas, etc – apresentam construções distintas em cada ambiente cultural analisado, conforme já demonstramos, é o caso do Brasil.

Assim, ao longo deste estudo se entendeu que o Estado é uma instituição criada pela sociedade, porquanto a sociedade civil é a raiz ética do Estado (Gramsci, 2000). Daí que só a sociedade, quer dizer, o jogo de forças sociais, pode dar direção ao Estado, modificando ou reproduzindo a sua estrutura. Com base nesta concepção se pode pensar a inferência Santos (2006) de que não basta democratizar o Estado para que se concretize uma sociedade democrática. É preciso que todos os espaços de relações sociais sejam democratizados; visto que se a sociedade não é democrática também o Estado não o será, já que é ela que lhe dá sentido e direção.

Outra questão diz respeito à tomada de decisão na gestão de uma política pública e da racionalidade inerente a este processo. Desde que, no mundo ocidental, se adotou o modelo capitalista como forma de organização da sociedade moderna, as decisões no âmbito da esfera pública têm optado por atender as necessidades sociais a partir de decisões de "curto prazo" optando por critérios administrativos de eficiência e eficácia gerencial, cuja maior expressão se pode perceber na atualidade através do modelo de gestão pública do gerencialismo. Já as decisões de "longo prazo" podem ter seus primeiros traços percebidos a partir da emergência do Estado de bem-estar social nos pós-guerra. As decisões de longo prazo incorporam um planejamento de políticas públicas considerando critérios administrativos de efetividade política e relevância cultural. Foi defendido, no presente trabalho, que uma decisão na esfera pública que pretenda efetivamente gerar bem-estar social precisa submeter os critérios administrativos de eficiência e eficácia aos critérios de efetividade política e relevância cultural, já que somente nestes últimos se contemplam decisões de longo prazo capazes de promover a mudança social, segundo apontaram Stoer e Magalhães (2005).

Ocorre que, no jogo de forças pela produção de hegemonia, tem se levado a cabo nas agendas dos Estados nacionais o modelo de decisão de curto prazo ditado pelo gerencialismo por meio do discurso orientado pelo neoliberalismo, cuja matriz pode ser encontrada no modelo de decisão política da *public choice* (Muller;Surel, 2002). Já as decisões de longo prazo integram o "conteúdo social" que deu origem ao Estado moderno, sendo alvo de críticas pelos idealizadores e gestores públicos adeptos do gerencialismo.

No fundo estes apontam que as decisões de longo prazo são "irracionais" por serem onerosas aos cofres públicos. Aí está um dos problemas inerentes à manutenção e continuidade de políticas públicas orientadas para a mudança social que exigem decisões de longo prazo, já que as decisões de curto prazo garantem aos governantes resultados imediatos, e resultados imediatos garantem a manutenção do poder e a direção do Estado.

Ao acompanhar o processo de construção da política nacional de formação de conselheiros municipais de educação os dados empíricos apontaram, claramente, tanto no material textual quanto na gestão do Programa, que existiu em diversos momentos e espaços a possibilidade real de compartilhamento de poder nas decisões sobre os rumos que a política tomou. Os dados indicaram que desde a formulação do Programa e em todo o seu processo de implementação se tomaram decisões conjuntas que foram planejadas para longo prazo.

Para finalizar, proponho refletir sobre as lições de Antonio Gramsci afirmando que o Estado ético expressa o que há de "sociedade regulada" na vida social, garantindo e expandindo esta regulação organiza e cumpre uma função educativa, a de se "criar os mais elevados tipos de civilização". Esta é uma dimensão específica do fenômeno estatal (Nogueira, 2004), diferente daquela do Estado-máquina ou Estado-governo, ainda que esteja vinculada a elas. Com isto quero dizer que a decisão política de longo prazo está estritamente relacionada com o Estado ético, isto é, com a participação da sociedade civil na gestão das políticas públicas, as quais, em última instância, colocam o Estado em ação.

REFERÊNCIAS

ABRUCIO, Fernando Luiz (2006). Os avanços e os dilemas do modelo pós-burocrático: a reforma da administração pública à luz da experiência internacional recente. In: PEREIRA, L. C. Bresser; SPINK, P. Kevin (orgs.). *Reforma do Estado e a administração pública gerencial.* Rio de Janeiro: FGV.

ADAM, Silke; KRIESI, Hanspeter (2007). The network approach. In: SABATIER, Paul A. (org.). *Theories of the policy process.* Cambridge, MA: Westview Press, p. 129-154.

ARCANCHY, Heloisa (2006). *Cresce em 30% número de conselhos municipais de educação.* Brasília, DF: Portal MEC. Disponível em: <http://www.mec.gov.br>. Acesso em: 2006.

ADORNO, Sérgio (1988). *Os aprendizes do poder:* o bacharelismo liberal e a política brasileira. Rio de Janeiro: Paz e Terra.

ALVEZ-MAZZOTTI, Alda J. Representações sociais: aspectos teóricos e aplicações à educação. Brasília, *Em Aberto,* ano, 14, n. 61.

ARENDT, H. (2008). *A condição Humana.* 10. ed. Rio de Janeiro: Forense Universitária.

AZEVEDO, Janete Maria Lins de (2001). *Educação como política pública.* Campinas, SP: Autores Associados.

_____; AGUIAR, M. A (2001). A produção do conhecimento sobre política educacional no Brasil: um olhar a partir da ANPED. *Educação e Sociedade,* v. 22, n. 77, set./dez.

_____; (2004). O Estado, a política educacional e a regulação do setor educação no Brasil: uma abordagem histórica. In: FERREIRA, N. S. C., AGUIAR, A. S. (orgs.). *Gestão da educação:* impasses, perspectivas e compromissos. São Paulo: Cortez.

BALL, Stephen (1994). *Education reform:* a critical and post structural approach. Buckingham: Open University Press.

_____ (2001). Diretrizes políticas globais e relações políticas locais em educação. *Currículo sem Fronteiras,* v. 1, n. 2, jul./dez. Disponível em: <http://www.curriculosemfronteira.org>.

_____ (2005). Profissionalismo, gerencialismo e performatividade. *Cadernos de Pesquisa,* v.35, n.126, p. 539-561, set./dez.

_____ (2006). Sociologia das políticas educacionais e pesquisa crítico-social: uma revisão pessoal das políticas educacionais e da pesquisa em política educacional.

Currículo sem Fronteiras, v. 6, n.2, p. 10-32, jul/dez.. Disponível em: <http://www.curriculosemfronteira.org>.

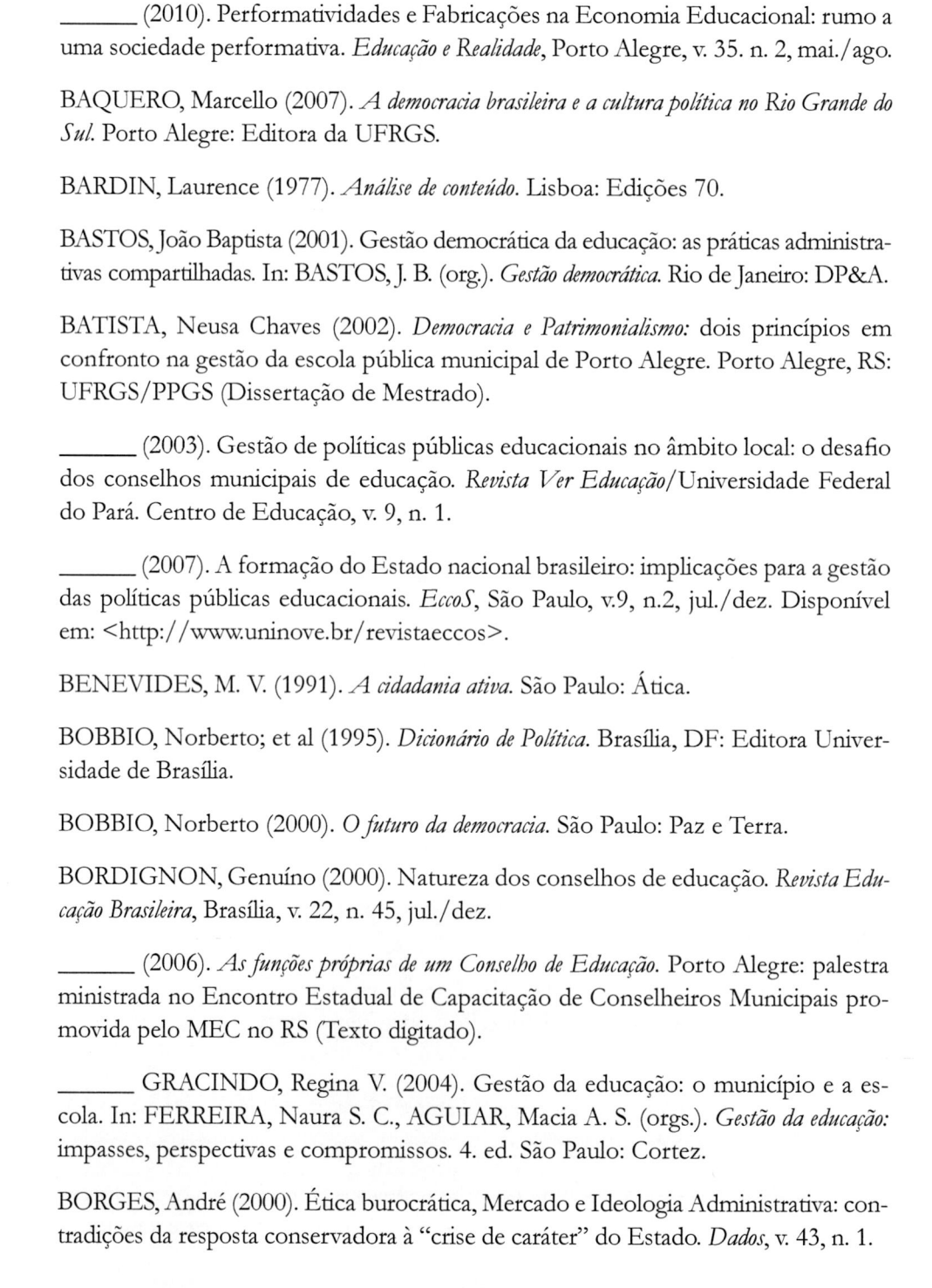

_____ (2010). Performatividades e Fabricações na Economia Educacional: rumo a uma sociedade performativa. *Educação e Realidade*, Porto Alegre, v. 35. n. 2, mai./ago.

BAQUERO, Marcello (2007). *A democracia brasileira e a cultura política no Rio Grande do Sul*. Porto Alegre: Editora da UFRGS.

BARDIN, Laurence (1977). *Análise de conteúdo*. Lisboa: Edições 70.

BASTOS, João Baptista (2001). Gestão democrática da educação: as práticas administrativas compartilhadas. In: BASTOS, J. B. (org.). *Gestão democrática*. Rio de Janeiro: DP&A.

BATISTA, Neusa Chaves (2002). *Democracia e Patrimonialismo*: dois princípios em confronto na gestão da escola pública municipal de Porto Alegre. Porto Alegre, RS: UFRGS/PPGS (Dissertação de Mestrado).

_____ (2003). Gestão de políticas públicas educacionais no âmbito local: o desafio dos conselhos municipais de educação. *Revista Ver Educação*/Universidade Federal do Pará. Centro de Educação, v. 9, n. 1.

_____ (2007). A formação do Estado nacional brasileiro: implicações para a gestão das políticas públicas educacionais. *EccoS*, São Paulo, v.9, n.2, jul./dez. Disponível em: <http://www.uninove.br/revistaeccos>.

BENEVIDES, M. V. (1991). *A cidadania ativa*. São Paulo: Ática.

BOBBIO, Norberto; et al (1995). *Dicionário de Política*. Brasília, DF: Editora Universidade de Brasília.

BOBBIO, Norberto (2000). *O futuro da democracia*. São Paulo: Paz e Terra.

BORDIGNON, Genuíno (2000). Natureza dos conselhos de educação. *Revista Educação Brasileira*, Brasília, v. 22, n. 45, jul./dez.

_____ (2006). *As funções próprias de um Conselho de Educação*. Porto Alegre: palestra ministrada no Encontro Estadual de Capacitação de Conselheiros Municipais promovida pelo MEC no RS (Texto digitado).

_____ GRACINDO, Regina V. (2004). Gestão da educação: o município e a escola. In: FERREIRA, Naura S. C., AGUIAR, Macia A. S. (orgs.). *Gestão da educação: impasses, perspectivas e compromissos*. 4. ed. São Paulo: Cortez.

BORGES, André (2000). Ética burocrática, Mercado e Ideologia Administrativa: contradições da resposta conservadora à "crise de caráter" do Estado. *Dados*, v. 43, n. 1.

BOTTOMORE, Tom; et al (1988). *Dicionário do pensamento marxista*. Rio de Janeiro: Jorge Zahar editor.

BOWE, R.; BALL, S; GOLD, A. (1992). *Reforming education and changing schools:* case studies in policy sociolgy. London: Routledge.

BRITO, Vera L.F. Alvez (1995). *O público e o privado e a lei de diretrizes e bases da educação nacional*. Belo Horizonte: UFMG (Tese de Doutorado).

BRUNO, Regina (2007). Sociedade brasileira e democratização: processos políticos, atores sociais e marcos institucionais. ROMANO, Jorge O.; et al (orgs.). *Olhar crítico sobre a participação e a cidadania:* trajetórias de organização e luta pela redemocratização da governança no Brasil. São Paulo: Expressão Popular (Coleção Olhar Crítico, v. 2).

BRAVO, Maria Inês Souza; PEREIRA, Potyara, A. P. (orgs.) (2002). *Política social e democracia*. São Paulo, Cortez; Rio de Janeiro: UERJ.

BUENO, Darci (2009). *Conselhos Municipais de Educação na instituição dos sistemas municipais de ensino do Rio Grande do Sul*. Porto Alegre, PPGEDU/UFRGS (Dissertação de Mestrado).

CARVALHO, José Murilo (2002). *A cidadania no Brasil*: o longo caminho. Rio de janeiro: Civilização Brasileira.

_____ (2007). Fundamentos da política e da sociedade brasileira. In: AVELAR, Lúcia; CINTRA, Antonio O. (orgs.). *Sistema Político Brasileiro:* uma introdução. Editora UNESP.

CASTEL, Robert (2000). A escolha do Estado social. *Sociologias*/Programa de Pós-Graduação em Sociologia. Porto Alegre, n.3, jan/jun.

CERRONI, U. (1993). *Política*. Métodos, teorias, processos, sujeitos, instituições e categorias. São Paulo: Brasiliense.

COUTINHO, Carlos Nelson (2001). Prefácio. In: SEMERARO, Giovanni. *Gramsci e a sociedade civil:* cultura e educação para a democracia. Petrópolis: Vozes.

COUTO, G. Cláudio (2006). *A constitucionalização das políticas no Brasil:* implicações para o processo de governo. São Paulo: PUC/IDESP.

CUNHA, Luiz Antonio (1987). A educação na nova Constituição. *Revista da ANDE*, São Paulo, ano 6, v. 12.

CURY, Carlos Roberto Jamil (2002). Direito à educação: direito à igualdade, direito à diferença. *Cadernos de Pesquisa*, n. 16, julho.

_____ (2004). Conselhos de educação e a gestão dos sistemas. In: FERREIRA, N. S. C; AGUIAR, M.A. da S. (orgs.). *Gestão da educação:* impasses, perspectivas e compromissos. São Paulo: Cortez.

_____ (2005). Assuntos na pauta da conjuntura educacional. Ação Educativa, *Boletim Ebulição* n.16. Disponível em: <http://www.controlesocial.org.br/boletim/ebul16>. Acesso em: junho de 2005.

_____ (2006). Conselhos de educação: fundamentos e funções. *RBPAE*, v. 22, n. 1, jan./jun..

DALL'IGNA, Maria Antonieta (1997). Democratização do Estado e conselhos com representantes da sociedade civil: por quê para quê são criados conselhos municipais de educação? *Cadernos de Educação*, FaE/UFPEL, v. 9, n. 145, jul./dez.

DALLMAYR, Fred (2001). Para além da democracia fugidia. Algumas reflexões modernas e pós-modernas. In: SOUZA, Jessé (org.). *Democracia hoje:* novos desafios para a teoria democrática contemporânea. Brasília: Editora universidade de Brasília.

DEUBEL, André-Noël Roth (2002). *Políticas públicas:* formulación, implementación y evaluación. Bogotá, D.C: Ediciones Aurora.

DRIBE, Sônia (2004). *Rumos e metamorfoses:* um estudo sobre a constituição do Estado e as alternativas da industrialização no Brasil 1930-1960. Rio de Janeiro: Paz e Terra

FAORO, Raymundo (1995). *Os donos do poder:* a formação do patronato político brasileiro. São Paulo: Globo, v. II.

FARENZENA, Nalú (2006). *A política de financiamento da educação básica:* rumos da legislação brasileira. Porto Alegre: Editora da UFRGS.

FAUSTO, Boris (1997). *História do Brasil.* São Paulo: Editora da Universidade de São Paulo: fundação do Desenvolvimento da Educação (Didática, 1).

FEDOZZI, Luciano (1999). *Orçamento participativo:* reflexões sobre a experiência de Porto Alegre. Porto Alegre: Tomo Editorial.

FERREIRA, Naura S. C. (2004). Gestão democrática da educação: (re)significando conceitos e possibilidades. In: *Gestão da Educação:* impasses, perspectivas e compromissos. São Paulo: Cortez.

FREITAS, Dirce N. de (2003). Sistemas e escolas de educação básica: entre democratizar e compartilhar a gestão. In: SENNA, Ester (org.). *Trabalho, educação e política pública.* Campo Grande, MS: UFMS. (Estudos em Educação).

FRIGOTTO, Gaudêncio (2002). Educação e a construção democrática no Brasil. In: FÁVERO, Osmar; SEMERARO, Giovanni (orgs.). *Democracia e construção do público:* no pensamento educacional brasileiro. Petrópolis, RJ: Vozes.

FULLGRAF, Jodete B. Gomes (2007). *A Unicef e a política de educação infantil no governo Lula.* Programa de Pós-graduação PUC/São Paulo (Tese de Doutorado).

FURTADO, Celso (1973). *A hegemonia dos Estados Unidos e o desenvolvimento da América Latina.* Rio de Janeiro: Civilização Brasileira.

GENTILI, Pablo (2000). Reflexões sobre a formação do sujeito democrático. In: AZEVEDO, José Clóvis de; et al (orgs). *Utopia e democracia na educação cidadã.* Porto Alegre: Ed. Universidade/UFRGS/SMED.

GOHN, Maria da Glória (2008). Conselhos municipais de acompanhamento e controle social em Educação: participação, cidadania e descentralização? In: SOUZA, D. Bello (org.). *Conselhos municipais de educação: descentralização, participação e cidadania.* São Paulo: Xamã.

_____ (2005). *O protagonismo da sociedade civil: movimentos sociais, ONGs e redes solidárias.* São Paulo: Cortez.

_____ (2001). *Conselhos gestores e participação sociopolítica.* São Paulo: Cortez (Coleção questões da nossa época, v. 84).

GOMEZ, A. I. Perez; SACRISTÁN, J. Gimeno (1998). *Compreender e transformar o ensino.* Porto Alegre: ArtMed.

GRACIANO, Mariângela (2007). Apresentação. In: GRACIANO, Mariângela (coord.). *O Plano de Desenvolvimento da Educação (PDE).* São Paulo: Ação Educativa. (Em Questão, v. 4)

GRAMSCI, A. (1981). *A concepção dialética da história.* Rio de Janeiro: Civilização Brasileira.

_____ (2000). *Cadernos do Cárcere.* Maquiavel. Notas sobre o Estado e a política. Trad. Carlos Nelson Coutinho e Luiz Sérgio Henriques, Rio de Janeiro: Civilização Brasileira. (v. 3)

GRACINDO, Regina Vinhaes (1997). Estado, sociedade e gestão da educação: novas prioridades, novas palavras de ordem e novos-velhos problemas. *RBPAE,* v. 13, n.1.

GRUPPI, Luciano (1980). *Tudo começou com Maquiavel.* Porto Alegre: L&PM.

_____ (1978). *O conceito de hegemonia em Gramsci.* Rio de Janeiro: Graal, 1978.

HABERMAS, Jurgen (1984). *Mudança estrutural da esfera pública*. Rio de Janeiro: Tempo Brasileiro.

HAGUETTE, Teresa Maria Frota (1995). *Metodologias qualitativas na sociologia*. Petrópolis: Vozes.

HALL, Peter; TAYLOR, Rosemary (2003). As três versões do neo-intitucionalismo. *Lua Nova*, n. 58.

HIRSCHMANN, Albert O. (1983). *De consumidor a cidadão*: atividade privada e participação na vida pública. São Paulo: Brasiliense.

_____ (1996). *Auto-subversão*: teorias consagradas em xeque. São Paulo: Companhia das Letras.

IGLESIAS, E. V. (2000). *Repensar la política para reinventar el Estado*. Brasília: II Fórum Global sobre Reinvenção do Governo (Texto digitado).

LEHER, Roberto (2005). O conselho nacional de educação no contexto neoliberal: participação e consenso fabricado. In: SCHEINVAR, Estela; ALGEBAILE, Eveline (orgs.). *Conselhos participativos e escola*. Rio de Janeiro: DP&A.

LIMA, Licínio (1990). Participação discente e socialização normativa: na perspectiva de uma sociologia das organizações educativas. Portugal – Portalegre: *Aprender*, n. 11.

LOBO, Thereza (1999). Avaliação de processos e impactos em programas sociais: algumas questões para reflexão. In: RICO, Elizabeth M. (org.). *Avaliação de políticas sociais*: uma questão em debate. São Paulo: Cortez (Instituto de Estudos Especiais).

LORD, Lúcio (2005). *Conselho municipal de Porto Alegre*: estrutura, funcionamento e papel político-pedagógico. Porto Alegre, UFRGS/PPGEDU (Dissertação de Mestrado).

LUCE, Maria Beatriz M. (1994). Construindo os Sistemas Municipais de Ensino: o papel das Associações de Municípios no Rio Grande do Sul. In: XAVIER, Carlos da R.; SOBRINHO, José Amaral; MARRA, Fátima (orgs.). *Gestão Escolar*: desafios e tendências. Brasília: IPEA.

_____; SARI, Marisa Tim (1993). Educação para todos exige uma nova ética de gestão: participação e co-responsabilidade. *Em Aberto*, Brasília, ano 13, n. 59, jul./Set..

_____; PEDROSO, Isabel Leticia (2006). Gestão democrática na e da educação: concepções e vivências. In: LUCE, Maria B; PEDROSO, Isabel L. (orgs.). *Gestão escolar democrática*: concepções e vivências. Porto Alegre: Editora da UFRGS.

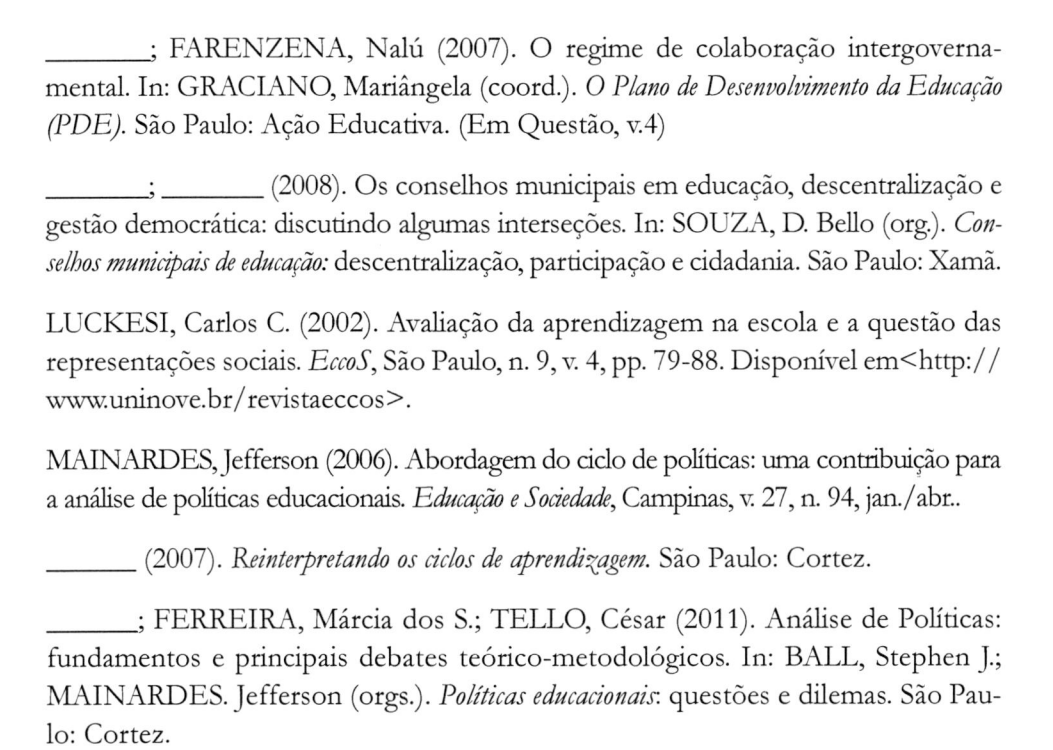

_____; FARENZENA, Nalú (2007). O regime de colaboração intergovernamental. In: GRACIANO, Mariângela (coord.). *O Plano de Desenvolvimento da Educação (PDE)*. São Paulo: Ação Educativa. (Em Questão, v.4)

_____; _____ (2008). Os conselhos municipais em educação, descentralização e gestão democrática: discutindo algumas interseções. In: SOUZA, D. Bello (org.). *Conselhos municipais de educação*: descentralização, participação e cidadania. São Paulo: Xamã.

LUCKESI, Carlos C. (2002). Avaliação da aprendizagem na escola e a questão das representações sociais. *EccoS*, São Paulo, n. 9, v. 4, pp. 79-88. Disponível em<http://www.uninove.br/revistaeccos>.

MAINARDES, Jefferson (2006). Abordagem do ciclo de políticas: uma contribuição para a análise de políticas educacionais. *Educação e Sociedade*, Campinas, v. 27, n. 94, jan./abr..

_____ (2007). *Reinterpretando os ciclos de aprendizagem*. São Paulo: Cortez.

_____; FERREIRA, Márcia dos S.; TELLO, César (2011). Análise de Políticas: fundamentos e principais debates teórico-metodológicos. In: BALL, Stephen J.; MAINARDES. Jefferson (orgs.). *Políticas educacionais*: questões e dilemas. São Paulo: Cortez.

MARSHALL, T. H. (1967). *Cidadania, classe social e status*. Rio de Janeiro: Zahar.

MARTINS, M. do C. (2002). *A história prescrita e disciplinada nos currículos escolares:* quem legitima esses saberes? Bragança Paulista: Edusf.

MENDONÇA, Erasto Fortes (2001). Estado patrimonial e gestão democrática do ensino público. *Educação e Sociedade*, v. 22, n. 75.

MINAYO, Maria Cecília de Souza (1994). *O desafio do conhecimento:* pesquisa qualitativa em saúde. Rio de Janeiro: HUCITEC-ABRASCO.

MOSCOVICI, Serge (2010). *Representações sociais*: investigação em psicologia social. 7. ed. Petrópolis, RJ: Vozes.

MULLER, Pierre; SUREL, Yves (2002). *A análise de políticas públicas*. Pelotas: Educat. (Coleção Desenvolvimento Social).

NOGUEIRA, Marco Aurélio (2004). *Um estado para a sociedade civil*: temas éticos e políticos da gestão democrática. São Paulo: Cortez.

NEVES, Lúcia Maria W. (2005). A sociedade civil como espaço estratégico de difusão da nova pedagogia da hegemonia. In: NEVES, Lúcia Maria W. (org.). *A nova pedagogia da hegemonia*: estratégias do capital para educar o consenso. São Paulo: Xamã.

OLIVEIRA, Dalila de A. (2007). *Participación e incidencia de la sociedad civil em las políticas educativas:* el caso brasilero. 1ª.Ed. Buenos Aires: Fundación Laboratório de Políticas Publicas. Disponível em: <http://www.foro.latino.org>.

OLIVEIRA, Francisco (1999). Privatização do público, destituição da fala e anulação da política: o totalitarismo neoliberal. In: OLIVEIRA, Francisco; PAOLI, Maria Célia (orgs.). *Os sentidos da democracia:* políticas do dissenso e hegemonia global. Petrópolis, RJ: Vozes.

OLIVEIRA, Romualdo Portela de (2003). A municipalização cumpriu suas promessas de democratização da gestão educacional? Um balanço crítico. Salvador: *Gestão e Ação*, v. 6, n.2, jul./dez.

PARO, Vitor Henrique (2000). *Gestão democrática da escola pública*. São Paulo: Ática

PAZ, Rosângela (2005). *Os conselhos como forma de gestão das políticas públicas*. Rio de Janeiro: DP&A.

PEREIRA, Luisa H. (1998). A análise de conteúdo: um *approach* do social. Porto Alegre: *Cadernos de Sociologia*, PPGS/UFRGS, v.9

PERONI, Vera (2003). *Política educacional e papel do Estado*: no Brasil dos anos 1990. São Paulo: Xamã.

_____ (2006). Conexões entre o público e o privado no financiamento e gestão da escola pública. *EccoS*, Revista científica, São Paulo, v. 8, n. 1, jan./jun.

PORTO, Maria S.G. (2006). Crenças, valores e representações sociais da violência. *Sociologias*/UFRGS/PPGEDU, v. 1, n. 1

PRADO JUNIOR, Caio (2004). *Formação do Brasil contemporâneo*. São Paulo: Brasiliense.

RAGAZZINE, Dario (2005). *Teoria da personalidade na sociedade de massa:* a contribuição de Gramsci. Campinas, SP: Autores Associados.

RAMOS, Elizabete (2007). De que participação estamos falando? In: GRACIANO, Mariângela (coord.). *O Plano de Desenvolvimento da Educação (PDE)*. São Paulo: Ação Educativa. (Em Questão, v.4)

REIS, Maria A. de S. (2005). Aproximações e distanciamentos entre o Conselho Estadual de Educação e os municípios. In: SCHEINVAR, Estela; ALGEBAILE, Eveline (orgs.). *Conselhos participativos e escola*. Rio de Janeiro: DP&A.

REZENDE, Antônio Paulo et all (2008). *Educação e direitos humanos:* repensando os conselhos enquanto práticas de solidariedade. Brasília, DF: MEC/Dase. Disponível em: <http://www.mec.gov.br/seb/proconselho>.

ROMANELLI, Otaíza de Oliveira (1998). *História da Educação no Brasil:* 1930/1973. Petrópolis, RJ: Vozes.

RUA, Maria das Graças (2005). *Análise de políticas públicas:* conceitos básicos. Rio de Janeiro: Texto digitado.

RUIZ, Erasmo M. (1998). *Freud no "divã" do cárcere:* Gramsci analisa a psicanálise. Campinas, SP: Autores Associados (Coleção polêmicas do nosso tempo).

SANDER, Benno (1995). *Gestão da educação na América Latina:* construção e reconstrução do conhecimento. Campinas: Autores Associados.

_____ (2007). *Administração da educação no Brasil:* genealogia do conhecimento. Brasília, DF: Líber Livro.

SARI, Marisa T. (2002). *Conselhos dos secretários de educação do RS* – Conseme-Undime/RS. Porto Alegre. Texto produzido para a Reunião da Comissão Executiva da entidade.

SANTOS, Boaventura de Sousa (1996). Para uma pedagogia do conflito. In: SILVA, Luiz Heron; AZEVEDO, José Clóvis; SANTOA, Edmilson dos (orgs.). *Novos mapas culturais, novas perspectivas educacionais.* Porto Alegre: Sulina.

_____ (1999). Reinventar a democracia: entre o pré-contratualismo e pós-contratualismo. In: HELLER, Agnes; et al. *A crise dos paradigmas em Ciências Sociais e os desafios para o século XXI.* Rio de Janeiro: Contraponto.

_____ (2000). *A crítica da razão indolente:* contra o desperdício da experiência. Cortez (v. 1).

_____ (2004). *Um discurso sobre as ciências.* São Paulo: Cortez.

_____ (2005). Introdução. In: SANTOS, B.S. (org.). *Democratizar a democracia:* os caminhos da democracia participativa. Rio de Janeiro: Civilização Brasileira.

_____ (2006). *Pela mão de Alice:* o social e o político na pós-modernidade. São Paulo: Cortez.

SCHEINVAR, Estela. ALGEBAILE, Eveline (2004). *Conselhos participativos e escola.* Rio de Janeiro: DP&A.

SEMERARO, Giovanni (1999). Da sociedade de massa à sociedade civil: a concepção de subjetividade em Gramsci. *Educação e Sociedade,* ano XX, n. 66, abril.

_____ (2001). *Gramsci e a sociedade civil:* cultura e educação para a democracia. Petrópolis: Vozes.

_____ (2003). Tornar-se "dirigente". O projeto de Gramsci no mundo globalizado. In: COUTINHO, C. N; TEIXEIRA, A. P. (orgs). *Ler Gramsci, entender a realidade*. Rio de Janeiro: Civilização Brasileira.

SIECZKOWSKI, Maria A. C. (2002). Conselho municipal de educação de Porto Alegre: trajetória de "democratização da democracia". In: GORODICHT, Clarice (org.). *Conselho Municipal de Educação:* trajetória por uma educação cidadã. Porto Alegre: CME-CORAG.

SILVA, Camilla C. et al (orgs.) (2006). *Banco Mundial em foco:* um ensaio sobre a sua atuação na educação brasileira e na América Latina. Rio de Janeiro: Ação Educativa/ ActionAid Brasil. Disponível em: <http://www.acaoeducativa.org.br>. Acesso em: outubro de 2006.

_____ (2006). *A educação básica no governo Lula*: um primeiro balanço. Rio de Janeiro: Ação Educativa/*Ford Fundation*. Disponível em: <http://www.acaoeducativa.org.br>. Acesso em: dezembro de 2006.

SILVA, P.L.B. (1997). A natureza do conflito federativo no Brasil. In: DINIZ, E.; AZEVEDO, S. (orgs.). *Reforma do Estado e Democracia no Brasil:* dilemas e perspectivas. Brasília: Editora Universidade de Brasília.

SILVA, S. O. (2001). O estilo de administração de três municípios do estado de São Paulo em processo de municipalização do ensino. In: GIUBILEI, S. (org.). *Descentralização, municipalização e políticas educativas*. Campinas, SP: Alínea.

SOUZA, Celina (2005). *Políticas públicas:* conceitos, tipologias e subáreas. Palestra proferida no Ciclo de Debates da Política Estadual de Habitação e Interesse Social. Promovida pela SEDUR. Versão atualizada de trabalho elaborado para a Fundação Luis Eduardo Magalhães em Dez/2002. (texto digitado)

SOUZA, Donaldo Bello; FARIA, Lia C. Macedo (2004). Reforma do Estado, Descentralização e Municipalização do Ensino no Brasil: a gestão política dos sistemas públicos de ensino pós-LDB 9.394/96. *Ensaio*: aval. pol. públ. educ., Rio de Janeiro, v. 12, n. 45, out./dez.

_____; VASCONCELOS, Maria C. Chaves (2006). CMEs: espaços de controle social? *Ensaio*: aval. pol. públ. educ., Rio de Janeiro, v. 14, n. 50, jan./mar.

STOER, Stephen R. MAGALHÃES, António M. (2005). *A diferença somos nós:* a gestão da mudança social e as políticas educativas sociais. Portugal: Edições Afrontamento.

SUSIN, Maria O. Kroeff (2002). Conselho Municipal de Educação: trajetória por uma educação cidadã. In: GORODICHT, Clarice (org.). *Conselho Municipal de Educação:* trajetória por uma educação cidadã. Porto Alegre: CME-CORAG.

TEIXEIRA, Anísio (1996). *A educação é um direito*. Rio de Janeiro: Editora da UFRJ.

TEIXEIRA, Elenaldo (2002). *O local e o global:* limites e desafios da participação cidadã. São Paulo: Cortez.

TEIXEIRA, Lúcia Helena G. (2004). Conselhos municipais de educação: autonomia e democratização do ensino. *Cadernos de Pesquisa*, v. 34, n. 123, set./dez.

VALLE, Bertha de B.R. (2008). Controle social da educação: aspectos históricos e legais. In: SOUZA, D. Bello (org.). *Conselhos municipais de educação:* descentralização, participação e cidadania. São Paulo: Xamã.

VARGAS, Soraya (1998). Técnicas de coleta e análise qualitativa de dados. *Cadernos de Sociologia*, PPGS/UFRGS, Porto Alegre, v. 9.

VEIRA, Carlos Eduardo (2003). O conceito de formação humana no pensamento de Antonio Gramsci. *Educação em Revista*, Belo Horizonte, n. 37, julho.

VILABOIN, A. M. D. (1998). Ainda há lugar para os conselhos estaduais. In: SILVA, E. B. *A educação básica pós-LDB*. São Paulo: Pioneira.

WEBER, Max (1991). *Economia e sociedade:* fundamentos da sociologia compreensiva. Brasília: Editora da Universidade de Brasília, v. I.

WERLE, Flavia O. C. (2006). Gestão da educação municipal: composição dos conselhos municipais de educação no Rio Grande do Sul. *Ensaios:* aval. pol. públ. educ., Rio de Janeiro, v. 14, n. 52, jul./set.

_____ (2008). CME como política estruturadora do campo da educação no município. In: SOUZA, Donaldo B. de (org.). *Conselhos municipais e controle social da educação:* descentralização, participação e cidadania. São Paulo: Xamã.

WITTMANN, L.C. (1996). *Avanços na descentralização e na participação democrática na administração da educação*. In: SIMPÓSIO REGIONAL DE ADMINISTRAÇÃO DA EDUCAÇÃO DO NORDESTE. *Anais do Simpósio*.

DOCUMENTOS CITADOS

CONEB - Conferencial Nacional da Educação Básica (2007). *Regimento Interno*. Ministério da Educação. Disponível em: <http://www.mec.gov.br>. Acesso em: abril de 2008.

CONEB - Conferencial Nacional da Educação Básica (2008). *Documento final*. Ministério da Educação. Disponível em: <http://www.mec.gov.br>. Acesso em: dezembro de 2008.

CADERNO DE REFERÊNCIA (2004). *Pró-conselho.* Brasília, MEC. Disponível em: <http://www.mec.gov.br/seb/proconselho>. Acesso em: janeiro de 2009.

CAFISE (2007). *Políticas de articulação e fortalecimento institucional dos sistemas de ensino:* balanço da gestão 2003-2006. Brasília, MEC. Disponível em: <http://www.mec.gov.br/seb/proconselho>. Acesso em: julho de 2008.

FAMURS - Federação das Associações de Municípios do RS (2008). *Estrutura político-institucional.* Porto Alegre, RS. Disponível em: <http://www.famurs.com.br>. Acesso em: outubro de 2008.

FUNDESCOLA, Fundo de Fortalecimento da escola (2003). *Balanço das ações de 1998-2003.* Disponível em: <http://www.fnde.gov.br/home/fundescola/balanco1998a2003.doc>. Acesso em: novembro de 2008.

_____ (2008). *Ações do Fundescola.* Disponível em: <http://www.fnde.gov.br/home/fundescola/2008>. Acesso em: novembro de 2008.

FECME/UNCME – Fórum estadual dos conselhos municipais de educação (2000). *Carta da VI plenária do Fórum Estadual dos Conselhos Municipais de Educação/RS.* Porto Alegre: Fecme/Uncme-RS.

_____ (2001). *Estatuto Interno.* Porto Alegre: Fecme/Uncme-RS.

MARE - Ministério da Administração e Reforma do Estado (1995). *Plano Diretor da Reforma do Aparelho do Estado.* Brasília, DF.

MEC – Ministério da Educação (2008). *Encontro com os conselheiros estaduais e municipais de educação.* Brasília. MEC/Secretaria Executiva Adjunta.

_____ (2006). *Anais do seminário internacional:* gestão democrática da educação e pedagogias participativas. Brasília, DF, 24-28 abril. Disponível em: <http://www.mec.gov.br/seb/proconselho>. Acesso em: novembro de 2008.

PLANO DE EDUCAÇÃO (2002). Governo Lula: uma escola do tamanho do Brasil. *Caderno temático do programa de governo.* São Paulo: Fundação Perseu Abramo. Disponível em: <www.pt.org.br>.

PRADIME (2006). Gestão democrática da Educação. Brasília, MEC, *Caderno de Textos,* v. 3. Disponível em: <http://pradime.mec.gov.br>. Acesso em: julho de 2008.

PRÓ-CONSELHO (2008). *Projeto de formação continuada de conselheiros municipais de educação.* Brasília: MEC/SEB.

_____ (2006). *Forma de organização dos encontros de formação continuada.* Brasília: MEC/SEB/Dase/Cafise (texto enviado para os coordenadores da Uncme nos municípios com CME em funcionamento).

_____ (2004). *Relatório das ações 2003-2004.* Brasília, DF. Disponível em: <http://www.mec.gov.br/seb/proconselho>. Acesso em: dezembro de 2005.

UNDIME, (2007). *Estatuto.* Brasília, DF. Disponível em: <http://www.undime.org.br>. Acesso em: novembro 2008.

APÊNDICE (S)

1 – Roteiro de entrevistas

> Roteiro de Entrevista (1)
> "A formação de Conselheiros municipais de educação e a gestão democrática dos sistemas municipais de ensino"
> Porto Alegre/2008
> Pesquisadora: Neusa Chaves Batista/PPGEDU/UFRGS
> Fecme/Uncme-RS

Primeira Parte

(Dados pessoais e envolvimento com a política de formação de CME)
1 - Dados Pessoais

a) Nome
b) Sexo: ( ) Masc ( ) Fem
c) Data de nascimento   d) Estado civil
e) Grau de Escolaridade   f) Profissão
g) Cargo
h) Renda: Até 05 sal/mínimos ( ) Mais de 05 até 10 sal/mínimos ( ) Mais de 10 sal/mínimos ( )
i) Local de trabalho
j) E-mail

2- Trajetória profissional e sociopolítica
a) Atuação profissional (cargos/funções já exercidos, critérios de escolha para ocupar cargo atual, carreira política ou técnica/ou os dois...)
b) Atuação sociopolítica (associações da sociedade civil, conselhos gestores, partidos políticos, movimentos sociais...)

3 – Conheces a origem do programa Pró-conselho? Como surgiu? Quem demandou? Quem participou?

4 - Descreva a tua participação e/ou da tua entidade no processo de construção desta política?

5 - Como sabemos o Fecme/Uncme é uma associação representativa da organização dos conselhos municipais de educação no RS; como tudo isto começou e qual a relação do Fecme e a Uncme nacional?

6 - Existe uma articulação do Fecme/Uncme/RS com outros segmentos da sociedade em função de discutir assuntos relacionados com a educação? Quais segmentos? Como estes espaços de discussões/decisões são organizados? De onde vem o recurso?

7 – O Fecme/Uncme já realizou algum diagnóstico da situação educacional dos municípios no RS? Que tipo de dados/indicadores educacionais são considerados relevantes em um levantamento na área da educação?

8 - E sobre formação, o Fecme/Uncme já tinha realizado algum tipo de formação de conselheiros antes da implementação do programa Pró-conselho?

9 - Como é a relação da Fecme/Uncme-RS com a Uncme/Nacional bem como com os gestores oficiais do programa nacional Pró-conselho? As decisões sobre os desdobramentos da política de formação de conselheiros são tomadas em conjunto com a Uncme?

10 – A Uncme/RS considera que as ações do programa Pró-conselho estão tendo algum efeito sobre a organização e funcionamento dos conselhos municipais de ensino bem como sobre a atuação dos conselheiros/as? Quais são os efeitos? Eram os efeitos esperados? Quais dados e ações demonstram estes efeitos?

Segunda Parte

(sobre a política nacional de formação de conselheiros municipais de educação)

11 – Como se sabe estabeleceu-se como uma das principais ações do programa Pró-conselho a realização de encontros estaduais de formação/capacitação de conselheiros. Como são organizados os encontros estaduais de capacitação no RS? O Fecme/Uncme participa nesta organização? Como? Quantos encontros já foram realizados no RS? Quais foram os municípios que participaram? Qual foi o critério de escolha destes municípios? Quem elaborou estes critérios?
12 – A Uncme nacional (e do RS) participa ou tem conhecimento dos critérios de escolha dos formadores de "facilitadores de oficinas" no âmbito nacional? Como

é feita a escolha dos capacitadores/formadores de conselheiros dos municípios do RS? Quem está atuando na formação de conselheiros no RS?

13 – Recentemente (2007) houve a descentralização da política para estados que já realizaram a capacitação de âmbito nacional, entre estes o RS. Conheces o motivo? Esta é uma resposta à avaliação da política (resultados/efeitos)? A Uncme participa na avaliação? Houve participação da Uncme na decisão de descentralizar a política?

14 - Sob esta reconfiguração da política de formação de conselheiros, como é projetada a continuidade dos cursos de formação (capacitação)? Existe previsão de recursos financeiros e humanos? A Uncme participa neste planejamento? Como?

15 - O que pensas sobre os materiais instrucionais (conteúdos e metodologias) dos cursos de formação/capacitação? A Uncme (nacional) tem conhecimento e/ou participa na eleição dos textos e materiais a serem utilizados na formação? No RS existe alguma produção de oficinas/metodologias e textos, fora às elaboradas pelo MEC?

16 – Dadas as condições constitucionais - de gestão democrática do ensino público - em que a política de formação de conselheiros foi para a agenda governamental, evidencia-se o seu propósito de formar o gestor democrático.Tu consideras que a política de formação de conselheiros municipais de educação proposta pelo MEC oferece condições efetivas para que se forme o gestor democrático? Como é este gestor democrático? Quais suas principais características?

Terceira Parte
(sobre conceitos)

17 – O princípio constitucional de gestão democrática do ensino público foi desencadeado por um movimento social (década de 1980) que fazia/faz uma relação direta entre gestão democrática e qualidade do ensino. Como compreendes esta relação?

18 – O ordenamento legal manda que o ensino público seja gerido pelo princípio de gestão democrática. Na tua perspectiva, o que é gerir democraticamente o sistema de ensino e a escola?

19 – A legislação federal não determina a que órgão compete a função normativa complementar no sistema municipal de ensino, essa decisão é exclusiva dos municípios. Assim, a composição, funções e atribuições do CME são determinadas por legislação municipal. No teu ponto de vista qual é o papel do conselho na gestão do

sistema municipal de ensino? E do conselheiro/a (qual o seu perfil? a quem deve representar/a sociedade ou a entidade que o elegeu?)

20 – Hoje já é bastante conhecida a discussão sobre a participação social na gestão de políticas públicas, especialmente as políticas sociais e, dentre estas, as políticas educacionais. O que pensas sobre esta discussão? Quem deve participar no processo de construção de uma política pública? Como seria esta participação? Qual o papel do Estado nesta construção?

21 – Sob o ordenamento legal, os municípios possuem autonomia para a gestão dos seus sistemas de ensino. O que pensas sobre esta autonomia? Ela é efetiva? Quer dizer, os municípios possuem as condições necessárias para exercer sua autonomia?

22 – Um dos objetivos do programa Pró-conselho é colocar em prática o regime de colaboração previsto na legislação educacional como forma de relação entre os sistemas de ensino no âmbito federal, estadual e municipal. Consideras que a colaboração entre os entes federados na gestão de políticas públicas educacionais é possível? Conheces alguma outra política educacional do MEC que tenha (ou que teve) este mesmo objetivo?

23 – A lei 10.172/01, que aprovou o PNE, ao tratar da colaboração entre redes e sistemas municipais de ensino, prevê "apoio técnico a consócios intermunicipais e colegiados regionais consultivos, quando necessário" (v,11.3.2, meta 20). Qual a tua perspectiva sobre estes consócios intermunicipais? Organizações regionais deste tipo existem no RS? Se existem, qual a origem do apoio técnico e financeiro? Qual é o papel destes colegiados regionais no contexto de sistemas de ensino com CME?

24 – O que garante, na tua opinião, a continuidade de uma política pública considerada benéfica pela sociedade, ou seja: o que garante a continuidade de uma política pública que se revela efetiva no cumprimento da finalidade máxima do Estado democrático de direito que é gerar o bem-estar social?

> Roteiro de Entrevista (2)
> "A formação de Conselheiros municipais de educação e a gestão democrática dos sistemas municipais de ensino"
> Porto Alegre/2008
> Pesquisadora: Neusa Chaves Batista/PPGEDU/UFRGS
> CAPACITADORES/FORMADORES-RS

Primeira Parte

(Dados pessoais e envolvimento com a política de formação de CME)
1 - Dados Pessoais

a) Nome	b) Sexo: ( ) Masc ( ) Fem
c) Data de nascimento	
d) Estado civil	
e) Grau de Escolaridade f) Profissão g) Cargo	
h) Renda: Até 05 sal/mínimos ( ) Mais de 05 até 10 sal/mínimos ( ) Mais de 10 sal/mínimos ( )	
i) Local de trabalho	
j) E-mail	

2- Trajetória profissional e sociopolítica
a) Atuação profissional (cargos/funções já exercidos, critérios de escolha para ocupar cargo atual, carreira política ou técnica/ou os dois...)
b) Atuação sociopolítica (associações da sociedade civil, conselhos gestores, partidos políticos, movimentos sociais...)

3 – Conheces a origem do programa Pró-conselho?Como surgiu? Quem demandou? Quem participou?

4 - Descreva a tua participação e/ou da tua entidade no processo de construção desta política? Como foste selecionada para atuar na formação de conselheiros no RS?

6 – Consideras que existe na atualidade segmentos da sociedade efetivamente preocupados em discutir assuntos relacionados com a educação? Quais segmentos? Como estes espaços de discussões/decisões são organizados? De onde vem o recurso?

7 – Tens conhecimento de algum diagnóstico da situação educacional dos municípios no RS realizado por associações ligadas à educação (Uncme/UNDIME...)?

Que tipo de dados/indicadores educacionais considerados relevantes em um levantamento na área da educação?

8 - E sobre formação, já tinhas participado em algum tipo de formação de conselheiros no RS antes da implementação do programa Pró-conselho?

9 – Como participante no processo de formação, consideras que as ações do programa Pró-conselho estão tendo algum efeito sobre a organização e funcionamento dos conselhos municipais de ensino bem como sobre a atuação dos conselheiros/as na gestão dos sistemas municipais de ensino? Quais são os efeitos? Eram os efeitos esperados? Quais dados demonstram estes efeitos?

Segunda Parte

(sobre a política nacional de formação de conselheiros municipais de educação)

10 – Como se sabe estabeleceu-se como uma das principais ações do programa Pró-conselho a realização de encontros estaduais de formação/capacitação de conselheiros. Como são organizados os encontros estaduais de capacitação no RS? Quem participa nesta organização? Como? Quantos encontros já foram realizados no RS? Quais foram os municípios que participaram? Qual foi o critério de escolha destes municípios? Quem elaborou estes critérios?

11 – Tens conhecimento dos critérios de escolha dos formadores de "facilitadores de oficinas" no âmbito nacional? Conheces estes formadores?

12 – Recentemente (2007) houve a descentralização da política para estados que já realizaram a capacitação de âmbito nacional, entre estes o RS. Conheces o motivo? Esta é uma resposta à avaliação da política (resultados/efeitos)? Tens conhecimento de quem participou nesta decisão?

13 - Sob esta reconfiguração da política de formação de conselheiros, como é projetada a continuidade dos cursos de formação (capacitação)? Existe previsão de recursos financeiros e humanos? No teu entendimento quem deve participar neste planejamento?

14 - O que pensas sobre os materiais instrucionais (conteúdos e metodologias) dos cursos de formação/capacitação do MEC? No RS existe alguma produção de oficinas/metodologias e textos, fora às elaboradas pelo MEC? Tu tens autonomia para

elaborar textos e metodologias de ensino-aprendizagem para a formação de conselheiros?

15 – Dadas as condições constitucionais - de gestão democrática do ensino público - em que a política de formação de conselheiros foi para a agenda governamental, evidencia-se o seu propósito de formar o gestor democrático. Tu consideras que a política de formação de conselheiros municipais de educação proposta pelo MEC oferece condições efetivas para que se forme o gestor democrático? Como é este gestor democrático? Quais suas principais características?

Terceira Parte
(sobre conceitos)

16 – O princípio constitucional de gestão democrática do ensino público foi desencadeado por um movimento social (década de 1980) que fazia/faz uma relação direta entre gestão democrática e qualidade social do ensino. Como compreendes esta relação?

17 – O ordenamento legal manda que o ensino público seja gerido pelo princípio de gestão democrática. Na tua perspectiva, o que é gerir democraticamente o sistema de ensino e a escola?

18 – A legislação federal não determina a que órgão compete a função normativa complementar no sistema municipal de ensino, essa decisão é exclusiva dos municípios. Assim, a composição, funções e atribuições do CME são determinadas por legislação municipal. No teu ponto de vista qual é o papel do conselho na gestão do sistema municipal de ensino? E do conselheiro/a (qual o seu perfil? a quem deve representar/a sociedade ou a entidade que o elegeu?)

19 – Hoje já é bastante conhecida a discussão sobre a participação social na gestão de políticas públicas, especialmente as políticas sociais e, dentre estas, as políticas educacionais. O que pensas sobre esta discussão? Quem deve participar no processo de construção de uma política pública? Como seria esta participação? Qual o papel do Estado nesta construção?

20 – Sob o ordenamento legal, os municípios possuem autonomia para a gestão dos seus sistemas de ensino. O que pensas sobre esta autonomia? Ela é efetiva? Quer dizer, os municípios possuem as condições necessárias para exercer sua autonomia?

21 – Um dos objetivos do programa Pró-conselho é colocar em prática o regime de colaboração previsto na legislação educacional como forma de relação entre os sistemas de ensino no âmbito federal, estadual e municipal. Consideras que a colaboração entre os entes federados na gestão de políticas públicas educacionais é possível? Conheces alguma outra política educacional do MEC que tenha (ou que teve) este mesmo objetivo?

22 – A lei 10.172/01, que aprovou o PNE, ao tratar da colaboração entre redes e sistemas municipais de ensino, prevê "apoio técnico a consócios intermunicipais e colegiados regionais consultivos, quando necessário" (v,11.3.2, meta 20). Qual a tua perspectiva sobre estes consócios intermunicipais? Organizações regionais deste tipo existem no RS? Se existem, qual a origem do apoio técnico e financeiro? Qual é o papel destes colegiados regionais no contexto de sistemas de ensino com CME?

23 – O que garante, na tua opinião, a continuidade de uma política pública considerada benéfica pela sociedade, ou seja: o que garante a continuidade de uma política pública que se revela efetiva no cumprimento da finalidade máxima do Estado democrático de direito que é gerar o bem-estar social?

Roteiro de Entrevista (3)
"A formação de Conselheiros municipais de educação e a gestão democrática dos sistemas municipais de ensino"
Porto Alegre/2008
Pesquisadora: Neusa Chaves Batista/PPGEDU/UFRGS
Conseme/Undime-RS

Primeira Parte

(Dados pessoais e envolvimento com a política de formação de conselheiros municipais de educação)

1 - Dados Pessoais

a) Nome b) Sexo: ( ) Masc ( ) Fem	
c) Data de nascimento	d) Estado civil
e) Grau de Escolaridade g) Cargo	f) Profissão
h) Renda: Até 05 sal/mínimos ( ) Mais de 05 até 10 sal/mínimos ( ) Mais de 10 sal/mínimos ( )	

i) Local de trabalho
j) E-mail

2- Trajetória profissional e sociopolítica
a) Atuação profissional (cargos/funções já exercidos, critérios de escolha para ocupar cargo atual, carreira política ou técnica/ou os dois...)
b) Atuação sociopolítica (associações da sociedade civil, conselhos gestores, partidos políticos, movimentos sociais...)

3 – Conheces a origem do programa Pró-conselho?Como surgiu? Quem demandou? Quem participou?

4 - Descreva a tua participação e/ou da tua entidade no processo de construção desta política?

5 - Como sabemos o Conseme/Undime-RS é uma associação representativa da organização dos dirigentes municipais de educação; qual a origem desta associação? Como está organizada no RS?

6 - Existe uma articulação do Conseme/Undime-RS com outros segmentos da sociedade em função de discutir assuntos relacionados com a educação? Quais são estes segmentos? Como estes espaços de discussão/decisão são organizados? De onde vem o recurso?

7 – O Conseme/Undime já realizou algum diagnóstico da situação educacional dos municípios no RS? Que tipo de dados/indicadores são considerados relevantes em um levantamento na área da educação?

8 - E sobre formação, o Conseme/Undime já realizou e/ou participou de algum tipo de formação de conselheiros/gestores antes da implementação do programa Pró-conselho?

9 - Como é a relação do Conseme/Undime com a Undime/Nacional bem como com os gestores oficiais do programa nacional Pró-conselho?

10 – O Conseme/Undime considera que as ações do programa Pró-conselho estão tendo algum efeito sobre a organização e funcionamento dos conselhos municipais de educação bem como sobre a atuação dos conselheiros/as na gestão dos sistemas municipais de ensino? Quais efeitos? Que dados e ações indicam estes efeitos?

11 - Como o Conseme/Undime percebe a participação da Fecme/Uncme no processo de construção da política de formação de conselheiros no RS? E da Uncme nacional como principal articulador da formação de conselheiros em âmbito nacional?

Segunda Parte

(sobre a política nacional de formação de conselheiros municipais de educação)

12 – Como se sabe estabeleceu-se como uma das principais ações do programa Pró-conselho a realização de encontros estaduais de formação/capacitação de conselheiros. O Conseme/Undime tem conhecimento de como são organizados os encontros estaduais de capacitação no RS? O Conseme participa nesta organização? Como? Quantos encontros já foram realizados no RS? Quais foram os municípios que participaram? O Conseme conhece e/ou participa na eleição dos critérios de escolha destes municípios?

13 – A Undime nacional e do RS participa ou tem conhecimento dos critérios de escolha dos formadores de "facilitadores de oficinas" no âmbito nacional? O Conseme tem conhecimento e/ou participa na escolha dos formadores/capacitadores de conselheiros dos municípios do RS? Quem está atuando na formação de conselheiros no RS?

14 – Recentemente (2007) houve a descentralização da política para estados que já realizaram a capacitação de âmbito nacional, entre estes o RS. Conheces o motivo? Consideras que esta é uma resposta à avaliação da política (resultados/efeitos)? Houve participação da Undime nacional e/ou do RS na decisão de descentralizar a política?

15 - Sob a reconfiguração da política de formação de conselheiros, o Conseme tem conhecimento da existência de alguma projeção da continuidade dos cursos de formação (capacitação) para o RS? Existe previsão de recursos financeiros e humanos? O Conseme/Undime participa neste planejamento? Como?

16 - O que pensas sobre os materiais instrucionais (conteúdos e metodologias) dos cursos de formação/capacitação elaborados pelo MEC? A Undime (nacional) tem conhecimento e/ou participa na eleição dos textos e materiais a serem utilizados na formação? E no RS, o Conseme/Undime tem conhecimento de alguma produção de oficinas/metodologias e textos, fora às elaboradas pelo MEC?

Terceira Parte
(sobre conceitos)

17 – Dadas as condições constitucionais - de gestão democrática do ensino público - em que a política de formação de conselheiros foi para a agenda governamental, evidencia-se o seu propósito de formar o gestor democrático. Neste sentido, considera-se que o conselho também é órgão gestor do SME. Tu consideras que a política de formação de conselheiros municipais de educação proposta pelo MEC oferece condições efetivas para que se forme o gestor democrático? Como é este gestor democrático? Quais suas principais características?

18 – O princípio constitucional de gestão democrática do ensino público foi desencadeado por um movimento social (década de 1980) que fazia/faz uma relação direta entre gestão democrática e qualidade do ensino. Como compreendes esta relação?

19 – O ordenamento legal manda que o ensino público seja gerido pelo princípio de gestão democrática. Na tua perspectiva, o que é gerir democraticamente o sistema de ensino e a escola?

20 – A legislação federal não determina a que órgão compete a função normativa complementar no sistema municipal de ensino, essa decisão é exclusiva dos municípios. Assim, a composição, funções e atribuições do CME são determinadas por legislação municipal. No teu ponto de vista qual é o papel do conselho na gestão do sistema municipal de ensino? E do conselheiro/a (qual o seu perfil? a quem deve representar? a sociedade ou a entidade que o elegeu?)

21 – Hoje já é bastante conhecida a discussão sobre a participação social na gestão de políticas públicas, especialmente as políticas sociais e, dentre estas, as políticas educacionais. O que pensas sobre esta discussão? Quem deve participar no processo de construção de uma política pública? Como seria esta participação? Qual o papel do Estado nesta construção?

22 – Sob o ordenamento legal, os municípios possuem autonomia para a gestão dos seus sistemas de ensino. O que pensas sobre esta autonomia? Ela é efetiva? Quer dizer, os municípios possuem as condições necessárias para exercer sua autonomia?

23 – Um dos objetivos do programa Pró-conselho é colocar em prática o regime de colaboração previsto na legislação educacional como forma de relação entre os sistemas de ensino no âmbito federal, estadual e municipal. Consideras que a colaboração entre os entes federados na gestão de políticas públicas educacionais é

possível? Conheces alguma outra política educacional do MEC que tenha (ou que teve) este mesmo objetivo?

24 – A lei 10.172/01, que aprovou o PNE, ao tratar da colaboração entre redes e sistemas municipais de ensino, prevê "apoio técnico a consócios intermunicipais e colegiados regionais consultivos, quando necessário" (v,11.3.2, meta 20). Qual a tua perspectiva sobre estes consócios intermunicipais? Organizações regionais deste tipo existem no RS? Se existem, qual a origem do apoio técnico e financeiro? Qual é o papel destes colegiados regionais no contexto de sistemas de ensino com conselho municipal de educação instituído com funções e atribuições de órgão gestor?

25 – O que garante, na tua opinião, a continuidade de uma política pública considerada benéfica pela sociedade, ou seja: o que garante a continuidade de uma política pública que se revela efetiva no cumprimento da finalidade máxima do Estado democrático de direito que é gerar o bem-estar social?

2. O Conteúdo do texto da política nacional de formação de conselheiros municipais de educação (Pró-conselho)

QUADRO 1 - Conteúdo do texto da política nacional de formação de conselheiros municipais de educação

INDI-CA-DO-RES	FONTES			
	Cadernos e Guia de Consulta Prasem III	Cadernos de Referência 1,2,3	Cadernos de Oficinas 1,2,3	Guia de Consulta 1,2
Quem organizou?	MEC/PRASEM/Programa de apoio aos dirigentes municipais de educação/Secretaria de Educação Infantil e Fundamental/Fundo de Fortalecimento da Escola	MEC/Programa Pró-conselho/ Secretaria de Educação Básica/ Coordenação Geral de Articulação e Fortalecimento Institucional dos Sistemas de Ensino/ Departamento de Articulação e Desenvolvimento dos Sistemas de Ensino	MEC/Programa Pró-conselho/ Secretaria de Educação Básica/ Coordenação Geral de Articulação e Fortalecimento Institucional dos Sistemas de Ensino/ Departamento de Articulação e Desenvolvimento dos Sistemas de Ensino	MEC/Programa Pró-conselho/Secretária de Educação Básica/ Coordenação Geral de Articulação e Fortalecimento Institucional dos Sistemas de Ensino/Departamento de Articulação e Desenvolvimento dos Sistemas de Ensino
Quando organizou e quem eram/são os gestores?	2001 (Gestão Fernando Henrique Cardoso - Ministro da Educação Paulo Renato de Souza)	2004 (Gestão Luis Inácio Lula da Silva) MEC- Ministro da Educação Tarso Genro SEB – Francisco das Chagas Fernandes Cafise – Arlindo Cavalcante de Queiroz Dase- Horácio Francisco dos Reis Filho Coordenação Técnica do Programa: Leda Maria Gomez 2006 (Gestão Luis Inácio Lula da Silva) MEC - Ministro da Educação Fernando Haddad SEB – Francisco das Chagas Fernandes Cafise – Arlindo Cavalcante de Queiroz Dase- Horácio Francisco dos Reis Filho Coordenação Técnica do Programa: Leda Maria Gomez	2004 (Gestão Luis Inácio Lula da Silva) MEC- Ministro da Educação Tarso Genro SEB – Francisco das Chagas Fernandes Cafise – Arlindo Cavalcante de Queiroz Dase- Horácio Francisco dos Reis Filho Coordenação Técnica do Programa: Leda Maria Gomez 2006 (Gestão Luis Inácio Lula da Silva) MEC - Ministro da Educação Fernando Haddad SEB – Francisco das Chagas Fernandes Cafise – Arlindo Cavalcante de Queiroz Dase- Horácio Francisco dos Reis Filho Coordenação Técnica do Programa: Leda Maria Gomez	2004 (Gestão Luis Inácio Lula da Silva) MEC- Ministro da Educação Tarso Genro SEB – Francisco das Chagas Fernandes Cafise – Arlindo Cavalcante de Queiroz Dase- Horácio Francisco dos Reis Filho Coordenação Técnica do Programa: Leda Maria Gomez

	2007	2006
	2007 (Gestão Luis Inácio Lula da Silva) MEC - Ministro da Educação Fernando Haddad SEB – Maria do Pilar Lacerda Almeida e Silva Cafise – Arlindo Cavalcante de Queiroz Dase- Horácio Francisco dos Reis Filho Coordenação Técnica do Programa: Leda Maria Gomez	2007 (Gestão Luis Inácio Lula da Silva) MEC - Ministro da Educação Fernando Haddad SEB – Maria do Pilar Lacerda Almeida e Silva Cafise – Arlindo Cavalcante de Queiroz Dase- Horácio Francisco dos Reis Filho Coordenação Técnica do Programa: Leda Maria Gomez	2006 (Gestão Luis Inácio Lula da Silva) MEC- Ministro da Educação Fernando Haddad SEB – Francisco das Chagas Fernandes Cafise – Arlindo Cavalcante de Queiroz Dase- Horácio Francisco dos Reis Filho Coordenação Técnica do Programa: Leda Maria Gomez
Quem são os autores dos textos?	Mariza Abreu (Consultora legislativa da Câmara de deputados); Maristela Marques(Coordenadora de Desenvolvimento Institucional/Fundescola); Mônica Gиágio (Gerente de Capacitação Fundescola); Sonia Balzano (Especialista em Educação); José Carlos Polo (Consultor em Orçamento e Finanças Públicas); Mariza Timm Sari (Especialista em Educação); Adélia Luiza Portela (Professora universitária); Dilza Maria Andrade Atta (Professora universitária); Ricardo Chaves de R. Martins (Consultor Legislativo da Câmara de Deputados); Paulo de Sena Martins (Consultor Legislativo da Câmara de Deputados)	Carlos Roberto J. Cury (Professor universitário e conselheiro/CNE); Ivandro da Costa Sales (professor universitário); João Antonio Monlevad (Consultor legislativo/ Senado Federal); Luiz Araújo (Assessor técnico da Undime Nacional)/**Cad. de ref. 1/2004** — Maurício Holanda Maia; Salete Silva (material reformulado a partir de material do Fundescola) **(Cad. de oficinas 1/2004)** - Augusto Álvaro J. Gomes; Ivandro Costa Sales; Ana Luiza Oliva Boratto; José Augusto; Mariza Abreu; Maria de Salete Almeida Silva; Maria Antonieta Dall'Igna **(cad. de oficinas 2/2006)** Ladislau Dowbor (professor universitário); Eliete Santiago(professora universitária e conselheira municipal de educação); João Monlevad; Luiz Araújo; Carlos Roberto J. Cury/**Cad de ref. 2/2006** Ladislau Dowbor; Eliete Santiago; Carlos Roberto Jamil Cury; João Monlevade; Luiz Araújo; Denise Cristina Corrêa Rocha (professora universitária). Cad. Referência, 3/2007	Vera Sonia Balzano; Vera Zanchet; Zanchet;José Augusto Dias; Mariza Abreu **(Guia de Consulta 2004)** Sonia Balzano; Vera Zanchet; José Augusto; Mariza Abreu; Maria Genuíno Bordignon **(Guia de consulta/2006)** Coordenação Geral de Articulação e Fortalecimento Institucional dos Sistemas de Ensino(Cafise) – Arlindo Cavalcanti/coordenador **(Cad. de oficinas 3/2007)**

	Temas	Referência
Quais são os temas do material de formação?	- A educação escolar como tema da LDB - A nova organização da educação nacional	**(Cad. 1/2001)**
	- Organização pedagógica da educação escolar	**(Cad. 2/2001)**
	- Valorização do Magistério para melhor qualidade do ensino - Recursos financeiros para a educação de qualidade	**(Cad. 3/2001)**
	- Planejamento e orçamento do município	**(Cad. 4/2001)**
	- Marcos legais	**(Cad. 5/2001)**
	- Educação Básica no Brasil: avanços e desafios - Organização da educação municipal: da administração da rede ao sistema municipal de ensino - A dimensão pedagógica da gestão da educação - Indicadores de qualidade da escola pública - A formação dos profissionais do magistério - Progressão da carreira do magistério e avaliação de desempenho - Financiamento da educação no município - Autonomia da gestão financeira das escolas - Planejamento e orçamento do município - Gestão de recursos materiais - Implicações da Lei de responsabilidade fiscal na gestão educacional no município	**(Guia de Consulta/2001)**
	- O regime de colaboração no ordenamento jurídico da educação escolar - Os conselhos municipais de educação (desafios da gestão democrática) - A importância do conselho municipal de educação na elaboração e acompanhamento da execução do PME	**(Cad. Referência, 1/2004)**
	- Educação e desenvolvimento local - Direito à educação com qualidade social: o desafio do direito à educação - Funções próprias de um conselho de educação - O financiamento da educação e os municípios	**(Cad. Referência, 2/2006)**
	- Educação e Desenvolvimento local - Direito à educação com qualidade social	**(Cad. Referência, 3/2007)**
	- O contexto de atuação do conselho municipal de educação - Papel e atuação dos conselhos municipais de educação	**(Caderno de oficinas 1/2004)**
	- Construção coletiva de conceitos - Direito à educação com qualidade social - Financiamento da educação no município - Atuação do CME para contribuir com a garantia da oferta de uma educação com qualidade social	**(Caderno de oficina 2/2006)**
	- Direito à educação - Atuação do CME para contribuir com a garantia da oferta de uma educação com qualidade social - O financiamento da educação no município	**(Cad. de oficinas 3/2007)**
	- Organização dos conselhos municipais de educação - Natureza dos Conselhos de Educação - Os conselhos de saúde como referência para a (re)organização dos conselhos municipais de educação	**(Guia de Consulta 2004)**
		Guia de Consulta 2006 Idem – 2004

| Quais são os sub-temas do material de formação? | - Conceito amplo de educação
- Princípios e fins da educação nacional numa sociedade democrática
- Educação como direito de todos e dever do Estado e da família
- Responsabilidade do entes federados pela oferta da educação escolar
- Incumbências dos entes federados e a unidade da educação nacional
- Sistemas de ensino e alternativas de organização da educação municipal
- Regimes de colaboração entre sistemas de ensino na oferta da educação escolar
- Incumbências de escolas e docentes para garantir sucesso escolar dos alunos
- Autonomia e participação como princípios da gestão democrática **(Cad. 1/2001)**
- Níveis de modalidades de educação e de ensino
- Finalidades, regras comuns e flexibilidade de organização da educação básica
- Etapas da educação básica
- Modalidades de educação e de ensino na atual legislação **(Cad. 2/2001)**
- Formação superior para o magistério da educação básica como meta nacional
- Formação continuada como direito do magistério e dever do poder público | - Conselho de Educação
- Sistema de colaboração recíproca
- Sistemas de ensino
- Gestão democrática
- Conselhos e sociedade civil
- A presença da sociedade civil modifica a concepção de Estado
- Uma noção mais precisa de participação
- Os conselhos entre a democracia representativa e uma democracia mais ampliada
- Que instância de poder são os conselhos
- A multiplicação (mal intencionada?) de conselhos
- Em que os conselheiros deveriam ser muito competentes?
- Histórico, Conselhos e Planos
- O PME no contexto do PNE
- O papel dos conselhos municipais de educação
- O CME e a elaboração do PME
- O CME e a implantação do PME
- O CME e a avaliação do PME **(Cad. Referência, 1/2004)**
- Globalização e desenvolvimento local
- Urbanização e iniciativas sociais
- Informação, educação e cidadania
- Os parceiros do desenvolvimento local
- O impacto das tecnologias | O município na organização da educação nacional
- Repartição de responsabilidades entre União, Estados e Municípios em relação à educação básica
- Sistema Municipal d ensino e alternativas de organização da educação municipal
- Regime de colaboração entre União, estados e municípios
- Financiamento da educação no município
- O papel do conselho municipal de educação na elaboração de políticas educacionais para o município – Plano Municipal de Educação
- Os diversos atores presentes na realidade educacional do município
- Condições de funcionamento dos CME
- O CME em ação: o desempenho das atribuições do conselho
- Desafios enfrentados pelo conselho
- o CME e a regulamentação da educação infantil **(Caderno de oficinas 1/2004)**
- Papel do conselho municipal de educação e dos conselheiros com o desenvolvimento de seu município
- O entendimento e as possibilidades estratégicas de atuação na construção de um educação com qualidade social | Por que criar um conselho municipal de educação
- Qual a natureza dos conselhos municipais de educação?
- Qual o papel dos conselhos municipais de educação?
- Que funções e atribuições poderá ter o conselho municipal de educação no contexto da gestão democrática do ensino público?
- Qual o significado da autonomia dos CME?
- Quem poderá participar do conselho municipal de educação?
- Que estrutura deve ter o conselho municipal de educação para seu adequado funcionamento?**(Guia de Consulta 2004**

Guia de Consulta 2006
Idem – 2004 |

- Diretrizes nacionais para a carreira do magistério público - Garantia de recursos vinculados para MDE - Ensino fundamental como prioridade: recursos subvinculados e Fundef - Definição de despesas com MDE para evitar desvio de recursos - Salário-educação para o Município e outros recursos para a educação - Ênfase no controle social e na fiscalização dos recursos para MDE **(Cad. 3/2001)** - O processo de planejamento e orçamento na CF de 1988 - Orçamento municipal propriamente dito - Alterações na lei orçamentária - Classificações orçamentárias - Execução orçamentária - Controle da gestão orçamentária e financeira **(Cad. 4/2001)** - Constituição Federal de 1988 - Lei 9.394 de 20 de dezembro de 1996 - Emenda Constitucional n. 11 de 1996 - Emenda Constitucional n. 14 de 1996 - Lei 9.424 de 24 de dezembro de 1996 **(Cad. 5/2001)** - Ampliação do atendimento educacional	- Educação e gestão do conhecimento - O desafio educacional local e os conselhos municipais - Educação: direito social fundamental, prática social e pedagógica - Tempo de escolarização e tempo curricular a serviço do direito à educação e à aprendizagem - No que se refere à ampliação do tempo, partimos de dois ângulos: à ampliação do tempo curricular – jornada; e trajetória-ampliação do tempo de escolarização - Conselhos municipais de educação e o zelo pela garantia do direito à educação e à aprendizagem - Histórico do financiamento público - Impostos vinculados e outros tributos - Fundef e Fundeb - Demandas por educação escolar nos municípios - Orçamento municipal e a gestão dos recursos educacionais - Controle social dos recursos educacionais **(Cad. Ref. 2/2006)**	- Aspectos conceituais sobre o trabalho do conselheiro municipal de educação - As funções e atuação dos conselhos - Natureza e funções do conselho - Possibilidades de exercício das funções do conselho **(Cad. de oficinas, 02/2006)** - Debate e reflexão sobre Educação com qualidade social - Construção de Estratégias de desenvolvimento local a partir da educação - Natureza e funções dos CME - Possibilidades de exercício das funções - Financiamento e orçamento - Estudos de caso em torno de temas relacionados com a atuação no município

- Redistribuição de responsabilidades entre estados e municípios - Rendimento e movimento escolar nos ensino fundamental e médio - Políticas e programas nacionais de educação - PNE e desafios para a educação municipal **(1º tema do Guia de consulta/2001)**	- Globalização e desenvolvimento local - Urbanização e iniciativas sociais - Informação, educação e cidadania - Os parceiros do desenvolvimento local - Impacto das tecnologias - Educação e gestão do conhecimento - Desafios educacionais locais e os conselhos municipais de educação
- O município na organização da educação nacional - A organização da educação no município - A institucionalização do sistema municipal de ensino - Regime de colaboração entre sistemas de ensino **(2º tema do Guia de Consulta/2001)**	- Educação: direito social fundamental, prática social e pedagógica - Tempo de escolarização e tempo curricular à serviço do direito à educação e aprendizagem - Conselhos Municipais de Educação e o zelo pela garantia do direito à educação e à aprendizagem - Funções próprias de um conselho de educação
- A dimensão pedagógica na organização municipal da educação - A escola como espaço privilegiado de construção da cidadania - Autonomia escolar e proposta pedagógica - A proposta pedagógica: do formal ao real - A proposta pedagógica como elemento orientador e condutor da gestão pedagógico-democrática - A construção da proposta pedagógica **(3º tema do Guia de Consulta/2001)** - Tipo de gestão - Participação da comunidade	- Histórico do financiamento público - Impostos vinculados e outros tributos - Fundef e Fundeb - Demandas por educação escolar nos municípios - Orçamento municipal e a gestão dos recursos educacionais - controle social dos recursos educacionais - Gestão orçamentária da educação - Avaliação e controle do orçamento - Códigos e linguagens do orçamento - Educação e desenvolvimento local - Educação, economia e identidade coletiva - Financiamento e qualidade social da educação **(Cad. de Referência, 3/2007)**

- Que dimensões avaliar no desempenho dos profissionais do magistério?
- Quem participa, como e quando se implementa a avaliação de desempenho?
- O que fazer com os resultados da avaliação de desempenho?
- Com quais ações deve se articular a avaliação de desempenho?
- Quais desafios precisam ser enfrentados para se implementar a avaliação de desempenho? **(6º tema do Guia de Consulta/2001)**

- A educação como direito
- Educação como investimento
- Aspectos gerais do financiamento da educação
- A LDB e o financiamento
- O PNE e o financiamento
- Estratégias para ampliação de recursos da educação municipal **(7º tema do Guia de Consulta/2001)**

- O significado da autonomia financeira
- Como institucionalizar a autonomia financeira
- Proposta de regulamentação da autonomia financeira da escola **(8º tema do Guia de Consulta/2001)**

	- O sistema de planejamento no setor público - Orçamento - Classificações orçamentárias - Execução orçamentária - Controle da gestão orçamentária e financeira **(9º tema do Guia de Consulta/2001)** - Gestão de recursos materiais e serviços - Contratando obras, serviços e comprando recursos materiais - Manutenção e guarda de bens - Alienação de bens - Outras questões ligadas à gestão de recursos materiais **(9º tema do Guia de Consulta/2001)** - Receita corrente líquida - Plano plurianual e lei de diretrizes orçamentárias - Lei orçamentária anual - Execução orçamentária - Receita pública - Despesa pública - Transferência e controle - Sanções - Lei nº 10.028 de 19 de outubro de 2000 **(10º tema do Guia de Consulta/2001**

3. O conteúdo do texto da política nacional de apoio aos dirigentes municipais de educação (Pradime)

QUADRO 2 - Conteúdo do texto da política nacional de apoio aos dirigentes municipais de educação

INDICADORES	FONTES	
Quem organizou?	Caderno de Textos 1, 2, 3	Cadernos de oficinas 1, 2, 3
	Pradime - Ministério da Educação – Secretaria da Educação Básica (SEB)	Caderno de Oficina/2008 Pradime – Ministério da Educação – Secretaria da Educação Básica (SEB)
Quando organizou?	2006 (Gestão Luis Inácio Lula da Silva – Ministro Fernando Haddad – Secretário da SEB Francisco das Chagas Fernandes	2006 (Gestão Luis Inácio Lula da Silva – Ministro Fernando Haddad – Secretário da SEB Francisco das Chagas Fernandes 2008 (Gestão Luis Inácio Lula da Silva – Ministro Fernando Haddad – Secretário da SEB Maria do Pilar L. Almeida e Silva
Quem são os autores dos textos?	Maria Selma de Moraes Rocha (Professora universitária e ex-Secretária de Educação Municipal); **Odete Bresolin** (Professora rede estadual do RS e ex Assessora SMED/POA/1990-2000); **Marisa Tim Sari** (Assessora Unesco/RS); **Ricardo Chaves R. Martins** (Consultor Legislativo/Câmara dos Deputados/educação); **Vera Lúcia B. Castiglioni** (Mestranda em Educação e ex-Secretária de Educação Municipal); **Alicia Bonamino** (Doutora em Educação e pesquisadora de política educacional); **Creso Franco** (Doutor em Educação e professor universitário); **Mauricio Maia** (Mestre em Educação e Consultor Legislativo Câmara Federal/educação); **Sandra Zákia** (Doutora em Educação e professor universitário) **Caderno de Textos v, 1/2006**	**Maria Selma de Moraes Rocha** (Professora universitária e ex-Secretária de Educação Municipal); **Odete Bresolin** (Professora rede estadual do RS e ex Assessora SMED/POA/1990-2000); **Marisa Tim Sari** (Assessora Unesco/RS); **Ricardo Chaves R. Martins** (Consultor Legislativo/Câmara dos Deputados/educação); **Vera Lúcia B. Castiglioni** (Mestranda em Educação e ex-Secretária de Educação Municipal); **Alicia Bonamino** (Doutora em Educação e pesquisadora de política educacional); **Creso Franco** (Doutor em Educação e professor universitário); **Mauricio Maia** (Mestre em Educação e Consultor Legislativo Câmara Federal/educação); **Sandra Zákia** (Doutora em Educação e professor universitário) **Caderno de oficinas v, 1/2006**

Cândido Alberto Gomes (Consultor Unesco e professor universitário); Regina Tereza C. de Oliveira (Doutora em Educação e professor universitário); Denise Cristina C. da Rocha (Bacharel em Economia e Mestre em Administração Pública e Governo); Ricardo Stumpf (Arquiteto e Mestre em Desenho Urbano); Vera Lúcia B. Castiglioni; Caderno de Textos, v. 2/2006	Cândido Alberto Gomes (Consultor Unesco e professor universitário); Regina Tereza C. de Oliveira (Doutora em Educação e professor universitário); Denise Cristina C. da Rocha (Bacharel em Economia e Mestre em Administração Pública e Governo); Ricardo Stumpf (Arquiteto e Mestre em Desenho Urbano); Vera Lúcia B. Castiglioni; Caderno de oficinas, v. 2/2006
Kátia S. Freitas (Doutora em Administração da Educação e professora universitária); Sônia B. Pilla (Mestre em Educação e Secretária de Educação Municipal/POA/RS/1993-1996); Adélia Luiza Portela (professora universitária aposentada); Heloisa Lück (Doutora em Educação e Diretora do Centro de Desenvolvimento Humano/Curitiba); Ricardo Chaves R. Martins. (Caderno de Textos, v. 3/2006)	Kátia S. Freitas (Doutora em Administração da Educação e professora universitária); Sônia B. Pilla (Mestre em Educação e Secretária de Educação Municipal/POA/RS/1993-1996); Adélia Luiza Portela (professora universitária aposentada); Heloisa Lück (Doutora em Educação e Diretora do Centro de Desenvolvimento Humano/Curitiba); Franscisco Rodrigues (Mestre em Educação); Inês Bettoni (Especialista em Educação) (Caderno de Oficinas, v. 3/2006)
	Ana Luiza Oliva Burato; Arlindo Cavalcanti de Queiróz; Leda Maria Gomes; Mônica Sâmia (Equipe de elaboração do MEC) Caderno de Oficina/2008

Quais são os temas?	- A educação no contexto da política de desenvolvimento com igualdade social - Organização da educação nacional no contexto do fortalecimento da educação básica: o papel do município - Avaliação de políticas educacionais **(Caderno de textos, v. 1/2006)** - Políticas educacionais para um Brasil de todos - Financiamento e gestão orçamentária da educação - Gestão de recursos materiais **(Caderno de Textos, v. 2/2006)** - Gestão Democrática da Educação - Gestão Pedagógica da Educação Escolar - Valorização dos trabalhadores da educação: docentes e não-docentes **(Caderno de Textos, v. 3/2006)**	- A educação no contexto da política de desenvolvimento com igualdade social - Organização da educação nacional no contexto do fortalecimento da educação básica: o papel do município - Avaliação de políticas educacionais **(Caderno de oficinas, v. 1/2006)** - Políticas, planejamento, financiamento e gestão orçamentária da educação para o desenvolvimento - Gestão de recursos materiais **(Caderno de oficinas, v. 2/2006)** - Gestão Democrática da Educação - Gestão Pedagógica da Educação Escolar - Valorização dos trabalhadores da educação: docentes e não-docentes **(Caderno de oficinas, v. 3/2006)** - Analisando e interpretando dados de uma realidade educacional - Desenvolvendo o conceito de planejamento - Refletindo sobre o planejamento da educação municipal - Identificando diretrizes norteadoras para o planejamento da educação na próxima gestão - Planejando a transição – desenvolvendo a ideia do espírito republicano que deve inspirar todo o processo **(Caderno de oficina, 2008)**

Quais são os sub-temas?	- **O conceito de desenvolvimento humano e sua medida** - O desenvolvimento humano em um país desigual - A política educacional: promoção do desenvolvimento com igualdade social - Considerações preliminares sobre desenvolvimento local - **Municípios que educam: uma perspectiva para o desenvolvimento local** - Os dirigentes municipais de educação e os governos locais: iniciativas possíveis para um município educador - A qualidade social da educação, o desenvolvimento e os lugares que educam - A democratização da gestão educacional, participação social e os lugares que educam - A organização da educação nacional - A organização da educação municipal - O desafio do regime de colaboração - Os níveis e modalidades da educação escolar - A gestão municipal da educação - **Qualidade social da educação: o papel da avaliação** - A avaliação na legislação educacional e no plano nacional de educação - Avaliação de política educacional - Avaliação inerente à política educacional - Avaliação institucional - Organizando o sistema municipal de avaliação da educação (Caderno de Textos, v. 1/2006)

- O direito à educação
- O desenvolvimento humano e a agenda internacional
- Direito à educação: qualquer tipo de educação?
- As metas de educação para todos
- Outras articulações globais
- O direito à educação na legislação na educação brasileira
- Quais são as metas do PNE?
- A que distância estamos das metas do PNE?
- O PME: possibilidade de elaborar e concretizar uma política educacional
- Fontes de financiamento da educação básica pública
- Gestão orçamentária da educação
- Códigos e linguagens do orçamento
- Educação e desenvolvimento local
- Financiamento e qualidade social da educação
- Infraestrutura e desigualdades
- Planejamento de rede escolar como instrumento de gestão da educação
- Melhores prédios
- A gestão de recursos materiais no desenvolvimento sustentável
- A aquisição de bens e contratação de serviços na administração pública municipal (Caderno de textos, v.2/2006)

- Gestão democrática da educação
- Qualidade social da educação
- Democratização do estado e democratização da educação
- Breve histórico da luta pela democratização da educação
- Mecanismos de gestão democrática
- Os conselhos de educação
- Os conselhos municipais de educação
- Os conselhos escolares

- A escolha de diretores de escola
- Autonomia financeira das escolas
- Plano Municipal de Educação
- A gestão democrática e o acesso à aprendizagem e ao conhecimento
- Fundamentos legais da gestão democrática
- Como podemos colocar em prática educação com qualidade social?
- Avaliação como instrumento de gestão
- Gestão pedagógica e educação escolar com qualidade social
- **Principais desafios da educação municipal e os princípios orientadores da gestão pedagógica da educação escolar**
- Processos e instrumentos da gestão pedagógica
- Gestão pedagógica do saber escolar
- A valorização profissional na legislação educacional
- Alguns princípios para a gestão dos trabalhadores em educação
- Os principais elementos de valorização dos trabalhadores da educação em geral
- Os principais elementos de valorização do magistério
- O primeiro instrumento fundamental para uma política de valorização: o plano de carreira
- O segundo instrumento fundamental para uma política de valorização: o programa de formação inicial e continuada (Cad. de textos, v. 3/2006)

4. Objetivos da política nacional de formação de formação de conselheiros

QUADRO 3- Objetivos da política nacional de formação de conselheiros- Pró-conselho

DOCUMENTOS 2003-2008					
Doc 1 Guia de Consulta 2001 Prasen III	Doc 2 Relatório Pró-conselho 2003-2004	Doc 3 Guia de Consulta 2004	Doc 4 Caderno de Referência 2 2006	Doc 5 Caderno de Referência 3 2007	Doc 6 Site Pró-conselho 11.12.2008
1) Promover cursos de atualização aos dirigentes municipais de educação com base no conjunto de leis aprovadas no Congresso Nacional 2) Qualificação técnico-profissional dos secretários municipais de educação	1)Capacitar conselheiros municipais de educação 2) Ampliar a capacidade de compreender e interpretar a legislação educacional 3)Ampliar a capacidade na gestão educacional, através da criação de CME e do seu fortalecimento como órgão dos sistema de ensino 4) Contribuir p/o fortalecimento dos SME, motivando por meio de estratégias diversas a criação de conselhos municipais de educação representativos 5) Identificar e debater as tendências de organização, estrutura e funcionamento dos CME, seu papel e suas funções	1)Consolidar uma estrutura educacional que garanta a inclusão social e permita, com eficiência a participação coletiva, a avaliação das ações pedagógicas a administrativas do poder público municipal 2) Consolidar relações que propiciem a intervenção organizada com atitudes preservadoras de autonomia e representatividade social 3) Ampliar a capacidade de comprender e interpretar a legislação educacional 4) Ampliar a capacidade de atuação dos conselheiros 5) Estimular a integração entre os conselheiros 6) Assegurar a participação da sociedade no alinhamento da gestão educacional	1) Ampliar a capacidade de atendimento e participação dos conselhos municipais de educação 2) Incentivar e qualificar a participação da sociedade na tarefa de avaliar por meio dos CME 3) Definir e fiscalizar as políticas educacionais por meio dos CME	1) Manter em funcionamento um banco de dados nacional atualizado sobre CME 2) Fortalecer a identidade dos CME como órgãos do Poder Público e parte da estrutura 3) Ampliar o conhecimento e o debate da legislação educacional, subsidiando o trabalho dos conselhos 4) Engajar a atuação dos conselhos na perspectiva de assegurar o direito à educação como política de promoção da inclusão social 5) Promover o fortalecimento, intercâmbio e a colaboração entre os CME; 6) Incentivar a participação da sociedade civil na gestão educacional 7) Fomentar a criação de CME	1) Consolidar uma estrutura educacional que garanta a aprendizagem escolar e a participação coletiva na avaliação das ações pedagógicas e administrativas do poder público municipal 2) Incentivar a instituição de ações colegiadas que propiciem a intervenção organizada, bem como as atitudes prescrvadoras de autonomia municipal e de representatividade social 3) Ampliar a capacidade de compreender e interpretar a legislação educacional 4) Ampliar a capacidade de atuação dos conselheiros 5) Estimular a colaboração entre conselhos municipais, estaduais e nacionais de educação.

6) Consolidar relações que propiciem a intervenção organizada com atitudes preservadoras de autonomia e de representatividade social 7) Contribuir para a criação de redes estaduais e regionais de competências para a discussão, organização e implementação de propostas de formação continuada de conselheiros de educação 8) Consolidar uma estrutura que garanta a inclusão social e permita, com eficiência, a participação coletiva, a avaliação das ações pedagógicas e administrativas do poder municipal.	7) Incentivar o fortalecimento dos CME 8) Fomentar a criação de novos conselhos municipais de educação.	6) assegurar a participação da sociedade no alinhamento da gestão educacional 7) Incentivar o fortalecimento dos CME 8) Fomentar a criação de novos CME.

5. Cartas dos encontros Fecme/Uncme-RS

QUADRO 4 - Principais proposições do Fórum – Fecme/Uncme-RS 1995-2008

ANO	TEMAS	PROPOSIÇÕES
1995	*Gestão Democrática do Ensino *Plano de Desenvolvimento do Ensino Fundamental e de Valorização do Magistério	Os CME, discordam veementemente do caráter não democrático do encaminhamento dado à proposta do governo federal-MEC, entregue ao Congresso Nacional sob a forma de emendas à Constituição Federal no último 15 de outubro, desconsiderando toda a discussão que vinha sendo feita no Fórum permanente do magistério da educação básica, do qual o próprio MEC fazia parte. Semelhante atitude teve o governo do estado ao enviar à Assembleia Legislativa e defender publicamente um Projeto de Gestão Democrática do Ensino que altera substancialmente a proposta acordada no Grupo de Trabalho constituído especificamente para este fim, com a participação da própria Secretaria de Educação do Estado, do CPERS-Sindicato, da ACM-Federação e da UGES. (27.10.1995)
1996	*Parâmetros Curriculares Nacionais *Nova Lei de Diretrizes e Bases Nacionais	Os CME entendem que as disposições presentes nestes documentos (Emenda 14/96; projeto que regulamenta os PCNs e projeto do Senador Darcy Ribeiro que regulamenta a nova LDB/96) e, algumas já efetivadas, tomaram caminho inverso ao das discussões que os profissionais da educação historicamente tem promovido, pois apresentam um caráter anti-democrático, na medida em que consideram os diversos debates, fóruns encaminhamentos que tem ocorrido na busca de uma proposta educacional em defesa de uma escola pública que priorize a construção da cidadania. (25.10.1996)
1997	*Princípios e diretrizes para as leis de criação dos sistemas municipais de ensino	O Fórum entende o CME quanto: 1) à **Natureza do CME**, como órgão normativo, consultivo, deliberativo e fiscalizador do sistema acerca das matérias de sua competência estabelecida em Lei; 2) à **Composição do CME** com: a) garantia de representação de todos os segmentos da comunidade escolar e de existência de mecanismos de manutenção do vínculo destes com os seus representados, b) garantia de representação de até 1/5 (um quinto) do número total de conselheiros do CME por membros indicados pelo executivo municipal, c) garantia de escolha de todos os membros indicados pelas entidades e órgãos representados no CME, excluídos/Executivo municipal, através de amplo processo eleitoral específico para este fim, d) garantia de representação de, no mínimo, 2/3 (dois terços) de professores do ensino público e privado, distribuído entre as diferentes entidades e órgãos representados no CME, e) impedimento to de exercício simultâneo da função de conselheiro com cargo de secretário municipal de educação, diretor de autarquia, cargo de provimento em comissão ou função gratificada, esta relativa, centralmente, à função de diretores de escolas, analisado caso a caso dos demais, bem como mandato executivo/legislativo municipal, estadual e federal; 3) às **Competências do CME** com base no previsto na Lei 9.394/96 e na Lei estadual 10.591/95; 4) à **Infraestrutura do CME** com garantia de corpo técnico, jurídico e administrativo de apoio próprio à disposição do CME, adequado às necessidades de atendimento de seus serviços e ao cumprimento de suas competências previstas em Lei; 5) à **Autonomia Financeira do CME** com garantia de autonomia financeira para o CME explicitada através de previsão de existência de recursos orçamentários próprios para tal fim; 6) à **Função de Conselheiro** como de relevante interesse público, tendo seu exercício prioridade sobre o de outra função pública, ou vinculada ao ensino, se em entidade privada. (30.10.1997)

1998	*Criação de sistemas municipais de ensino e a municipalização do ensino	A criação do sistema municipal de ensino pressupõe as seguintes condições: 1) existência e pleno funcionamento do CME; 2) realização de amplo processo de discussão envolvendo toda a comunidade educacional e escolar do município, através de **Fóruns de debates municipais**. A criação do sistema de ensino **não** implica a municipalização do ensino; a criação do **sistema municipal de ensino significa**: a) maior grau e autonomia normatizadora para o órgão normatizador do sistema – o CME – no que diz respeito a questões pedagógicas e curriculares, bem como a questões relativas a condições físicas de funcionamento e infraestrutura mínima das unidades escolares municipais, conforme apontam as competências previstas para os sistemas municipais de ensino na nova LDB/96; b) existência de um órgão normatizador com autonomia em relação ao executivo municipal e com competência para controlar e fiscalizar a transferência de escolas e serviços educacionais aos municípios. A **municipalização do ensino significa**: a) um processo impulsionado pela emenda constitucional n° 14 e pela Lei n° 9.424/96, independentemente da discussão a respeito, ou, da própria existência de sistemas municipais de ensino; b) o estabelecimento de convênios de transferência de bens ou serviços, os quais são firmados exclusivamente entre executivos municipais e estadual, no caso do Rio Grande do Sul sob o amparo da lei estadual n° 11.126/98. Os CME defendem que qualquer transferência de bens afetos às escolas públicas estaduais e qualquer transferência de serviços educacionais aos municípios bem como qualquer convênio ou parcerias a serem estabelecidos pelos governos municipais sejam analisados e **aprovados** pelos conselhos municipais de educação. O Fórum defende a inclusão do citado item nas Leis de criação dos CME bem como de criação dos SME como competência específica dos colegiados, a defesa de obrigatoriedade de pronunciamento dos CME nas decisões referentes a todos os projetos educacionais dos respectivos municípios, sejam eles emitidos pelo poder executivo, ou pelo poder legislativo e, finalmente, a defesa da criação e implementação (efetivo funcionamento) dos Conselhos de Acompanhamento e Controle social do Fundo de Manutenção e Desenvolvimento do Ensino Fundamental e de Valorização do Magistério (Fundef) com reuniões mensais e participação efetiva dos CME. (18.09.1998)

| 1999 | *A universalização da oferta da educação básica | O Fórum aponta alternativas que viabilizem a universalização da oferta da educação básica defendendo o seguinte: 1) na **Organização da educação nacional**, a) instituição e consolidação do Sistema Nacional de Educação, b) instituição e implantação do Fórum Nacional de Educação, enquanto instância deliberativa da política educacional brasileira,b) criação/redefinição da composição dos sistemas de ensino federal, estadual e municipal, c) Criação/redefinição da composição e competências dos conselhos nacional, estaduais e municipais, com ampla representação social, como órgãos normativos, consultivos, deliberativos e fiscalizadores dos respectivos sistemas e com dotação orçamentária, transformando os Conselhos de Educação em ordenadores de despesas, através da alteração das leis que tratam do orçamento público; 2) na **Gestão democrática da Educação**, a) garantia da existência (implantação/manutenção) da gestão democrática nos sistemas de ensino e nas escolas com a eleição direta de diretores de escola, a criação de conselhos escolares, o repasse e o gerenciamento de recursos financeiros, b) revisão das legislações que impedem a gestão democrática dos sistemas de ensino e das unidades escolares; 3) na **Educação Infantil**, a) estabelecimento de uma política específica de financiamento que vise a expansão e assegure a universalização da oferta da educação infantil, b) estabelecimento de diretrizes nacionais relativas a infraestrutura, em regime de colaboração com a União, Estados e Municípios; 4) no **Ensino Fundamental**, a) universalização do ensino fundamental gratuito, b) implantação de uma política de financiamento viando a expansão e garantia da oferta do ensino fundamental de qualidade, c) estabelecimento de medidas que corrijam as distorções causadas pela evasão e pela repetência e assegurem a implantação de projetos político-pedagógicos que garantam o acesso e permanência com sucesso no ambiente escolar; 5) na **Educação de Jovens e Adultos**, a) estabelecimento dessa modalidade como prioridade social e dever do Estado, enquanto questão de justiça e cidadania, b) estabelecimento de programas de erradicação do analfabetismo com financiamento público; c) inclusão da educação de jovens e adultos na contabilização do senso escolar do ensino fundamental, com vista ao financiamento desta modalidade pelo Fundef, d) inclusão de jovens e adultos, nas formas de financiamento da Educação Básica e definição de novas fontes de recursos para implementação da educação nessa modalidade; 6) para os **Profissionais da Educação**, a) estabelecimento de políticas de formação básica e continuada, através da utilização de convênios, com instituições públicas, b) estabelecimento de políticas de definição de carreira e de remuneração digna para todos os profissionais docentes e técnico-administrativos que atuam na educação brasileira, em todos os níveis e modalidades, c) estímulo a implantação de políticas de ingresso, através de concurso público e nomeação em caráter efetivo; 7) no **Financiamento da Educação**, a) aumento no prazo de 10 anos (agora nove), dos gastos com a educação para, no mínimo, 10% do PIB nacional com o objetivo de assegurar educação de qualidade em todos os níveis e modalidades, b) suprimento de defasagem das verbas destinadas à educação e incremento de novas fontes de recursos para o setor educacional, garantindo-se o princípio da progressividade de tributação. Propõem-se um Fundo para a educação básica que contemple todo o universo populacional com necessidade de escolarização que tenha manifestado ou não, desejo de estar na escola, prevendo custos aluno qualidade diferenciados para diferentes níveis e modalidades da educação básica. (28.10.1999) |

2000	*Educação Infantil, planos nacional, estadual e municipais de educação e articulação entre os sistemas de ensino	O Fórum defende a organização da educação municipal a partir das seguintes orientações:a) na educação infantil a criança é considerada sujeito de direitos tanto os relativos à educação, quanto à saúde e a assistência e todas as secretarias municipais terão que se envolver na sustentação desses direitos. Para tal é preciso a integração de todos os conselhos e secretarias municipais afins, na constituição de um Fórum Municipal que formule políticas destinadas à Educação Infantil, sendo provido pelo respectivo Conselho Municipal de Educação; b) na relação entre sistema municipal de ensino e conselho estadual de educação, reafirma a posição do Fecme no que se refere à criação do sistema municipal de ensino com a participação do CME e de todos os segmentos da comunidade em geral; c) nos planos nacional, estadual e municipal de educação defende a discussão e elaboração dos Planos Municipais de Educação a partir do PNE procurando contatos com o legislativo federal e as entidades envolvidas neste processo com o objetivo de manter a sociedade brasileira mobilizada na defesa de uma educação básica pública e de qualidade.(20.10.2000)
2001	* Financiamento da educação * Criação de conselhos * Criação de sistemas * Planos nacional, estadual e municipal de educação	O Fecme defende o aumento dos investimentos públicos com a educação para, no mínimo, 10% do PIB nacional, com o objetivo de assegurar a educação de qualidade em todos os níveis e modalidades de ensino. A educação enquanto direito subjetivo do cidadão, reconhecido no PNE, é contraditoriamente negado pelo governo federal, quando este veta todos os objetivos/metas referentes ao financiamento da educação, de responsabilidade da União. Sem o compromisso do governo federal, estaduais e municipais em aumentar os investimentos em educação, não há como melhorar a qualidade do ensino, ampliar a oferta em todos os níveis e modalidades, melhorar a remuneração dos profissionais da educação, garantir as conquistas sociais destes trabalhadores e atender aos preceitos constitucionais referentes ao transporte e à merenda escolar. Reafirma o CME como órgão normativo do sistema municipal de ensino e confirma que os estados e municípios têm a responsabilidade de avançar nas proposições constantes no PNE. Isto só será possível através da articulação entre estados e municípios fortalecidos por um objetivo comum, qual seja, a educação pública, gratuita e de qualidade referenciada para todos. (23.11.2001)

Ano	Tema	Descrição
2002	*Plano Nacional de Educação * Plano Municipal de Educação * Regime de colaboração	Os vetos presidenciais ao PNE, referentes aos objetivos e metas que correspondem ao financiamento da educação significaram, em 2001, em torno de 24 (vinte e quatro) bilhões de reais que deixam de ser aplicados em educação. A sociedade brasileira indicou nos diferentes Coneds prioridades claras de investimento em educação pública, tendo como referência um custo aluno/ano de cerca de 25% a 30% do PIB na educação básica e 60% na educação superior, definido a progressiva aplicação do PIB até chegar a 10% de investimento deste em educação. O Fórum recomenda que os CME estimulem a criação e participem de comissões e fóruns para a elaboração dos PME, articulando-se com as diferentes organizações da sociedade civil e todas as secretarias municipais, na perspectiva da garantia de ampla mobilização social e institucional. As comissões devem ser instituídas conforme a lei conforme a lei que cria o sistema municipal ou por decreto municipal, com nomeação de membros através da portaria. Os PMEs devem conter diagnóstico, diretrizes, objetivos e metas para todos os níveis e modalidades de ensino ofertados pelos municípios ou indiretamente por eles exercidos, através de convênios ou acordos. O Regime de Colaboração já foi legalmente instituído, embora os regramentos jurídicos que o instituem não tenham resolvido, por si só, os complexos problemas técnicos e financeiros da educação brasileira. Se a lei afirma que os municípios atuarão prioritariamente no ensino fundamental e na educação infantil também afirma que os Estados e o Distrito Federal devem atuar prioritariamente no ensino fundamental e médio. O Regime de Colaboração não pode estar desvinculado de um necessário aumento de verbas para a educação. O Fórum defende a constituição e/ou a ampliação de uma Comissão estadual que trate do Regime de Colaboração para aprofundar, agilizar e definir em forma de lei e sua regulamentação, com a participação de dirigentes municipais de educação e conselheiros municipais de educação. (11.02.2002)
2003	*Financiamento da educação *Planos de Educação	O fecme entende o **financiamento da educação** como compromisso dos governos federal, estadual e municipal em aumentar o investimento na educação, garantindo assim os preceitos constitucionais. Nosso entendimento sobre financiamento da educação corresponde à arrecadação dos recursos públicos, oriundos dos diversos impostos, cobrados pelo governo e, restituídos à população através da educação pública gratuita. Alertamos, porém, que a gratuidade não existe, pois o cidadão apenas recebe de volta por aquilo que contribuiu através de impostos. A educação deve ser considerada sempre como um todo, portanto, não deve contemplar uma determinada etapa do ensino em detrimento de outras, sendo que a oferta da educação básica é um dever do Estado para com a população brasileira. Nossa visão ultrapassa a visão das políticas de programas focalizados, para a ampliação e qualificação de políticas educacionais universais retomando a concepção de educação para todos. Já elaborar **Planos de educação** é, sobretudo, produzir políticas educacionais que estabelecerão diretrizes para a educação de nosso país, seja no âmbito da União, dos Estados e dos Municípios. Devem garantir a participação efetiva de toda a sociedade, ser democráticos na sua construção e emancipadores nas suas consequências, tendo como primeira referência a Constituição Federal e consolidando na prática o Regime de Colaboração, bem como a autonomia e responsabilidades dos entes federados. (21.10.2003)

2004	*Financiamento da educação e o controle social *Conselhos municipais de educação e o controle social	Concebendo a educação como direito social e fundamental, que possibilita o acesso aos demais direitos essenciais à cidadania, as políticas educacionais devem priorizar a construção de valores solidários para a emancipação dos sujeitos. Portanto, entendemos que o Poder Público municipal, estadual e federal têm a responsabilidade pelo financiamento da educação em todas as etapas e modalidades. Por isso as políticas devem viabilizar: a) a ampliação dos recursos vinculados constitucionalmente à educação básica, sem restrições ou focalização de faixa etária, elevando o percentual do PIB aplicado na educação chegando aos 10% estabelecidos no PNE; b) a definição de um custo aluno padrão mínimo de qualidade como patamar de investimentos educacionais, considerando as especificidades das diferentes etapas e modalidades da educação básica bem como as diferenças locais e regionais; c) o aprofundamento e aprimoramento de controle social da educação pelos conselhos municipais de educação em colaboração com o Ministério Público e o Tribunal de Contas; d) a reafirmação da União Nacional dos Conselhos Municipais de Educação (Uncme) como uma das entidades nacionais interlocutora na construção do Fundeb. Para consolidar a prática de planejamento e gestão democrática das políticas educacionais, através da adoção de mecanismos institucionais capazes de assegurar a participação da sociedade, o Fórum propõem: 1) consolidar os CME, como instâncias de representação e participação direta dos diversos segmentos sociais envolvidos e comprometidos com a efetivação de uma educação de qualidade social, que garanta o acesso ao conhecimento, aos bens culturais e a formação do cidadão; 2) criar e fortalecer sistemas municipais de ensino, tendo o CME como órgão autônomo com funções deliberativas, normativas e fiscalizadoras entre outras estabelecidas em lei e que, através de seus pronunciamentos, atos e ações promova políticas educacionais inclusivas; 3) intensificar o movimento para efetivação da democratização da educação, da gestão escolar e controle social, constituindo conselhos com uma composição que assegure a representação preponderante dos diferentes segmentos da sociedade civil; 4) buscar e ampliar mecanismos que fortaleçam a participação da sociedade civil nos conselhos a fim de intensificar o acompanhamento e o controle social das políticas públicas, através de ações que qualifiquem a atuação dos conselheiros; 5) viabilizar junto ao Poder Público municipal mecanismos que garantam a autonomia administrativa e política aos CME com o gerenciamento dos recursos financeiros destinados para o seu efetivo funcionamento. (Encontro de 2004 realizado em 29.04.2005).
2005	* Conselhos municipais de educação e o ensino fundamental de 9 anos	Os CME são espaços onde a sociedade civil, através de representações eleitas pelos órgãos que compõem estes colegiados, acompanham e fiscalizam a execução das políticas educacionais, bem como propõem novas metas visando à qualidade do ensino numa escola que tenha identidade na cidadania. Quanto às mudanças pautadas na atualidade para o ensino fundamental (Lei nº 11.114/2005), o Fórum entende que a inclusão obrigatória das crianças de seis anos nesta etapa da educação básica está relacionada com a sua oferta em nove anos, possibilitando que a criança de seis anos seja respeitada nas características de sua faixa etária e no seu tempo de construção do processo de leitura e escrita e que não ocorra retenção no primeiro ano. A implantação simultânea da matrícula obrigatória no ensino fundamental aos seis anos de idade e a ampliação dessa modalidade de ensino para nove anos requer uma opção do Sistema e uma reconstrução da Proposta Pedagógica da escola, adequando o fazer pedagógico à faixa etária dos alunos. (30.09.2005).

2006	*Conselhos municipais de educação e sistemas municipais de ensino	Os CME são órgãos de Estado e não de governo, representativos da sociedade civil e educacional, com funções normativas, deliberativas, fiscalizadoras, **mobilizadoras**, consultivas e **propositivas**. A partir dos pareceres n° 297 e 257/2006 o Conselho Estadual de Educação do RS (Ceed) torna eminente a criação de sistemas municipais de ensino. Na condição de entidade congregadora dos CME no RS, o Fórum propõe: 1) apoiar os CME que já constituíram SME, bem como organizar **estudos e formações** para aqueles que estão criando, com o intuito de fornecer os pressupostos técnicos, jurídicos e pedagógicos necessários e indispensáveis para a autonomia e o bom funcionamento dos mesmos; 2) envolver as universidades nos estudos dos conselhos, fortalecer e buscar socialização de pesquisas e conhecimentos construídos, nestes espaços; 3) promover a integração entre os CME, bem como encontros regionais para discussão e subsídio às matérias de interesse dos mesmos, estimulando a colaboração entre eles e com o Conselho Estadual de Educação (14.09.2006)
2007	* Conselhos municipais de educação e o fortalecimento da democracia participativa	O Fórum reafirma o entendimento sobre os CME como órgãos de Estado com representação da sociedade, tendo como principais atribuições acompanhar, supervisionar, mobilizar e fixar normas complementares para os sistemas de ensino, fortalecendo a democracia participativa e a prática da cidadania plena, respeitando a autonomia em todos os segmentos, fomentando o processo de gestão democrática. Sob esse entendimento propõe: 1)manter e ampliar o apoio aos CME em sua caminhada, antes, durante e após a implantação do SME, fortalecendo-os para que sejam capazes de cumprir suas funções; 2) aos CME, uma aproximação junto às comunidades escolares, sociedade civil organizada e órgãos públicos, a fim de refletir sobre a escola que temos e a realidade em que estão inseridas; 3) aprofundar as discussões sobre a nova realidade da educação infantil, tendo em vista alterações feitas nesta etapa da educação básica e sua conexão com o ensino fundamental bem como buscar soluções para os problemas enfrentados no ensino fundamental de 9 anos; 4) criar grupos de discussões, diagnosticando especificidades regionais, para que sirvam de indicativo à implementação dos parâmetros de qualidade da educação; 5) buscar junto aos sistemas de ensino formas de instituir o Regime de Colaboração, oportunizando troca de experiências, momentos de reflexão, construção coletiva para solucionar problemas referente ao ensino nos municípios, bem como fomentar a regulamentação do mesmo e a implementação do Sistema Nacional de Educação; 6) promover a avaliação do Plano de Metas do PDE e sensibilizar as entidades que compõem o Fórum Gaúcho em Defesa da Escola Pública a se rearticular e promover a avaliação no sentido de garantir a inclusão social; 7) reiterar a necessidade de uma reforma tributária que garanta maior aporte de recursos financeiros para a educação. (31.10.2007)

2008	* Sistemas de ensino: compromisso e responsabilidades para uma educação de qualidade	O Fecme/Uncme – RS, entidade que congrega os Conselhos Municipais de Educação do RS, propõem: 1) manter e ampliar o apoio que o Fecme/Uncme-RS tem dado aos CME do estado, como forma de contribuir no aprimoramento dos conselhos e dos conselheiros de educação; 2) buscar junto ao MEC, Uncme nacional e outros órgãos de educação, parcerias que oportunizem programas de formação de conselheiros municipais de educação; 3) manter permanente discussão nas bases sobre distinção da concepção do CME, entre ser um órgão de Estado e não de governo; 4) lutar para incluir na LDBEN a institucionalização dos CME com autonomia e estrutura bem como reivindicar parcela de caráter indenizatório para o desempenho das funções de conselheiros;5) estimular as entidades educadoras para que seus currículos escolares assegurem um processo de discussão, considerando o movimento histórico respeitando a diversidade, a cultura, os valores e enfocando uma educação para a solidariedade, a participação, a sensibilização, a liderança, a criatividade e para a vida; 6) promover discussões sobre o PDE/PAR/Plano de Metas e demais proposições de todas as esferas do poder, que visem a qualificação do ensino, com a participação efetiva dos CME; 7)participar ativamente da discussão, elaboração, implementação e avaliação do PDE/PAR/Plano de Metas desenvolvendo, quando necessário, ações políticas para a sua efetivação, por meio dos conselhos municipais de educação; 8) atuar no sentido de aperfeiçoar a política pública PDE/PAR reconhecendo os aspectos relevantes, buscando superar os seus limites; 8) estabelecer parcerias com os novos governos municipais, a fim de garantir, na construção do Plano Plurianual do município, as metas, ações e subações do PDE/PAR. (07.11.2008).

Fonte: Cartas das Plenárias Anuais do Fecme/Uncme-RS de 1995-2008

ANEXO (S)

1. Plano de continuidade para a formação elaborada pelos conselheiros no Encontro estadual do Pró-Conselho - RS/2006

QUADRO 1 - Plano de continuidade da formação de conselheiros em 2006/Pró-conselho POA/RS

REDE DE COLABORAÇÃO ENTRE CONSELHOS DE EDUCAÇÃO E ENTIDADES PARCEIRAS
1 – O QUE FAZER?
Retomar a discussão sobre a organização de Sistemas de Ensino apoiando sua organização e fortalecendo os CMEs já existentes. Conscientização dos Conselheiros para uma atuação responsável e garantia de condições mínimas para um CME funcionar. Socializar o Pró-Conselho. Instrumentalizar os CMEs na função normatizadora. Números de participantes ampliados. Calendário de atividades de cursos capacitações dos CMEs. Continuidade desta capacitação nas regionais do Fórum de CMEs. Continuidade da capacitação por parte do MEC 2007. Na plenária do Fórum avaliar a continuidade da capacitação nas regionais e nos municípios. Fórum e seminários, encontros regionais. Formação continuada de conselheiros. Organização de um banco de experiências de Sucesso CMEs para serem divulgados. Mobilizar os municípios que não tem CME para sua criação. Mobilizar os CMEs que não estão participando das reuniões das regionais. Diagnóstico e ter objetivos claros para subsidiar a pauta dos CMEs e definir ações. Mobilização da sociedade dos conselhos das entidades já organizadas potencializando as estruturas/redes já existentes. Mobilizar, motivar e promover um encontro expondo o plano.
2 - COM QUEM FAZER?
Uncme Fecme Undime Famurs Ceed CNE Regionais Conselheiros Secretários Municipais de Educação Prefeitos Conselho Tutelar Conselho da Saúde Conselho da Segurança Conselho da Educação Executivo legislativo, outros CMEs Promotoria, instituição do Ensino Superior, associações, sindicatos, clube de mães, associação dos municípios

3 - QUAL O PRIMEIRO PASSO?
Plano de ação sobre passos que serão dados para fortalecer os CMEs em função do Sistema de Ensino.   Reunião da Regional, discussão e elaboração de um Plano de Ação.   Reprodução do material   Planejamento   Reestudo dos documentos   Contato do Fórum com a presidência do Ceed   Socialização da capacitação no CME e com redes locais   Socialização continuidade na regional   Avaliação/diagnostico da continuidade reflexos da capacitação durante a 12º Plenária dando ênfase a participação dos conselheiros aqui presentes   Elaborar um Plano Anual de Formação continuada para regional   Viabilizar espaço no site do Pró-Conselho para as experiências.
4 – QUANDO FAZER?
Reunião da Uncme/agosto/06   Reunião de agosto das regionais   1º ao mês   2º semestre   Em todos os momentos durante o segundo semestre após essa capacitação   Fazer cronograma das ações a serem desenvolvidas
5 - ONDE FAZER?
Nas reuniões das regionais   CME   Cidades Polos   Em todos os ambientes educadores   Nos municípios
6 – COM QUEM CONTAR?
Uncme/Fórum   Pró-Conselho   Conselheiros que participaram do Pró-Conselho   Colegas de outros municípios   Assessoria técnica   Universidades   Conselheiros estaduais   Fórum   Coordenadores das regionais   Todos parceiros elencados
7 – QUEM COORDENA?
Fecme/Undime-Ceed   Uncme   Coordenadores Regionais   Presidente do CME   Conselheiro que participou do Pró-Conselho   CME, secretaria de educação que devem agregar outros parceiros para esta coordenação

Quadro elaborado por Bueno (2009)

2. As 28 diretrizes do Plano de Metas Compromisso Todos pela Educação

DECRETO N° 6.094, DE 24 DE ABRIL DE 2007

* Dispõe sobre o Plano de Metas Compromisso Todos pela Educação, União Federal, em regime de colaboração com Municípios, Distrito Federal e Estados, e a participação das famílias e da comunidade, mediante programas de ações de assistência técnica financeira, visando a mobilização social pela melhoria da qualidade da educação básica.

* As 28 diretrizes do Plano de Metas

I- foco na aprendizagem, apontando resultados concretos a seguir;
II- crianças alfabetizadas até 8 anos de Idade, aferindo os resultados por exame periódico específico;
III- registro de frequência e desempenho dos alunos que devem ser realizadas periodicamente;
IV- combate à repetência, desde a especificidade de cada rede, pela adoção de práticas com aulas de reforço no contraturno, estudos e recuperação e progressão parcial;
V- combater à evasão pelo acompanhamento individual das razões de infrequencia do educando e sua recuperação;
VI- matrícula na escola mais próxima da residência do educando;
VII- ampliação da jornada escolar;
VIII- valorização da formação ética artística e Ed. Física;
IX- inclusão de pessoas com necessidades educacionais especiais nas classes comuns do ensino regular;
X- promover a educação infantil;
XI- manter programa de alfabetização de jovens e adultos;
XII- instituir programa próprio ou em regime de colaboração para a formação inicial e continuada de profissionais de educação;
XIII- Implantar plano de carreira, cargos e salários para os profissionais da educação, privilegiando o mérito, a formação e a avaliação do desempenho;
XIV- valorizar o mérito do trabalhador de educação, representado pelo desempenho eficiente no trabalho, dedicação, assiduidade, pontualidade, responsabilidade, realização de projetos e trabalhos especializados, cursos de atualização e desenvolvimento profissional;
XV- dar consequência ao período probatório, tornando o professor efetivo estável após avaliação, de preferência externa ao sistema educacional local;
XVI- envolver todos os professores na discussão e na elaboração do Projeto Político Pedagógico, respeitas as especificidades de cada escola;

XVII- incorporar ao núcleo gestor da escola coordenadores peda**gógicos que acompanhem as dificuldades enfrentadas pelo professor;**
XVIII- fixar regras claras, considerando o mérito e o desempenho, para nomeação e exoneração de diretores de escola;
XIX- divulgação do Ideb na escola e na comunidade;
XX- acompanhar e avaliar, com participação da comunidade e do Conselho de Educação, as políticas públicas na área de educação e garantir condições, sobretudo, institucionais, de continuidade das ações efetivas, preservando a memória daquelas realizadas;
XXI- zelar pela transparência da gestão pública na área de educação, garantindo o funcionamento efetivo, autônomo e articulado dos Conselhos de Controle Social;
XXII- promover a gestão participativa da rede de ensino;
XXIII- elaborar Plano de Educação e instalar Conselho de Educação, quando existentes;
XXIV- integrar os programas da área da educação com demais áreas afins, com vistas ao fortalecimento da identidade do educando com sua escola;
XXV- fomenta e apoiar os Conselhos Escolares, envolvendo as famílias dos educandos, com as atribuições, dentre outras, de zelar pela manutenção da escola e pelo monitoramento das ações e consecução das metas do compromisso;
XXVI- transformar a escola num espaço comunitário e manter ou recuperar aqueles espaços e equipamentos públicos da cidade que possam ser utilizados pela comunidade escolar;
XXVII- firmar parcerias externas à comunidade escolar, visando a melhoria da infraestrutura da escola ou a promoção de projetos socioculturais e ações educativas;
XXVIII- organizar um Comitê Local do Compromisso, com representantes das associações de empresários, trabalhadores, sociedade civil, Ministério Público, Conselho Tutelar e dirigentes do sistema educacional público, encarregado da mobilização da sociedade e do acompanhamento das metas de evolução do Ideb

Conselho Editorial

Andrea Domingues
Benedita Cássia Sant'anna
Carlos Bauer
Cristianne Famer Rocha
Fábio Régio Bento
José Ricardo Caetano Costa
Luiz Fernando Gomes
Milena Fernandes Oliveira
Romualdo Dias
Thelma Lessa
Victor Hugo Veppo Burgardt

Paco Editorial
Av Carlos Salles Block, 658
Ed. Altos do Anhangabaú 2 Andar, Sala 21
Anhangabaú - Jundiaí-SP - 13208-100
11 4521-6315 | 2449-0740
contato@editorialpaco.com.br

Título	Políticas Públicas para a Gestão Democrática da Educação Básica: um Estudo do Programa Nacional de Formação de Conselheiros Municipais de Educação
Autor	Neusa Chaves Batista
Coordenação Editorial	Kátia Ayache
Capa e Projeto Gráfico	André Fonseca
Preparação	Vinícius Whitehead Merli
Revisão	Nara Dias
Formato	17 x 24 cm
Número de Páginas	256
Tipografia	Garamond
Papel	Alta Alvura Alcalino 75g/m^2
Impressão	Renovagraf
1ª Edição	Junho de 2013

Caro Leitor,

Esperamos que esta obra tenha correspondido às suas expectativas.

Compartilhe conosco suas dúvidas e sugestões escrevendo para:

autor@pacoeditorial.com.br

Compre outros títulos em
WWW.LIVRARIADAPACO.COM.BR

Paco Editorial

Av Carlos Salles Block, 658
Ed. Altos do Anhangabaú 2 Andar, Sala 21
Anhangabaú - Jundiaí-SP - 13208-100
11 4521-6315 | 2449-0740
contato@editorialpaco.com.br